Helma Sanders-Brahms
Marlene und Jo

Für Thomas –
have fun!

Alex e Stefan
München 02/2012

Helma Sanders-Brahms

Marlene und Jo

Recherche einer Leidenschaft

Argon

Dank an Hans Helmut Prinzler

Sämtliche Bilder stammen aus:
Filmmuseum Berlin – Deutsche Kinemathek/
Marlene Dietrich Collection Berlin

© 2000 Argon Verlag GmbH, Berlin
Satz: LVD GmbH, Berlin
Gesetzt aus Stempel Garamond
Druck und Bindung: Clausen & Bosse, Leck
Printed in Germany
ISBN 3-87024-533-6

Für Hildegard Knef
in Bewunderung

Inhalt

7

1. Nachglühen

1990/91 Jahreswechsel in Potsdam. Genauer: Im großen Studio-Komplex in Babelsberg, Halle Nord, Mitte und Süd. Schwarze Limousinen spucken betuchtes Publikum aus. Ein Bündel von vier Scheinwerferstrahlen tastet den nächtlichen Himmel ab. Nerzcapes und Kamelhaarmäntel stürmen nach innen und erreichen die Garderoben. An den Tischen werden Lachshäppchen und Shrimps gereicht. Schon schimmern nackte Schultern. Schon klirren die Eiswürfel in den Champagnerkühlern.

Kurz vor zwölf wird es dunkel, und Schweigen breitet sich unter Zischen und Geflüster aus. Als es endlich wirklich still ist, kommt die Stimme über den Studio-Lautsprecher.

Dunkel. Verschattet. Erotisierend, immer noch. Sie grüßt die Menschen, die in diesem Studio gearbeitet haben. Beleuchter. Maskenbildner. Baubühnenarbeiter. Wie schön es mit ihnen war, sagt die Stimme. Wie gut sie zusammengearbeitet haben. Die Stimme dankt ihnen und verklingt. Marlenes Stimme. Hier hat sie ihren ersten großen Film gemacht, der zugleich der erfolgreichste deutsche Film aller Zeiten wurde. Mit einem Regisseur, der sie aus dem Dunkel der Statisterie und der kleinen Rollen holte und aus ihr einen Weltstar machte. Die Beleuchter, die Bühnenarbeiter, die Maskenbildner und Garderobieren halfen in dieser strahlenden Geburtsstunde mit. Marlene hat sie nicht vergessen. Für sie spricht ihre Stimme.

Die Stimme verklingt ein Jahr später für immer, im Frühling des Jahres 1992, in einer Wohnung in der Avenue Montaigne in Paris. Kurz darauf, im Mai in Cannes, ist das Gesicht, das zu dieser Stimme gehörte, allgegenwärtig auf den Plakaten der größten Filmfestspiele dieser Erde und schwebt riesig über dem Eingang zum Palais du Festival. Weiß die Stirn und die hohen Wangenknochen, aus weichen Schatten herausmodelliert wie ein Porträt von Leonardo da Vinci, riesig die Augen, ein paar blonde Haarwellen, ein paar schwarze Spitzen, die Hände in einer seltsam flehenden Geste erhoben. Shanghai Lily. Und jeder, der sie je gesehen hat, hört in seinem inneren Ohr ihre brüchige Stimme sagen: »It took more than one man to change me into Shanghai Lily«.

Ja und nein. Eigentlich hat ein Mann aus ihr Shanghai Lily gemacht – und Lolalola, den *Blauen Engel*, und Amy Jolly in *Morocco* und die *Scarlet Empress*, die scharlachrote Kaiserin, Katharina die Große, die auf einem weißen Pferd zum Gipfel des Ruhms und der Macht reitet. Alle Möglichkeiten, Widersprüche und Verstrickungen ihrer kühlen blonden Schönheit hat er in sieben Filmen gezeigt, alle Facetten ihrer Verführungskraft darin ausprobiert: Josef von Sternberg.

Lange nach der Entstehung dieser Filme hat er jede weitere Äußerung über diese Frau aller Frauen verweigert: »Alles, was ich über Marlene Dietrich zu sagen habe, habe ich in meinen Filmen gesagt.«

Von Marlenes Geschichte und der ihres Schöpfers berichten heißt zwei Geschichten erzählen, die wie aus einem Märchenbuch kommen.

Die eine von der Tochter aus gutem Haus, die zum Film wollte, sich aber fast ein Jahrzehnt lang mit schäbigen kleinen Rollen begnügen mußte, bis ein Regisseur aus Hollywood die größte Filmdiva aller Zeiten aus ihr machte. Der Regisseur, dessen Name »Berg aus Sternen«, sprich Sternberg, war, nahm sie auf einen Berg von Sternen mit – die Filmgesellschaft Paramount hat das Bild eines Berges, um den ein Kranz von Sternen kreist.

Der Regisseur hat auch sein Märchen: Es handelt von einem kleinen, armen, hochbegabten Juden, der so lange Schmutz und Schlieren von alten Filmen wusch, bis er selbst einen Film drehen durfte – und dieser Film war so erfolgreich, daß er über Nacht zu einem der gefragtesten Künstler Hollywoods wurde. Danach schuf er ein Meisterwerk nach dem anderen und machte schließlich die schönste aller Frauen zu seinem Filmgeschöpf. Mit ihr wurde er noch bedeutender, noch berühmter – und er erprobte an ihr alle Möglichkeiten seines Zaubers. Aber als er sich von ihr losreißen wollte, weil er spürte, daß ihm seine Zauberkräfte nicht mehr gehorchten, verließ ihn sein Glück.

Zu spät lief er davon, floh über den ganzen Erdball, aber ein neues großes Werk ohne sie wollte ihm nicht mehr gelingen. Er sollte in seiner Geburtsstadt Wien geehrt werden und eine neue Aufgabe finden – da marschierte dort Hitlers Armee ein, für die er nichts als ein dreckiger kleiner Jude war.

Das Geschöpf lebte ohne seinen Schöpfer weiter, und alle die, die ihn zuvor um sie beneidet hatten, wollten nun beweisen, daß sie seiner Göttin noch größere und schönere Bilder abgewinnen konnten, daß sie ihren Altar noch höher aufbauen konnten, als er ihn errichtet hatte. Aber es gelang ihnen nicht. Die Filme, die die anderen mit ihr drehten, verblaßten im Vergleich zu denen, die er von ihr gemacht hatte.

Sie wußte das, und leise rief die Stimme der Alleingelassenen durch die Studios: »Jo, wo bist du?«

Als sie alt wurde, sollte nichts als diese Stimme von ihr bleiben. Maximilian Schell hat 1982 einen Dokumentarfilm von ihr gemacht, in dem nur diese Stimme noch von ihr lebt – alles andere, die Bilder, die Filmausschnitte, erscheint als Vergangenheit, als totes Material. Nur die Stimme ist noch da. Die Frau, die zu dieser Stimme gehört, darf der Zuschauer nur als vergangenes Bild erleben, als Bild einer atemberaubenden und vom Verfall nicht zu besiegenden Schönheit, wie sie bis in die sechziger und frühen siebziger Jahre dieses Jahrhunderts in Filmen und auf der Bühne zu bewundern war. Danach hat sie das vollendete Gesicht, die berühmten Beine, den hinreißenden Körper versteckt. Der langsame Verfall ging nur sie selbst etwas an. Es muß furchtbar für sie gewesen sein, diesen Verfall im Spiegel mitanzusehen. Die Whisky-Flaschen, die ihre Tochter in der letzten Bleibe der Marlene Dietrich in der Avenue Montaigne aufsammelte, zeugen davon.

11

Die Zusammenarbeit mit Maximilian Schell an der eigenen Vergangenheit war für sie eine Qual, der sie sich dennoch unterzog. Sie hat ihn als Regisseur des Films über ihr Leben akzeptiert, weil sie ihn von der gemeinsamen Arbeit an dem Film *The Judgement of Nuremberg* kannte. Sie wußte, daß er ein ganz anderes Verhältnis zur Filmregie hatte, als sie sie bei Josef von Sternberg und seinen Nachfolgern kennengelernt hatte. Die Spontaneität, auf die Maximilian Schell setzte – statt der ausgeklügelten Vorbereitung jedes Details, wie sie es von ihren Studiofilmen her gewohnt war –, irritierte sie. Schells Film mit der Dietrich registriert diesen Krieg zwischen der Porträtierten und dem Porträtisten.

Wie sie ihn beschimpft wegen der vorbehaltlosen Offenheit, mit der er ihr gegenübertritt! Wie sie dann schließlich doch genau das tut, was diese Offenheit bezwecken soll: daß sie nämlich selbst die Inszenierung ihres Lebens in die Hand nimmt. Sie, die in Josef von Sternbergs Händen die Puppe war, an deren Drähten der Meister zog, erregt sich gegenüber dem Dokumentaristen, der diese Manipulation verweigert. Schell will zu Marlenes eigener Wahrheit vordringen, die hinter den vielen Bildern liegt. Das macht sie nervös, das macht sie aggressiv, das macht sie aber auch produktiv.

Die Erfahrung dieses Films über ihr Leben war nicht einfach für Marlene Dietrich. Diese Bilder wiederzusehen, die an die Schönheit, die Bewunderung, die Leidenschaft und die Kämpfe der früheren Jahre erinnern – und nichts davon zurückholen, nichts davon wiederbeleben zu können, wenn sie als Überlebende, als Weiterlebende von Menschen spricht, die schon lange tot sind. Noch schwerer: das schmerzliche Verhältnis zu Deutschland wiederzubeleben. Sie hat in ihrem Leben sehr deutlich gemacht, wie sehr sie ihrer Heimat verbunden geblieben war, trotz der Verbrechen, die im deutschen Namen begangen wurden und gegen die sie nachhaltig protestierte, gegen die sie kämpfte, deren Auswirkungen sie zu lindern bemüht war, wo sie konnte.

Drei Jahre vor der Machtergreifung Hitlers hatte der Jude Josef von Sternberg sie nach Hollywood geholt. Weil sie ihm – wie auch den anderen großen Kinobegabungen und Schriftstellern jüdischer Abstammung – in Dankbarkeit verbunden war, verweigerte sie die Rückkehr nach Deutschland. In Goebbels' Propaganda-Maschine wollte sie nicht eingesetzt werden.

Sie half den deutschen Emigranten in den USA, und schließlich kämpfte sie mit auf amerikanischer Seite für die Befreiung ihres Landes vom Faschismus. Trotzdem warb sie in Hollywood um Verständnis für die Deutschen, die sie hinter sich gelassen hatte, für diejenigen unter ihnen, die sich mit besten Absichten von den Nazis hatten fangen und einspannen lassen.

In den ersten Monaten des Jahres 1961 spielte sie in dem Film *Judgement of Nuremberg* die Rolle der Witwe eines schuldig gewordenen Offiziers der deutschen Wehrmacht – also eine von denen, die aus der Verpflichtung unbedingter Treue ihrem Land gegenüber die Nazi-Verbrechen mitverantwortet hatten. Ihre eigene Schwester, ihre Mutter hatten so gehandelt. Die deutsche Premiere war am 14. April 1961 in Berlin, wo sie vom Regierenden Bürgermeister der Stadt, Willy Brandt, vom Flughafen Tempelhof abgeholt wurde. Neben Brandt begrüßt sie der einzige deutsche Nachkriegsstar mit internationaler Anerkennung, Hildegard Knef, der sie bei ihrem Start in Hollywood geholfen hatte.

Diese Premiere ist Auftakt für die Deutschlandtournee der Dietrich, die ihre alte Heimat wiedersehen will. In den bis auf Ruinenskelette zerbombten und hastig wiederaufgebauten Städten, in die mit der neuen Demokratie ein neues Denken eingezogen sein soll, wird sie als Verräterin beschimpft, ausgepfiffen und mit faulen Eiern beworfen. Die in allen übrigen Ländern der Welt Umjubelte singt vor halbleeren Häusern, steht die Herausforderung jedoch mit ungeheurer Energie durch – trotz mehrerer Verletzungen, die sie sich dabei an den berühmten Beinen zuzieht, trotz Erkältungen und physischer wie psychischer Erschöpfung. Die Ruinen wie die häßlichen Neubauten, durch die das Land sich bis zur Unkenntlichkeit verändert hat, sind nicht das Schlimmste. Schlimmer erscheint ihr, daß es in eine triste Provinzialität abgeglitten ist, wie Goebbels'

Kulturpolitik sie ihm verordnete und von der es sich immer noch nicht erholt hat, vielleicht nie wieder erholen wird. Das vom Faschismus befreite Deutschland ist nicht das, was sie sich aus der Ferne darunter vorgestellt, auf das sie gehofft, für das sie gekämpft hat. Zwar sind die Nazis besiegt, aber eben durch fremde Truppen, nicht durch den Willen der Bevölkerung. Die kann mit der von außen erkämpften Freiheit noch nichts anfangen, muß sich erst mühsam, Schritt für Schritt, daran gewöhnen. Marlene wird klar, daß dies ihre Heimat nicht mehr ist.

Als Marlenes »Schöpfer« Josef von Sternberg etwa sechs Jahre später nach Deutschland kommt, gerät er bereits in den Sog einer jungen Generation, die mit der Hinterlassenschaft der Eltern abzurechnen entschlossen ist. Und er findet, wenn auch nur in Cineasten-Kreisen, die Anerkennung, die das Land ihm früher versagt hatte. Er wird Mitglied der Akademie der Künste von Berlin, er erhält Ehrungen und Orden, er wird Jurypräsident des neugegründeten Mannheimer Filmfestivals, wo eine neue Ära des deutschen Films aus der Taufe gehoben wird.

Sein erbitterter Kampf gegen Hollywoods Tycoone mit ihrer kunstfeindlichen Mentalität macht ihn zum Ritter ohne Furcht und Tadel, zum bewunderten Vorbild für eine ganze Generation neuer Filmautoren, die die siebente Kunst als das Ausdrucksmittel des 20. Jahrhunderts feiern und Josef von Sternberg als einen ihrer größten Meister.

Auch zu dieser Zeit gibt es noch Kontakte zwischen dem »Schöpfer« und seinem »Geschöpf«, als das Marlene sich bis zu ihrem Tod immer wieder bezeichnet hat, auch wenn sie schon lange nicht mehr mit ihm arbeitete. Aber Josef von Sternbergs positivere Erfahrungen vermögen nicht das Bild der Schreckenstournee in Marlenes Kopf auszulöschen.

Der Alternden bietet der französische Staat eine finanzielle Unterstützung und eine angemessene Unterkunft – der deutsche schickt auf Anfrage Bürokratisches: Fragebögen, die eine Marlene Dietrich sich weigert auszufüllen.

Hat sie nicht sogar in der Hitlerzeit große Summen für Notleidende gespendet? Hat sie nicht Deutschlands Emigranten mit Geld und Ratschlägen versorgt, wenn sie frisch nach Hollywood kamen, ohne Kenntnisse der Landessprache und krank von Heimweh? Erst als Tote kehrt sie nach Deutschland zurück. Sie wollte in der Erde Berlins neben ihrer Mutter begraben sein. Von Berlin war sie ausgegangen, nach Berlin ist sie zurückgekommen, dort bleibt sie. Aber selbst nach dieser Beerdigung zögert die Stadt noch jahrelang, eine Straße oder einen Platz nach ihrer schönsten Tochter zu benennen, nach dieser mutigen und kühnen Frau, auf die sie alles Recht hat, stolz zu sein.

Mittlerweile gibt es nun doch einen »Marlene-Dietrich-Platz« – in der Mitte des neuen Potsdamer Platzes. Ein neues Zentrum ist entstanden. Genug Zeit ist vergangen. Marlene Dietrich provoziert keine Ewiggestrigen mehr zu Haßtiraden. Sie verursacht auch kein Achselzucken mehr bei den Jungen. Ihr Gesicht erscheint plötzlich wieder sehr heutig. Verletzlich, zart. Ihre Kleidung, besonders in den Sternberg-Filmen, wieder sehr modern. Die Figuren, die sie gespielt hat, sind wieder vorbildlich für neue Frauengenerationen. Setzen sie sich nicht über jedes Vorurteil hinweg, sind sie nicht einsame, leidenschaftliche Kämpferinnen für die weibliche Unabhängigkeit und gegen spießige und beschränkte Glücksvorstellungen?

Aber es ist über diese erstaunliche Frau noch weit mehr zu sagen. Sie war sehr schön, nicht wenige halten sie für die schönste Frau dieses Jahrhunderts, sie hat diese Schönheit aber in späteren Jahren mehr erkämpft als noch tatsächlich besessen. Ihre Schönheit war ein Markenzeichen geworden, dem sie sich zu unterwerfen, dem sie zu dienen hatte. Sie konnte sich nicht gehen lassen und einfach dick werden und glücklich sein. Sie schleppte sich noch als über Siebzigjährige auf die Bühnen der Welt – und wenn sie aus dem Kulissenvorhang ins Scheinwerferlicht trat, waren ihre Bewegungen von untadeliger jugendlicher Grazie. Ihr Körper, übersät von Operationsnarben, mit hautfarbenen Klebestreifen unter dem berühmten halbdurchsichtigen Kleid zusammengehalten, strahlte immer noch eine Anziehungskraft aus, als wäre er der einer Dreißigjährigen. Sie war von einer erstaunlichen Freiheit des Urteils in Fragen des Zusammenlebens der Menschen, neben der wir uns als traurig beschränkte Nachgeborene empfinden müssen. Sie hatte diese Kühnheit des Denkens aus dem Berlin der zwanziger und frühen dreißiger Jahre mitgebracht nach Hollywood – und es dort weiter kultiviert, als es in der deutschen Hauptstadt schon längst durch die böse Spießigkeit des braunen Terrors ersetzt worden war.

Eine solche Göttin ist Mittelpunkt ihrer eigenen Welt, egozentrisch, egoman, gerade weil sie als anerkannt schönste Frau der Erde eine Art Mittelpunkt der Welt ist. Eine Helena, die Kriege auslösen könnte. Diese Helena allerdings löste keine Kriege aus, sondern kämpfte auf ihre Weise selbst in ihnen. Männer umschwirrten sie »wie Motten das Licht«, aber, eigenartig, die Erotik selbst scheint ihr nicht allzuviel Spaß gemacht zu haben, sondern nur das zu Inszenierende daran, das Stück Traumerfüllung, das sie verheißt.

Hemingway hat einen wunderbaren Text über sie geschrieben. Und auch er nennt sie nicht an erster Stelle »schön« – daß sie schön ist, kommt für ihn erst nach ihrer wichtigsten Tugend, ihrer Tapferkeit. Und gleich nach der Schönheit kommt ihre Loyalität. Und dann ihre Großzügigkeit. Und dann die Tatsache, daß sie nie langweilig war. Vielleicht hat der Satz, den er über sie in »Life« schrieb: »Selbst wenn sie nichts als ihre Stimme hätte, könnte sie einem damit das Herz brechen« – vielleicht hat dieser Satz ihr die Idee dazu gegeben, daß sie in den letzten Jahren ihres Lebens nur noch durch diese Stimme für die Welt vorhanden sein wollte.

Als dann auch die Stimme verstummte, hinterließ sie etwas, durch das sie immer noch weiterlebt – einen Nachlaß, in dem sich nicht nur ihr Leben spiegelt, sondern auch das Jahrhundert, durch das dieses Leben führte. Mit Leidenschaft und Energie hat sie aufgehoben, was als Beleg für die Stationen darin gelten konnte. Photos – von ihrer Kindheit an, Schulhefte, Briefe, Zeugnisse, Kleidungsstücke, Geschenke, darunter die zwei Puppen, die sie von Josef von Sternberg bekam, ein Mohrenkind und eine kleine Chinesin, die in ihrer

Garderobe jahrzehntelang als ihre Maskottchen lagen. Dazu die Schminkutensilien dieser Garderobe, die Koffer, die Schuhe, die Strümpfe, die Bürsten, die Mäntel, die Kleider, die Hüte, die Telegramme, die Bücher, die Schallplatten – Material, um Säle damit zu füllen. Marlene ist zu verdanken, daß die Welt neben den haßverzerrten Zügen des nationalsozialistischen Diktators Hitler ein zweites Gesicht aus diesem Jahrhundert vor Augen hat, das dem Mythos des Bösen den von Schönheit und erotischer Verführung entgegensetzt, das aber auch für den politischen Widerstand und die Würde eines besseren Deutschlands steht.

Hätte nicht Josef von Sternberg dieses Gesicht, diesen Körper, diese Stimme entdeckt, dann wäre es, als hätte es sie nie gegeben.

2. Von der schönen blauen Donau in die Neue Welt

Josef Sternberg wurde 1894 in Wien geboren, als dort der Kaiser Franz Josef regierte, als Bruckner und Brahms noch lebten und Straußsche Walzerklänge die Ballsäle der Reichen wie die der Dienstleute füllten. Die Monarchie reichte bis Italien und Ungarn, und italienische und ungarische Laute drangen ihm neben dem gedehnten melodischen Deutsch der Österreicher ins Ohr.

Sein Vater hieß Jonas, seine Mutter Serafina. Schon in diesen beiden Namen spiegeln sich Geschichten, die aus den gottsucherischen Wurzeln des Judentums überliefert sind: Jonas, den Gott im Bauch des Walfisches vor dem Ertrinken im Ozean rettete – Serafin, die Gruppe der Engel, die mit dem Cherubin den himmlischen Thron umkreisen.

Die Sternbergs nannten sich »Geschäftsleute«, aber ihre Geschäfte liefen schlecht. Der älteste Sohn Josef war als Kind nicht auf Rosen gebettet, sondern er mußte mit Entbehrungen leben und schon früh sich seinen Lebensunterhalt selbst verdienen.

Im Hebräischen hatte er einen gnadenlosen Lehrer, der sich mit den Kindern grausame Späße erlaubte. Sie hatten solche Angst vor ihm, daß sie Durchfall bekamen, sobald er sie aufrief. Dafür strafte er sie mit Linealschlägen auf die bloßen Hände, ehe sie endlich zur Toilette flüchten durften. Josef rächte sich dafür drei Jahrzehnte später, indem er diesem Mann ein unsterbliches Denkmal setzte – er wurde das Vorbild seines Professor Unrat in seinem Film *Der Blaue Engel*, mit dem er der Romanvorlage von Heinrich Mann eigene Züge beigab. Seine Eltern waren nicht nur arm, sie waren arme Juden. Und Juden hatten es in der Donaumetropole sogar in der K.-u.-k-Zeit schwer.

Deshalb beschloß Josefs Vater, in die USA auszuwandern, um dort sein Glück zu machen – oder wenigstens ein Auskommen für seine Frau, seinen Sohn und sich selbst zu finden. Zunächst reiste er ohne seine Familie. Er schaffte es, seine Absichten wenigstens ansatzweise zu realisieren, weshalb er seine Frau und Josef nachkommen lassen konnte. Der kleine Josef ging auf eine gewaltige Reise, »über den großen Teich«, wie man damals sagte, in das Land der Verheißung. In den Vereinigten Staaten von Amerika war es zwar auch ein Makel, wenn man als Jude geboren war, aber doch keine Schande. Die Schrecken dieser Überquerung des Ozeans – im Bauch eines Schiffes wie im Innern des biblischen Walfischs – prägten sich dem so empfindsamen wie tapferen Kind für immer ein. Auf engstem Raum mit den Ärmsten, aber auch den Wagemutigsten eingepfercht, lernte er die Menschen und ihre Schwächen aus nächster Nähe kennen. Zugleich verstand er sich – obwohl noch ein kleiner Junge – schon als Beschützer seiner Mutter. Seine spätere Ritterlichkeit Frauen gegenüber wurzelt in diesen frühen Erfahrungen.

In der Neuen Welt angekommen, war der Prozeß der Eingewöhnung alles andere als einfach. Die Sternbergs hatten kein Kapital. Im Kampf der Existenzgründer, die dort aus allen Ländern der Erde eintrafen und sich gegenseitig erbittert Konkurrenz machten, hatten sie daher keine reale Chance. Und also war weder das Glück noch überhaupt ein Auskommen jenseits des großen Teichs zu finden. Enttäuscht und deprimiert beschlossen sie, in ihre alte Heimat zurückzukehren, deren sanftere Spielregeln sich leichter beherrschen ließen.

Die Familie hatte sich in der Neuen Welt um mehrere Geschwister vergrößert, und Josef war herangewachsen. Er war lernbegierig, er sog wie ein Schwamm Informationen aller Art auf, in der Gewißheit, sie eines Tages gebrauchen zu können. Auch in der Donaumetropole konnten seine Eltern dem hochbegabten Jungen keine höhere Schulbildung bezahlen. Allzu mühsam schlugen sie sich und die Kinder durch die Zeit. Josefs geistiges Rüstzeug bestand zunächst also nur aus dem, was er in dem von der jüdischen Gemeinde eingerichteten Unterricht vermittelt bekam. Das aber erweiterte er durch eigene Studien in den wenigen Nachtstunden nach der Arbeit zu einer universellen Bildung. Schlaf bekam er kaum.

Nur als Zuschauer am Straßenrand konnte der schönheitsdurstige Junge sich an Glanz und Glitzer der Mächtigen berauschen, wenn sie vor ihm aus den Kutschen stiegen oder hinter den Scheiben der Hotelfenster von Damast, Silber und Kristall tafelten. Er prägte sich das alles tief ein – ihren Geschmack, ihre Gesten, ihre Ticks und Allüren. Auch die Ängste und Freuden der kleinen Leute vom Lande nahm er in sich auf, die in ihren malerischen Trachten in die kaiserlich-königliche Hauptstadt kamen, um bei den Vornehmen Dienst zu suchen. Das österreichisch-ungarische Heer zog in funkelnden Paraden an ihm vorbei und musterte ihn aus hochnäsigen Gesichtern unter den blanken Helmen. Er stahl sich in die Jahrmarktbuden des Praters und in die Kulissen der Theater, roch den Staub der Hinterbühne und befühlte Samt und Spitzen der aufgehängten Kostüme. Die Stücke, die gerade uraufgeführt wurden, nahm er in sich auf. In seinen späteren Arbeiten ist der Einfluß der Wiener Schule der Jahrhundertwende, ihr sanfter und morbider, dabei um so schneidenderer Zynismus, deutlich zu spüren. In seinen Kulissenverstecken lauschte Josef auf den spielerischen Reichtum und die komplexe Wahrheit von Schnitzlers und Hofmannsthals gebrochenen Figuren mit ihrer tiefen Melancholie. Ihre schmerzlich-witzigen Dialoge klangen in ihm nach und sollten später seine Drehbücher beeinflussen.

Josef war auch musikbegeistert – kein Wunder in Wien! Aber er konnte sich die teuren Eintrittskarten für die Konzerthäuser nicht leisten. Und also schlich er sich auch hier durch die Hintertür ein, um kostenlos, aber um so gieriger zuhören zu können. In seinen Filmen hat er sich mehrfach als Mit-Komponist und als Dirigent betätigt. Seine Kenntnis der musikalischen Gesetze erwarb er so. Und hier liegt einer der Gründe seiner späteren Meisterschaft, aber auch einer der Punkte, die auf die Dauer das Mißfallen der Studioherren Hollywoods erregen mußten. Denn Josef von Sternberg war aufgrund dieser Erfahrungen in seinem künstlerischen Verständnis zutiefst europäisch geprägt. Hollywoods Maßstäbe des Eingängigen und emotional Stimulierenden mußten ihm, der mit Richard Strauß' Klangteppichen, mit Bruckners und Brahms' differenzierter Behandlung von Harmonie und Kontrapunktik hören gelernt hatte, allzu simpel vorkommen. Musik ist Klang – Klänge haben viele Ursprünge, und die Tonebene eines großen Films ist ein differenziertes Gewebe, ganz besonders bei Josef von Sternberg.

Ausführlich schreibt er in seiner Autobiographie über die Entdeckung, daß der Ton ein Bild vervollständigen oder ihm – im Sinne eines Kontrapunktes – einen anderen Inhalt geben kann. Die Grundlage zu diesen Erkenntnissen legte er in diesen Jahren des Lernens in Wien. Er hörte die Stimmen der Sänger aus den offenen Fenstern der Staatsoper bei ihren Übungen ebenso wie das Geschrei der Männer vor den Kirmesbuden, das Hufgeklapper der Kavalleriepferde wie das Zischen der Dampfmaschinen.

Zugleich füllte sich ihm alles mit Inhalten, die bereits Teile von Filmhandlung enthielten. Die Scham der Huren in den verbotenen Gassen, wenn die Kinder sie auslachten und ihnen die Röcke hoben, erregte ihn ebenso wie die Arroganz der jungen Offiziere, mit der sie zu den alternden Damen der Gesellschaft oder zu den kleinen Näherinnen schlichen. Daß Verführer selbst Verführte sind, wurde ihm dabei ebenso klar wie die Gründe für vielfältige Verstrickungen in Spielleidenschaft, in Alkohol oder Drogen.

Es genügte ihm nicht, die Komödien und Tragödien, wie sie sich ständig zwischen den Menschen abspielen, nur zu beobachten. Er wollte auch begreifen, wie die neue Wissenschaft von der menschlichen Seele sie interpretierte. Wien war nicht nur die Hauptstadt des Theaters, der Musik und der Kunst, sondern auch die Hochburg der sich gerade etablierenden Psychoanalyse, die später in banalisierter Form Hollywood Stoff für viele Thriller bieten sollte. Josef konnte von alldem nur als Autodidakt und also bruchstückhaft profitieren, aber das schreckte ihn nicht ab, in jeder freien Sekunde zu lernen, was immer sich ihm als neuer Wissensstoff anbot. Er schlich sich also durch die hohen Türen der Universität und versteckte sich in den hintersten Winkeln der Hörsäle, da er weder das Geld für Studiengebühren noch den erforderlichen Schulabschluß für das Studium hatte.

Wichtiger noch als alles andere war die Schule des Sehens, die er in Wien durchlief. Er drückte sich an unaufmerksamen Wärtern vorbei in die marmornen Hallen des kunsthistorischen Museums, um die Bilder von Tizian, Breughel und Leonardo anschauen zu können, bis er heraushatte, aus welchen Quellen und Richtungen sie ihre Modelle beleuchtet hatten. Er berauschte sich an diesen Bildern, an ihrem magischen Licht auf den Gesichtern und Körpern, an Haaren, Pelzen, Schmuck, Samt und Seide. Sie gaben ihm einen Begriff davon, wie Schönheit und Verführung zusammenwirken: das Flimmern der hellen Haare, der Schmelz der zarten Haut, der Glanz der Augen unter dünnen, hochgeschwungenen Augenbrauen, die Herausforderung eines Mundes mit einem geheimnisvollen Lächeln, das ebenso abweisend wie anziehend ist.

Die weibliche Figur, die die Maler der Renaissance am liebsten malten, ist die der heiligen Hure Maria Magdalena. Sie hat viele Männer geliebt, sie hat die erlesensten Parfümöle und die raffinierteste Kleidung benutzt, um immer mehr Geld aus ihren Liebhabern zu locken – aber schließlich kniet sie vor Christus nieder und badet seine Füße mit ihren Essenzen. Da erhebt er sie zu sich und macht sie trotz ihrer Sünden zur Heiligen: »Ihr wird viel vergeben werden, denn sie hat viel geliebt.«

Diese christliche Geschichte faszinierte den jungen Juden, der sich gern das Ansehen eines Zynikers gab, vor allen anderen. Die verführerische Frau, die von der Gesellschaft verachtet wird und sich dennoch über sie erhebt, sollte sein Hauptthema werden. Und die entscheidende Begegnung seines Lebens sollte die mit der Darstellerin dieser Rolle werden – und sie selbst sollte den Namen seiner sündigen Heiligen tragen: Maria Magdalene.

Warum verlassen die Sternbergs, die doch in den USA kein Glück hatten, das geliebte Wien noch einmal, um sich wieder in Richtung

Neue Welt einzuschiffen? Josef jedenfalls muß hinter sich lassen, was ihn so intensiv beschäftigt, Hofmannsthals und Schnitzlers Stücke, Leonardos und Tizians Bilder, die Tonkaskaden des Richard Strauß, die italienischen Opern, die Experimente in den Hörsälen, den Glanz der Paraden, die vertrauten Klänge der Straße.

In der Neuen Welt kann er nur noch von seiner Erinnerung zehren. Er ist kein Kind mehr. Groß gewachsen ist er nicht, aber er hat ein schönes Gesicht, und von den Vornehmen in Wien hat er sich abgesehen, wie man sich benimmt und wie man bei den Damen der Gesellschaft ankommen kann, nämlich, indem man die richtigen Worte und Gesten der Huldigung für sie findet – und wie man die Mittel der textilen Erzeugnisse für sie auswählt, damit Schönheit auch da strahlt, wo sie eigentlich gar nicht vorhanden ist.

Seine erste Anstellung findet er an der Fifth Avenue in New York in den tiefen Regalschluchten eines Geschäfts für Bänder, Bordüren und Spitzen, wie sie die zahlreichen Volants und Tournüren der eleganten Damenmode schmücken. Er lernt die Unterschiede zwischen Valenciennes-, Brüsseler und Plauener Spitze kennen, kann zwischen gewebt, geklöppelt, gestickt, zwischen Samt- und Brokatbordüre, Languetten und Seidenpaspel unterscheiden und die jeweiligen Qualitäten bestimmen. Er errät die Sehnsüchte und Wünsche seiner weiblichen Kundschaft, die der schönen wie die der häßlichen, die der wenig Bemittelten wie die der Schwerreichen. Dazu bekommt er auch einen Blick für die begleitenden Herren: für ihre gelangweilten oder gespannten Mienen, in denen er Eifersucht, Ekel oder Hingabe erkennt.

Er könnte sich in eine höhere Position heraufarbeiten. Aber da steht er sich selbst im Wege. Denn eines schafft er nicht: zu Kreuze zu kriechen und sein hochfahrendes Wesen zu verstecken. Der Umgang mit Autoritätspersonen wird ihm immer schwerfallen. Kann er und weiß er nicht zehnmal mehr als sein ungebildeter Chef? Dieses Bewußtsein, nach außen getragen, schafft ihm keine Freunde, sondern Neider und Hasser. Er kriegt daher schnell Ärger mit seinem Arbeitgeber, und die Fifth Avenue bleibt hinter ihm zurück.

3. Schöpfer der Schatten

Josef Sternberg sucht einen neuen Job. Und findet ihn. Ein neues Mittel der Zerstreuung ist entdeckt worden, das zahlende Zuschauer in jene schlecht gelüfteten Jahrmarktsbuden lockt, wo bisher Kälber mit zwei Köpfen und mittels Spiegeltrick zersägte Frauen ausgestellt wurden. Mit Bildern beschichtete Zelluloidstreifen rattern da vor einer hellen Lampe durch einen Kasten und werden mit deren Licht auf eine ausgespannte Leinwand projiziert, wo sie zappelnd und zuckend eine schattenhafte Wirklichkeit vortäuschen. Josef Sternberg lernt einen Mann kennen, der solche Filmstreifen von dem Dreck säubert, der sich bei den Vorführungen durch statische Aufladung darauf ansammelt und sie mit der Zeit so sehr verschmiert, daß man sie nicht mehr zeigen kann. Gewöhnlich werden sie dann weggeworfen. Josefs neuer Arbeitgeber holt sie jedoch aus den Abfalltonnen wieder heraus und führt sie durch seine Wasch- und Wischprozesse einem zweiten Leben in den Vorführapparaten zu. Dafür kann er kassieren, denn Urheberrechtsschutz ist für die neue Jahrmarktsattraktion noch nicht vorgesehen. Josef verbessert die Reinigungsmittel sowie den Kleber, mit dem gerissene Streifen wieder zusammengesetzt werden können. Diese Erfindungen verhelfen ihm zu einer besseren Stelle in dem zunehmend florierenden Unternehmen – denn obendrein verbessert sich auch die Qualität der Filme, nachdem Josef sie gereinigt und repariert hat. Ein künftiger Meister des Films tut die ersten Schritte in die Dramaturgie des neuen Mediums, indem er Bruchstücke alter Filme sinnvoller und rhythmischer zusammenfügt.

Die gereinigten Zelluloidstreifen zeigen zunächst nur die zappelnden Verfolgungsjagden und Eifersuchtsdramen der heute unbekannten Pioniere, denen Josef neue Qualitäten geben kann, indem er sie auf seine Weise zusammenfügt. Aber die Entwicklung des Films schreitet schnell voran. Und Josef bekommt bald auch Werke zu Gesicht, an denen er nichts zu verbessern hat, an denen er nur lernen kann.

Es sind Filme von David Mark Griffith darunter, die ersten Meisterwerke der neuen Lichtspielkunst, in denen bereits die gesamten Möglichkeiten der Kameraführung wie der filmischen Dramaturgie zur Erzeugung und Steuerung der Gefühle des Zuschauers enthalten sind. Griffith zeigt zum Beispiel die verkrampften Hände seiner Hauptdarstellerin Lilian Gish in Großaufnahme, um die Verzweiflung einer Frau vor Gericht auszudrücken. Er verändert damit zum ersten Mal in der Geschichte des neuen Mediums den Blickwinkel des Zuschauers mit Hilfe der Kamera. Und mehr noch: Bald setzt er die Kamera auf Räder oder hebt sie mittels eines Kranes in die Höhe, um das Auge des Zuschauers mit ihr in einer Weise zu bewegen, wie sie sonst nur Vögeln oder jagenden Tieren gegeben ist. Griffith erfindet auch den historischen Film und zugleich die Massenregie: In *Birth of a Nation* und *Intolerance* bewegen sich nicht lediglich zwei oder drei Darsteller vor der Kamera, sondern Tausende von Statisten, dazu Pferde, Kutschen, Sänften, sogar Elefanten.

Sternberg erzählt eine Anekdote über den in der Nase bohrenden Griffith, wie dem bei solcher Inszenierung der Massen ein kleiner Junge zusieht. Voller Stolz fragt der Meisterregisseur – während auf sein Geheiß gerade wieder ein ganzes Heer für die Kamera in Marsch gesetzt wird: »Du möchtest wohl auch Filmregisseur werden?« – »Das geht nicht«, antwortet das Kind. »Ich darf nicht in der Nase bohren.«

In diesen ersten Jahren, in denen Sternberg mit Film auf zugleich prosaische und doch bezeichnende Weise zu tun hatte – indem er nämlich die Streifen in des Wortes engster Bedeutung reinigte –, wurden auch die Slapstickfilme von Mack Sennett wie von Charles

Spencer Chaplin für ihn wichtig. Ihr melancholischer Witz und ihre vergnügte Respektlosigkeit gegen angemaßte Autorität amüsierten und überzeugten ihn. Intensiver und leidenschaftlicher noch vertiefte er sich in Erich von Stroheims drei- und vierstündige Leinwandepen mit ihrer an griechische Tragödien erinnernden Zwangsläufigkeit. Von Stroheim, der adlige Österreicher, kommt mit seinen Filmen Josef Sternbergs Vorstellungen von denen, die er eines Tages selber machen will, besonders nahe – nur daß er Stroheims Werke zu lang, zu schwerfällig findet. Aber ihre Intensität, ihre Leidenschaftlichkeit begeistern ihn.

Im ersten Weltkrieg kämpft Jo auf amerikanischer Seite gegen das mit Deutschland verbündete Österreich und damit gegen die Truppen seiner alten Heimat. An die Widersprüchlichkeit dieses Frontenwechsels wird er sich in seinen zukünftigen Arbeiten mehrfach erinnern. Was Krieg ist – was die Begriffe »Feind« und »Gegner« beinhalten können –, was Patriotismus sein kann oder sein sollte – er wird die vielfältigsten Deutungen dafür finden, und mehrere seiner Figuren werden das politische Lager einmal oder sogar mehrfach wechseln.

Immerhin kehrt er mit heiler Haut aus dem Krieg zurück. Und jetzt steigt er aus dem Reinigungslabor auf und wird Leiter der Versandabteilung eines der ersten Hollywood-Studios, der Paramount. Er hat nun nicht nur Entwicklung und Trocknung der Kopien, sondern auch ihren Transport in die Kinos zu überwachen. Und als solcher hat er Zutritt zu den Vorführräumen, wo sich die Regisseure zusammen mit den Studiobossen die Ergebnisse ihrer Inszenierungsarbeit ansehen. Die Bemerkungen, die Sternberg bei diesen Vorführungen macht, führen dazu, daß ihm die Aufsicht über die Endfertigung der Filme übertragen wird. Und bald auch dazu, daß man ihn als Regieassistent der Studioregisseure einsetzt. Seine Vorschläge zur Inszenierung haben – darauf verweist er stolz in seinen Memoiren – dem Studio mehrfach beträchtliche Summen eingespart. Josef von Sternberg, der Regieassistent, dient unter verschiedenen heute namenlosen Regisseuren, von denen er sehr schnell feststellt, daß er ihnen weit überlegen ist, wenn es um die Möglichkeiten des Metiers geht. Also um die Arbeit mit Schauspielern, den Einsatz des Lichts, den Umgang mit der Kamera, die Auswahl der Dekors, die Kostüme, um den Aufbau von Szenen und ihre Zusammenführung und um die Verarbeitung des gedrehten Materials im Schnitt. Der letzte Arbeitsgang: Die Einfügung von Titeln, die die Handlung erklären und ohne die die stummen Szenen nicht verständlich wären, ist der, den er zuerst an sich reißt. Keiner schreibt so gute Titel wie er. Also werden sie ihm überlassen. Die Regisseure, unter denen der junge Sternberg arbeitet, erscheinen ihm als aufgeblasene Trottel, die mit durchdringendem Blick und malerischer Aufmachung Eindruck auf Geldgeber und Schauspieler zu schinden suchen. Wenig oder nichts wissen sie davon, wie die neue Kunst zu handhaben ist. Künstlerische Phantasie und technischer Erfindungsgeist gehen ihnen ab. Deshalb lassen sie ihren Assistenten machen und loben sich vor den Bossen für das, was er ihrer Arbeit hinzugefügt hat.

Eine Ausnahme ist dabei der Franzose Emile Chautard. Der war, bevor er in die USA ging und dort Filme machte, ein bekannter Schauspieler in Paris, er ist sogar als Partner Sarah Bernhardts aufgetreten. Als erster bringt er dem jungen Sternberg bei, was die Veränderung des Lichts auf einem Gegenstand oder einem Menschen bewirkt und wie dies zur Intensivierung der Filmerzählung benutzt werden kann. Anhand von graphischen Skizzen erläutert er die Konsequenzen, die sich daraus ergeben, daß die Filmkamera die dreidimensionale Welt in eine zweidimensionale überträgt. Von ihm erlernt Sternberg die Seiten des Handwerks, die ihm beim bloßen Ansehen der gereinigten Filmstreifen nicht bewußt geworden waren. Und mit ihm realisiert er – noch als Chautards Assistent, aber auch schon als verantwortlicher Regisseur ganzer Sequenzen – den Film *The Mystery of the Yellow Room* aus dem Jahre 1919.

In diesem Film erscheint im Vorspann sein Name noch ohne »von«. 1924 wird er auf dem Vorspann von *By Devine Right*, wo er als Assistent von Roy William Neill arbeitet, mit dem »von« erscheinen,

das er künftig in seinem Namen tragen wird. Dazwischen liegen
fünf Jahre, in denen er sich auf allen Gebieten der Filmregie vervoll-
kommnet, so, daß er später alle Arbeitsgänge selbst beherrscht, von
Maske und Kostüm der Schauspieler bis zu ihrer Inszenierung,
vom Lichtsetzen bis zur Entwicklung und Kopierung des Film-
streifens, vom Schreiben der Dialogsätze bis zum Einsatz von Kamera, Schiene und Kran, vom Filmschnitt bis zur Endfertigung.
Chautard spornt ihn an, selbst Regisseur zu werden. Aber Sternberg
will vorerst in der Position des Assistenten bleiben. Er weigert sich
sogar, für einen unfähigen Regisseur, den das Studio gefeuert hat,
die Regie eines Films zu übernehmen. Seine Begründung: Der Film
ist ihm zu schlecht. Das stößt den Studiobossen als schiere Arroganz
auf. Sternberg zitiert seinen Landsmann Mozart, um diese Über-
gangszeit zu beschreiben: »Und so arbeitete ich für eine Summe, die
für das, was ich tat, zu hoch und für das, was ich hätte tun können,
zu klein war.«
Er will einen Film machen, den er ganz selbst verantwortet, und als
sich endlich die Gelegenheit bietet, ergreift er sie beim Schopf.
Ein Schauspieler behauptet, von Charles Spencer Chaplin, der sich
mittlerweile Charlie Chaplin nennt und einer der einflußreichsten
Männer Hollywoods ist, eine Summe von 6000 Dollar für die Produktion eines Films und dazu einen Filmstoff zu haben. Den Film
soll Sternberg mit ihm in der Hauptrolle realisieren. Sternberg
macht eine Kalkulation, die auf den Penny genau mit dem vorhan-
denen Geld auskommt, lehnt jedoch den angebotenen Stoff ab und
entwirft einen anderen. Er bleibt tatsächlich im Rahmen der vor-
handenen 6000 Dollar, die er sich vorerst borgt, und stellt dafür
einen Film her – nach einem eigenen Stoff, nicht nach dem, der ihm
vorgeschlagen worden ist. Als der Film fertig ist und Jo darauf wartet, wie Chaplin ihn aufnehmen wird, erfährt er, daß Chaplin von
der ganzen Geschichte nichts weiß und daß das Geld gar nicht vorhanden ist. Er bringt es jedoch fertig, die Kopie des Films in Chaplins hauseigenes Kino zu schmuggeln. Aus Zufall, aus Langeweile
läßt Chaplin sich das »Machwerk eines Anfängers« vorführen – und

springt nach wenigen Minuten wie elektrisiert auf, um seine Kollegen von den United Artists zusammenzutrommeln. Sie kommen, obwohl es bereits nach Mitternacht ist, sie sehen gemeinsam Sternbergs ersten Film *The Salvation Hunters*, und sie sind hingerissen. Am nächsten Tag schon nehmen sie Sternberg unter Vertrag. Am 15. Februar 1925 ist Premiere – und bereits nach dieser ersten öffentlichen Vorstellung hat von Sternbergs erster Film das Vielfache seiner Herstellungskosten eingespielt. Wenige Stunden später gehört er für Publikum und Presse zu einem der führenden Regisseure Hollywoods.

In demselben Jahr noch dreht er zwei Filme für MGM: *The Exquisite Sinner* und *The Masked Bride*, von denen allerdings der erstere durch die Studiobosse so entscheidend verändert wurde, daß Sternberg ihn nicht als sein eigenes Werk anerkennt. Den zweiten ließen sie erst gar nicht von ihm, sondern von W. Christy Cabanne fertigstellen.

Jo hat sich schon nach dem ersten Jahr seiner Laufbahn als Regisseur bei den Mächtigen der Studios sowohl den Ruf eines Genies als auch den eines Querkopfs und Nörglers erworben. Er wird bewundert, verehrt, aber nicht gern beschäftigt.

Chaplin, der von nun an als sein Entdecker gilt, gibt ihm die Mittel zu einem neuen Film *The Sea Gull*. Mit Tschechows gleichnamigem Drama »Die Möwe« hat der Film von 1926 nichts zu tun. Chaplins Frau Edna Purviance – die schon während der Dreharbeiten von Chaplin durch eine neue Frau an seiner Seite ersetzt worden war – spielt darin die Hauptrolle. Diesen Film kann Sternberg ungestört abdrehen. Ob es mit der gescheiterten Ehe zu tun hat, oder was immer Chaplin gegen Jo aufgebracht hat – er läßt Kopie und Negativ nach nur einer Sichtung vernichten. Von Sternberg wird nicht einmal darüber informiert, was seine Gründe dafür waren. Der Schlag ist für Jo vernichtend. Gehört dieses Werk denn ausschließlich dem, der es finanziert hat? War es nicht auch seine Arbeit – hat er es nicht geschrieben und inszeniert? Chaplin hat Josef von Sternberg zu seiner beispiellosen Karriere verholfen, nach kurzer Zeit hat er sie wieder zerstört – schlimmer, seine Zerstörungsaktion hat Jo für einige Zeit um seinen guten Ruf als Regisseur gebracht. 1927 ist Josef von Sternberg deshalb erneut als Regieassistent bei der Paramount tätig. Frank Lloyds unfertig liegengebliebener Film *Children of Divorce* stellt er fertig und arbeitet dabei mit einem Schauspieler zusammen, mit dem er drei Jahre später einen seiner größten Leinwanderfolge feiern wird: Gary Cooper.

Und am 3. September desselben Jahres hat wieder ein Sternberg-Film Premiere, der erneut Filmgeschichte machen wird. *Underworld* gilt als der erste Gangsterfilm mit seiner düsteren Stilisierung von Figuren, Bildern und Gesten, wie sie später typisch wurde für die »schwarze Serie« Hollywoods. Die vierziger Jahre schwelgten darin – mit Darstellern wie Humphrey Bogart, Alan Ladd, Edward G. Robinson –, und die achtziger Jahren belebten sie wieder mit den Filmen von Martin Scorsese und seinem Star Robert De Niro. Von Sternberg hat mit Clive Brook und George Bancroft *Underworld* glänzend besetzt, und die weibliche Hauptdarstellerin Evelyn Brent zeigt bereits Sternbergs ungewöhnliche Fähigkeit, komplexe, starke, unabhängige und leidenschaftliche Frauenfiguren auf die Leinwand zu bringen.

Durch Murnaus *Der letzte Mann* ist Emil Jannings zum Superstar nicht nur in Deutschland, sondern weltweit geworden. Ernst Lubitsch, nach seinen Erfolgen in Deutschland jetzt auch in Hollywood, hat die Idee zu einem Film mit ihm entwickelt und verworfen, die nun Josef von Sternberg verwirklichen wird: *The Last Command*. Jannings will seinen internationalen Ruhm festigen und womöglich vergrößern. Von Sternberg als Österreicher ist ein englisch-deutschsprachiger Regisseur, wie Jannings, der des Englischen kaum mächtig ist, ihn für sein Hollywooddebüt unbedingt braucht. Noch sind wir in der Stummfilmzeit. Der Held des Films muß keine Dialoge sprechen, deshalb ist es auch nicht erforderlich, daß er Englisch kann. Er wird auf der Leinwand nicht zu hören sein.

Es geht um einen russischen General, einen Vetter des Zaren, der im ersten Weltkrieg für das zerbröckelnde Zarenreich kämpft – gegen den äußeren Feind, der das Land an allen Fronten angreift, aber auch gegen die aufständischen Bolschewiki, die gleichzeitig im Inneren des Landes die Oktoberrevolution vorbereiten. Den jungen Regisseur des Fronttheaters, das die Soldaten unterhalten soll, schlägt der General für seine Aufsässigkeit mit der Peitsche ins Gesicht. Seine Begleiterin (Evelyn Brent), eine gesuchte Revolutionärin, macht der General zu seiner Geliebten. Er verwöhnt sie mit Juwelen, schönen Kleidern und erlesener Höflichkeit. Für die Revolution, für Rußland will sie ihn erschießen. Er sieht im Spiegel, wie sie die Waffe auf ihn richtet. Und er sieht sie im Spiegel an. Sie weiß, daß auch er für Rußland kämpft – wie sie selbst, wenn auch auf der anderen Seite. Und sie läßt den Arm sinken. Die Revolutionäre überfallen den Zug, in dem sie mit ihm im Salonwagen sitzt. Er wird gefangengenommen. Um ihn zu retten, beteiligt sie sich an seiner Demütigung: Als Heizer muß er auf ihre Anweisung nun in der Lokomotive schuften, während seine Uniform, sein schöner Mantel und sie selbst als seine ehemalige Geliebte unter den feiernden Volkshelden die Runde machen. So kommt sie zu ihm vor das Feuerungsloch der Lokomotive und steckt ihm die Perlen zu, die er ihr früher geschenkt hat. Für den Erlös kann er sich den Weg in die Freiheit erkaufen. Vor dem lodernden Feuer küßt sie seinen Aufpasser so lange, bis er von der fahrenden Lokomotive herunter in den Schnee gesprungen ist. Von dort muß er zusehen, wie der Zug – in dem sie inmitten der Revolutionäre geblieben ist – von einer gesprengten Brücke herunter in die Tiefe eines schwarzen Flusses rast. Ein Kopfschütteln befällt ihn, das ihm als Tick auch in Hollywood bleibt, wohin er sich vom Erlös ihrer Perlen retten kann. Mit Hunderten anderer Statisten bewirbt er sich dort für eine kleine Nebenrolle und wird eines Tages von ebendem Regisseur ausgewählt, den er in der Zeit seiner Macht ins Gesicht gepeitscht hat. Auch der Regisseur ist mittlerweile nach Hollywood gekommen, nur ist er jetzt in einer überragenden Machtposition, ähnlich der, die in Rußland der General hatte. Und wie ein General mustert er die Truppen, die er für seine Filmszenen benötigt. Er hat seinen

alten Peiniger wiedererkannt – und läßt ihn in die Generalsuniform
stecken, die er als Befehlshaber der zaristischen Truppen getragen
hat. Noch einmal läßt der Regisseur ihn einen aufsässigen Soldaten
peitschen, noch einmal die Truppen gegen den Feind und die Revolution aufrufen, noch einmal die Fahne des kaiserlichen Rußland
den Soldaten vorantragen.

Dem alten Mann verwischen sich Studiowirklichkeit und Traum.
Sein Zusammenbruch im künstlichen Schnee vor der Filmkamera ist
sein Tod. »Sie haben gesiegt«, sagt der Regisseur, der die Filmfahne
über ihn legt, als wäre ein wirklicher Feldherr gestorben und nicht
ein Statist Hollywoods, der einen General nur spielt.

Mehr noch als *The Salvation Hunters* und *Underworld* ist *The Last
Command* ein Meisterwerk des Stummfilms, von einer zuvor nicht
und später kaum wieder erreichten Dichte und Vielschichtigkeit.
Jede Szene ist zugleich tragisch und ironisch – Spiel ist Wirklichkeit,
und Wirklichkeit ist Spiel. Evelyn Brent spielt eine Frauenfigur,
deren Modernität nach siebzig Jahren immer noch überzeugt. Mit
Kühnheit und Grazie entscheidet sie über sich selbst. Das Blitzen
ihrer schwarzen Augen unter dem Wusch der dunklen Locken, die
biegsame Schnelligkeit ihrer Bewegungen und Entscheidungen zeigen, daß Sternberg v o r Marlene durchaus nicht nur auf blonde
träge Langsamkeit in der Erotik spezialisiert war. Und der zur ge-
stischen Übertreibung neigende Jannings – hier liefert er die Glanzleistung seiner Karriere, und mit Recht hat Hollywood ihm dafür
einen Oscar verliehen. Sein Sergius Alexander, Vetter des Zaren
und dessen Feldherr, ist eine imponierende Erscheinung und ein
faszinierender Herzensbrecher. Der Fall in die Hände des Pöbels
ähnelt in alttestamentarischer Wucht der Schändung eines Samson
– und die vermeintliche Rettung nach Hollywood, die zur Demütigung noch die Banalisierung fügt, wird durch Jannings' gebrech-
liches Kopfschütteln sensibel kommentiert – bis sich in der Schluß-
apotheose die Widersprüche von Schein und Sein, von Tragödie und
Farce, von Kino und Historie mit einer an Shakespeare gemahnen-
den Größe auflösen.

Kein Wunder, daß Jannings, von Hollywood nach Berlin zurückgekehrt, für seinen nächsten großen Film – diesmal bei der UFA – Josef von Sternberg als Regisseur haben wollte.

Noch zwei weitere Filme machte Sternberg in diesem Jahr – *The Dragnet* mit Evelyn Brent und den vierten seiner großen Stummfilme *The Docks of New York* mit George Bancroft. Alle kamen bei der Paramount heraus, deren Symbol, der Berg mit dem Kreis von Sternen um den Gipfel, auf magische Weise den Namen Sternberg nicht nur zu beschreiben, sondern zu erfüllen schien.

Für den bewunderten Erich von Stroheim stellt er 1928 eine Kurzfassung von Stroheims *The Wedding March* her, den er dem Publikumsgeschmack näherbringen will. Stroheim lehnte diese Kurzfassung jedoch ab, nachdem er sie gesehen hatte, und die beiden großen »vons« des amerikanischen Films trennen sich im Groll.

1929 gilt in der Filmgeschichte als das letzte Jahr des Stummfilms und das erste des Tonfilms. Von Sternberg bringt in diesem Jahr noch zwei Stummfilme bei der Paramount heraus – *The Case of Lena Smith* und *Thunderbolt*. Und er verhandelt mit der UFA in Berlin wegen des neuen Films, den er mit Jannings in der Hauptrolle machen soll. Gegen den ausdrücklichen Wunsch des UFA-Financiers Hugenberg setzt der künstlerische Leiter der Produktion Erich Pommer den Roman von Heinrich Mann »Professor Unrat« als Vorlage des Drehbuches durch. Hugenberg, der Erzkonservative und Förderer Hitlers, verabscheut den linksorientierten Heinrich Mann als »Schmierfinken« und »vaterlandslosen Gesellen«. Pommer aber wittert, ebenso wie Jannings, in dem Buch eine Leinwandgeschichte, die große Kasse machen wird. Und die sich für die Erfordernisse des Tonfilms eignet wie kaum eine andere. Gibt es doch außer der Jannings-Rolle des eigenbrötlerisch-tückisch-tyrannischen Schulmeisters auch noch die der frech verlotterten Sängerin aus einer trüben Hafenspelunke, der der Ehrenmann rettungslos verfällt.

Die Besetzung scheint auf der Hand zu liegen. Der Autor, Thomas Manns Bruder, ist – wie die von ihm erfundene Professorenfigur – einer solchen Sirene erlegen. Seine »Rosa Fröhlich« tritt allerdings nicht im Rotlichtmilieu seiner Heimatstadt Lübeck auf. Man kann sie in den Berliner Kabaretts bewundern, und zwar in den besten. Sie gilt als attraktiv und gehört zur ersten Garnitur der Diseusen Berlins – so nannte man 1929 jene Alleinunterhalterinnen, die zu Klaviermusik freche und anzügliche Lieder mehr sprechen als singen. Es heißt, daß Heinrich Mann die Zustimmung zur Verfilmung seines Buches nur unter der Bedingung gegeben hat, daß seine Gefährtin die Rolle der Rosa Fröhlich spielt.

4. Spree-Athen

Josef von Sternberg, in Berlin angekommen und mit der Situation vertraut gemacht, tritt mit der Arroganz auf, die ihn schon den Studiobossen Hollywoods verhaßt gemacht hat.

Die Freundin des Autors soll Rosa Fröhlich spielen? Die könnte allenfalls als deren Großmutter auftreten! In Berlin mag Trude Hesterberg bekannt sein, ihre Chansons trägt sie mit Witz und Bravour vor, aber für die Rolle, wie er sie sich vorstellt, ist sie schlicht und einfach zu alt. Jo hat ein Bild vor Augen, das der Feder und dem Pinsel des erotischen Zeichners und Malers Felicien Rops entsprungen ist. Eine junge Schönheit, verkommen, aber dabei doch kindlich-unschuldig. Aus der Gosse jedenfalls – oder wenigstens muß der Zuschauer glauben können, daß sie von daher kommt. Aber dabei keineswegs vulgär oder ordinär. Sie soll diesen frechen, lauten Ton aus dem Osten Berlins haben, wo schon die Kinder alles mitbekommen, was zwischen Mann und Frau möglich ist. Auf den Bildern des Felicien Rops, die Josef von Sternberg Erich Pommer wie Heinrich Mann präsentiert, steht hinter der weißhäutigen, rundlichen, dreisten und blutjungen Schönheit stets ein alternder Trottel, ein Clown mit zu großem Kragen, zu großer Nase, dem ihre saftige Nacktheit melancholischen Schmerz bereitet. Schon die Tatsache, daß er um sie herumzustreichen wagt, setzt ihn der Lächerlichkeit aus. Der Alte, Häßliche, Abstoßende, der die Junge nicht lassen kann. Er hat nichts mehr zu gewinnen, vor allem nicht sie, denn sie wird ihm weglaufen, soviel ist sicher, und ihn zum Gespött machen. Daß sie ihn überhaupt in diesem Augenblick um sich duldet, muß er auskosten, so demütigend seine Lage ist – aber selbst das wird nur ein Augen-

35

blick sein, und was für ihn danach kommt, wird ihn ums Leben bringen. Und doch kann er nicht von ihr los. Sie muß ihn fortjagen, wenn sie ihn nicht als ständigen Schatten bei sich haben soll.

So beschreibt Jo die Tragödie zwischen den beiden Hauptfiguren des Films, den er nach Heinrich Manns Buch drehen will. Von Felicien Rops ist seine Filmgeschichte beinahe ebensosehr wie vom Romanautor inspiriert. Und deshalb ändert er vieles, was Heinrich Mann in sein Buch hineingeschrieben hat. Erstaunlicherweise ist der sonst schwer zu überzeugende Schriftsteller von diesen Änderungen nicht irritiert. Im Gegenteil – hellsichtig wird er nach Fertigstellung des Films sagen, Josef von Sternberg habe den Konflikt besser verstanden und interpretiert als er, der Autor.

Bei Felicien Rops hat die junge nackte Schöne keinen Namen. Bei Heinrich Mann heißt sie Rosa Fröhlich. Von Sternberg verfügt: Dieser Name kann so nicht bleiben. Das O und A in Rosa sei denkbar, aber in anderer Kombination. Lola. Ja, warum nicht Lola, und noch besser, weil noch tingeltangelhafter: Lolalola. Ein Name wie eine Süßigkeit aus einer Jahrmarktsbude. Jetzt muß nur noch die Frau gefunden werden, auf die der Name paßt. Damit läßt von Sternberg sich viel Zeit. Viel zuviel Zeit, finden die Herren der UFA, die gern Verträge machen würden, besonders, weil Hugenberg das gesamte Projekt ohnedies ein Dorn im Auge ist.

Schwierig ist es für Erich Pommer, den Allgewaltigen immer wieder zu besänftigen. Hugenberg muß ja nicht nur die Kröte Heinrich Mann und sein linkslastiges Buch schlucken. Er muß auch den Juden Josef von Sternberg als Regisseur akzeptieren, der durch unverständliche Ansprüche auffällt und wenig Kooperationsbereitschaft zeigt. Die Verbohrtheit, mit der er die berühmtesten weiblichen deutschen Stars von Film und Bühne – deren es nicht wenige gibt – zurückweist, kommt das Studio teuer zu stehen. Wäre nicht Jannings, Josef von Sternberg säße längst wieder auf dem Schiff nach New York, auf das ihn Hugenberg höchstselbst gesetzt hätte. Aber Emil Jannings, seinen »Oscar« vor Augen, den er Jo verdankt, hält an dem Unbequemen fest, sosehr er dem mächtigen Tycoon der konservativen Presse sonst nach dem Mund redet, so gern er Hugenberg als seinen besten Freund bezeichnet. Jannings' Vertrauen in Jo ist nach dem Erfolg von *The Last Command* grenzenlos.

Josef von Sternberg selbst ist wie besessen von der Suche. Fast scheint es ihm, als müßte er – wie der Erfinder in *Metropolis*, Fritz Langs ehrgeizigem Stummfilmwerk, das noch in den Kinos läuft, die ideale Besetzung seiner Lolalola in der Retorte erzeugen. Die junge und schöne Brigitte Helm, in *Metropolis* sowohl die künstliche als auch die lebendige Maria und in beiden Rollen eine überzeugende Darstellerin, genügt seinen Ansprüchen jedenfalls nicht, ebensowenig wie die anderen Schönheiten aus dem Besetzungskatalog der UFA, darunter die Stars Anny Ondra und Camilla Spira und die Tänzerin Leni Riefenstahl, die voll sportlicher Verve in Filmen aus der Bergwelt auftritt und eigene Regiepläne hat. Die Besetzung mit der Riefenstahl erwägt Jo ernsthaft, denn sie ist bildschön und leidenschaftlich. Sie hätte für die Rollen gepaßt, die er Evelyn Brent gewidmet hatte.

Auf der Suche nach der Idealbesetzung streift er Nacht für Nacht durch das flimmernde Berlin, von der Abenddämmerung bis zum Morgengrauen – »l'heure bleue aus Spreenebel und Gaskoks«, wie Gottfried Benn diese Stimmung beschreibt. Jos schöne Frau Riza Royce von Sternberg posiert inzwischen für Photos in den Damenmagazinen der vornehmen Welt. Das Ehepaar wohnt im eleganten Hotel »Esplanade«. Aber auf seine Streifzüge nimmt Jo seine Frau nicht mit. Das Bild des Felicien Rops vor Augen, geht er zumeist allein in die unzähligen Theater, die Kabaretts, sogar in die Puffs und die Kaschemmen der Stadt. Dabei lernt er Berlin von unten kennen. Dies ist nicht das kaiserliche Wien mit seiner Morbidität und seinem verwelkenden Charme, das ist die großkotzige, freche, ungeschliffene, wilde Hauptstadt der Weimarer Republik, in der nicht nur in der Kunst, sondern auch im Leben alles möglich zu sein scheint, die »kreisende Kunstfabrik«, wie die Berlinerin Else Lasker-Schüler ihre Stadt nennt, »in der wir immer wissen, wieviel Uhr Kunst es geschlagen hat«.

Von den Aufmärschen der Nazis wie der Kommunisten aus Pankow und dem Roten Wedding, von Straßenkämpfen und wilden Demonstrationen gegen Kriegsgewinnler, gegen Hunger, gegen die Juden, gegen Rote, gegen Junker, gegen die Macht des Kapitals oder gegen »undeutsche Machenschaften« bekommt er nur das mit, was er durch das Autofenster sieht. Er bewegt sich mit eigenem Fahrer im Produktionswagen der UFA durch die entfesselte Stadt. Der hat die Gegenden zu meiden, in denen die politischen Richtungskämpfe toben und erste Todesopfer fordern. Aber auch abseits der Straßenschlachten ist zu spüren, wie die kaum ein Jahrzehnt alte Weimarer Republik ihrem Ende entgegentaumelt. Die Straßen sind voll von Arbeitslosen, zum Teil tragen sie Pappschilder »Nehme j e d e Arbeit an«. Überall an den Straßenecken hocken die bettelnden Kriegsveteranen, denen ein Arm oder ein Bein fehlt oder die um den Kopf immer noch einen Verband tragen. Die Inflation hat große und kleine Vermögen dahingerafft und damit Hoffnungen auf Zukunft zunichte gemacht, auch bei den Jüngeren, die um Studium und Lehre gebracht worden sind und wenig Aussicht haben, noch etwas aus ihrem Leben zu machen. In Scharen laufen sie der erstarkenden NSDAP zu. Und wer sich aus der Politik herauszuhalten versucht, lebt wie in einem ständigen Taumel, einem Rausch, aus dem es von Nacht zu Nacht kein Erwachen gibt.

Aber noch sind die braunen Uniformen in der Minderheit. Noch hält die überwiegende Mehrheit der Bevölkerung Hitlers Gefolgsleute für einen vorübergehenden Spuk, den man nicht ernst nehmen muß. Wirken Goebbels, Göring, Himmler nicht wie absurde Figuren aus einem Verbrecheralbum? Sind ihre großsprecherischen Reden nicht allzu dümmlich? Haben sie ein Rezept außer dem des Raubens und Mordens?

Wer sollte auf so etwas hereinfallen? Doch nicht die Mehrheit eines zivilisierten Volkes, das seine kulturelle Energie in ständig neuen atemberaubenden künstlerischen Werken beweist – Thomas und Heinrich Mann, Bertolt Brecht, Gottfried Benn –, sind sie nicht Deutsche und Kosmopoliten zugleich? Albert Einstein, der Physiker, Paul Hindemith, der große Komponist – leben und arbeiten sie nicht auch in Berlin?

Dem Juden von Sternberg jedenfalls erscheinen Hitlers Marschkolonnen nicht beängstigend. Ihre antisemitischen Parolen überhört er. Ohnedies ist das politische Tagesgeschehen für ihn uninteressant. Während dieser Monate der Vorbereitungen zur Verfilmung von Heinrich Manns Roman ist der Besuch der Theater des »Zauberers« Max Reinhardt für Josef von Sternberg das Aufregendste, weil er hier jenes Zusammenspiel aller Künste erlebt, wie er es im Film zu verwirklichen sucht.

Reinhardts Einfluß ist es zu danken, daß im deutschen Kino in diesen letzten Jahren vor der Hitlerdiktatur Phantasie und Witz, Kreativität und Eleganz brillieren wie nie zuvor und später nie wieder. Bei Reinhardt haben Sternbergs Kollegen Friedrich Wilhelm Murnau und Ernst Lubitsch das theatralische Handwerk gelernt, ehe sie zur Filmregie übergegangen sind. Da Jo sie bei der Arbeit in Hollywood erlebt hat, kann er nun ermessen, woher sie ihre Kunststücke haben. Auch die zukünftigen Emigranten Wilhelm Dieterle, später William Dieterle, und Kurt Bernhard, in Hollywood Curtis Bernhard, sind Reinhardt-Schüler. Und wenn man den Sternberg v o r dem *Blauen Engel* mit dem danach vergleicht, wird spürbar, wie er unter dem Einfluß von Reinhardts Theatern jene für ihn typische Lust an Licht und Dekoration entwickelt hat, die seine späteren Filme auszeichnet.

In Reinhardts Theatern erlebt Jo, wie sich Licht und Bewegung verschmelzen lassen, wie raffiniert Kostüme die Charaktere der Figuren unterstreichen und gleichzeitig zusammenwirken können.

Reinhardt probiert Masseninszenierungen im Rund einer Arena ebenso aus wie Kammerspiele auf kleiner Bühne – er inszeniert Klassiker ebenso wie lockere und spritzige Revuen –, und regelmäßig triumphieren seine Phantasie, sein Gefühl für Tempo und Witz und für den großen Gestus. Durch Reinhardts Fähigkeit, die neuesten und begabtesten Autoren herauszufinden und ihre Stücke durchzusetzen, sind seine Bühnen immer noch – obwohl er einige von ihnen bereits seit Jahrzehnten leitet – Kultstätten der Moderne, und dies um so mehr, als er sich nach wie vor seine Bühnenbildner unter den provokantesten Meistern der Avantgarde sucht.

Hier lernt Josef von Sternberg, der weltweit anerkannte Filmregisseur, noch einmal – indem er sich Abend für Abend in die Zuschauerräume setzt, mal im Großen Schauspielhaus, mal im Deutschen Theater, mal in den Kammerspielen, mal in eines der Varietés und Kabaretts. Er hat einen Grund für seine ausdauernden Theaterbesuche, der jedem einleuchten muß: Er sucht seine Lolalola. Er sucht natürlich auch Besetzungen für die übrigen Rollen. Und er findet: Kurt Gerron für den Direktor der Truppe, der Lolalola angehört, Rosa Valetti für seine Ehefrau, Hans Albers für den jungen Verführer, dem Lolalola erliegt, als ihr der alte Professor nicht mehr genügt.

Wer 1929 zu Max Reinhardt in Berlin ins Theater geht, begibt sich hinterher nicht etwa nach Hause und ins Bett. Nach dem Theater fängt die Nacht erst so richtig an, man »bummelt« bis in die Morgenstunden – zunächst in der »Scala« oder unter dem Sternenzelt des »Wintergarten«, wo man auch essen kann – und dann in ein Nachtlokal mit Revue und dann noch in ein Kabarett mit schräger bis schrägster Unterhaltung. Hier sind die Frauen als Männer und die Männer als Frauen angezogen – und die Frauen als Männer küssen Frauen, und die Männer als Frauen lassen sich von Männern küssen. So etwas kennt Josef von Sternberg nicht aus dem prüden Hollywood, und es irritiert ihn, aber es fasziniert ihn noch mehr. Lolalola müßte etwas davon haben – von dieser erregenden Androgynität. Langbeinig müßte sie sein, ihre aufreizende Weiblichkeit müßte sich mischen mit der Aggressivität eines Gassenjungen.

Die Nächte in Berlin in jener Zeit enden erst mit dem Frühstück, das man am liebsten vor den Toren der Stadt einnimmt. Die Berliner Luft ist berühmt dafür, daß man in ihr nicht müde wird, sondern ungestraft die Nächte »weiß« – also ohne Schlaf durchmachen kann. 1929 verpesten nur wenige Autos diese Frische, die Fabrikschornsteine qualmen Richtung Osten – die Studios der UFA aber liegen unbehelligt davon im feinen Südwesten vor den Toren der Stadt.

Dort wird unentwegt produziert – nicht nur jene Meisterwerke, die heute noch in den Kinematheken zu bestaunen sind, sondern auch leichte Kost zum schnellen Verbrauch für die vielen kleinen Leute, die, wenn sie schon nicht das Geld haben, sich ihre Träume erfüllen zu können, diese doch wenigstens nach Ladenschluß auf der Leinwand realisiert sehen möchten. Spaß in aller Form wird ganz groß geschrieben und zumeist wichtiger genommen als die Probleme des Lebens, die ohnedies immer schwieriger und unlösbarer erscheinen. Die Gier nach Amüsement und Lebensgenuß vom frühen Abend bis nach Morgengrauen ersetzt für einen großen Teil der Bevölkerung die alten Bindungen und Bezüge, die durch den Weltkrieg brüchig geworden sind oder ganz zerstört wurden. Von Sternbergs Film soll diese Bereitschaft, für ein bißchen Lebenslust die eigene Würde und sogar die Existenz aufs Spiel zu setzen, wie in einem Brennspiegel verdichten. Alles, was das Berlin dieser Zeit kurz vor dem Absturz ausmacht, soll in diesem Film enthalten sein, auch wenn die Handlung in einer Kleinstadt irgendwo am Meer spielt.

Mittlerweile steht Jos Besetzung fest, bis in die kleinsten Rollen sogar. Er hat sich Schwerfällige, Dicke für seine Tingeltangelfiguren ausgesucht, damit seine Lolalola zwischen den Häßlichen strahlender Mittelpunkt sein kann.

Nur sie selbst hat er immer noch nicht gefunden.

Produktionschef Erich Pommer und Emil Jannings favorisieren Lucie Mannheim, die jugendliche Naive Nr. 1 der Max-Reinhardt-Bühnen. Wenn von Sternberg sie nicht will – wen soll er dann wollen? Alle andern, die in Frage kommen, waren ja schon zu Probeaufnahmen da. Da Lolalola im Film singen soll, muß auch bei den Probeaufnahmen gesungen werden.

Lucie Mannheim bringt ihren eigenen Klavierbegleiter mit, Friedrich Hollaender, einen jungen Komponisten, der bereits für Max Reinhardt gearbeitet hat – zum Beispiel stammt die Musik zu Else Lasker-Schülers »Die Wupper« in der Fehling-Inszenierung des Deutschen Theaters von ihm. Josef von Sternberg engagiert Hollaender vom Fleck weg für die Vertonung der frechen Lolalola-Lieder.

Das ist die Musik, die er braucht – nicht ganz dissonant und schneidend wie die Songs von Kurt Weill, sondern süffiger und voller Ohrwürmer, dabei keß und frech. Sie wird die Wirkung des Films aus den Kinos auf die Straße tragen. Hollaender wird also engagiert – Lucie Mannheim jedoch, die ihn mitbrachte, verfehlt ihre Wirkung. Sternberg findet sie zu Pommers und Jannings' Entsetzen nicht sexy genug. Der Skandal ist perfekt.

5. Die Legende

Josef von Sternberg stößt mit dieser Entscheidung seinen Produzenten und seinen Hauptdarsteller vor den Kopf. Er riskiert das, weil er endlich weiß, was beziehungsweise wen er will. Wenige Abende zuvor hat er im Theater eine andere gesehen, und die ist gleichzeitig mit Lucie Mannheim zu den Probeaufnahmen gekommen.

In seiner Autobiographie schreibt er, daß er ihr Bild bereits einmal vor Augen gehabt hatte, als er in einem Schauspielerkatalog mit Bildern aller deutschen Schauspielerinnen blätterte. Nachdenklich hatte er da das ausdruckslose und uninteressante Photo eines Fräulein Dietrich betrachtet. Er hatte seinen Assistenten nach ihr gefragt, wie er sich auch nach vielen anderen erkundigt hatte. Der Assistent antwortete: »Der Popo ist nicht schlecht, aber brauchen wir nicht auch ein Gesicht?« Und so wurde Frau Dietrich mit den anderen verworfen und vergessen, bis Jo, in Begleitung von Erich Pommer und dessen Frau Getrud, ein Stück von Georg Kaiser mit dem Titel »Zwei Krawatten« besucht, um darin die bereits von ihm engagierten Schauspieler Rosa Valetti und Hans Albers auf der Bühne zu sehen. Und da steht Marlene Dietrich plötzlich mit aggressiver Lässigkeit am Rand der Bühne – als Glücksfee, die einen Lotteriegewinn ausruft. Das ist alles, mehr hat sie nicht zu tun. Einen einzigen Satz hört Jo von ihr, vorgetragen mit einer rauchig vibrierenden Stimme, das Kostüm verhüllt ihren Körper fast völlig, aber es ist das Gesicht, das er sucht, und soweit er erkennen kann, steht ihre Figur dem in nichts nach. Außerdem besitzt sie etwas, das er nicht erwartet hat, und das verrät ihm: Die Suche ist beendet. Sie lehnt sich mit einer Ruhe an die Kulissen, die wie kalte Verachtung für die Possen wirkt, die sich darin abspielen. Das steht in deutlichem Gegensatz zu dem Übereifer der anderen, die sich bemühen, vor dem großen Regisseur aus Hollywood ein Beispiel der großen Schauspielkunst auf deutschen Bühnen zu liefern. Marlene weiß, daß er sich unter den Zuschauern befindet, aber das scheint sie nicht zu berühren, und seine Anwesenheit ist ihr gleichgültig. Jo ist sich sicher: Diese Frau wird dem Sturm, den Lolalola im Film auslöst, klassisches Format geben. Sie entspricht nicht nur völlig dem Bild von Rops, auch Toulouse-Lautrec hätte ihre Kaltschnäuzigkeit entzückt. Ihr Aussehen ist ideal. Was sie vor einer laufenden Filmkamera damit anfänge, ist die Aufgabe ihres Regisseurs.

Jo erklärt also am Morgen nach dem Theaterbesuch im Studio seine Absicht, mit Marlene Dietrich Probeaufnahmen zu machen. Und er kritisiert seinen Assistenten, weil er ihm diese Frau bisher vorenthalten hat. Der rechtfertigt sich mit einem Vorurteil, das offenbar ganz Berlin teilt: »Diese Schauspielerin ist keine Schauspielerin.« Jannings erklärt die an Marlene Dietrich gewandte Zeit für verschwendet und schlägt deshalb ein ausgiebiges Frühstück statt der Probeaufnahmen mit ihr vor. Jo bietet dem Verfressenen an, er könne auf seine Kosten in Berlin jede Wurst essen, deren er habhaft werde.

An die darauffolgende Szene erinnert sich auch Marlene Dietrich in ihren Memoiren: das Vorstellungsgespräch, das jenen legendären Probeaufnahmen vorausging, die die Welt verändern sollten – und nicht nur die des Kinos.

Sie sitzt in einer Ecke des Sofas gegenüber seinem Schreibtisch, schlägt die Augen nieder und tut nicht das Geringste, um sein Interesse zu wecken. Er hat die komprimierte Weiblichkeit vor sich, die er so lange für seinen Film gesucht hat. Sie trägt ein heliotropfarbenes Winterkostüm mit passendem Hut und Handschuhen und einen Pelz. Es wirkt, als sei sie gekommen, um ausgerechnet in seinem Büro eine notwendige Ruhepause einzulegen. Jo will sie aus ihrer Lethargie reißen und fragt, weshalb sie so einen fragwürdigen Beruf wie den einer Schauspielerin habe. Sie betrachtet einen Augenblick ihre behandschuhten Hände und schweigt gelangweilt. Diese undurchdringliche Gleichgültigkeit würde es ihm nicht leichtmachen, sie vor der Kamera in einen Tiger zu verwandeln.

Dann betreten Erich Pommer und Emil Jannings das Büro, um Marlene Dietrich in Augenschein zu nehmen, von der sie von vornherein wissen, daß sie total untalentiert ist. Und mit den beiden wollen alle Verantwortlichen des Studios Sternberg von seiner Idee abbringen, ausgerechnet diese Frau als Lolalola zu engagieren.

Und Marlene selbst ist von ihrer Unfähigkeit überzeugt. Jo gibt ihr einen Überblick über das, was er mit ihr vorhat. Das bringt sie immerhin dazu, mit kindlicher Stimme zu sagen, sie hätte den Eindruck gehabt, man wolle sie für eine Nebenrolle engagieren und nicht für die Hauptrolle. Jo wiederholt, es sei die Hauptrolle, und sie sei ideal für das, was ihm vorschwebt. Das scheint sie zu ärgern, als hätte Jo sie beleidigt. Sie geht weit genug aus sich heraus, um ihm mitzuteilen, sie könne nicht spielen. Niemand sei in der Lage, sie richtig zu photographieren, und die Presse habe sie schlecht behandelt. Dann erklärt sie zu Jos Überraschung, sie habe in drei Filmen gespielt, in denen sie nicht gut gewesen sei. Für Jo ist das eine neue Erfahrung, denn niemand, dem er bis dahin eine Rolle angeboten hat, hat je versucht, ihn über Mißerfolge zu informieren. Jo stellt später fest, daß sie nicht nur in drei, sondern in neun Filmen wenig Erfolg gehabt hat, und zwar in wichtigen Rollen, für die talentierte junge Regisseure sie eingesetzt hatten. Offenbar hat sie jeder in Berlin schon lange vor ihm entdeckt und ausprobiert und ist von ihr enttäuscht worden. Pommers und Jannings' Reaktion ist daher nur allzu begreiflich.

Marlene hat dieser schicksalhafte Augenblick ihrer Karriere nicht beeindruckt. In ihren Erinnerungen beschreibt sie sich als zu jung und zu dumm, um ein Gespür für den außergewöhnlichen Menschen Jo gehabt zu haben. Und die unbekannte Kleindarstellerin aus Berlin schlägt dem großen Mann aus Hollywood, der ihr eine Hauptrolle anbietet, vor, eine andere Schauspielerin zu suchen!

Aber Jo ist nicht so leicht zu entmutigen. Jo fragt sie, ob sie seine Filme gesehen habe. Ja, das hat sie. Sie räumt zögernd ein, er könne mit Männern umgehen, aber sie bezweifelt, daß er bei Frauen auch so gut sei. Jo sitzt also einer Kritikerin gegenüber. Er bietet Marlene Probeaufnahmen an, weil er ihr beweisen will, daß sie richtig photographiert werden kann und daß er genug Talent besitzt, um nicht unsicher zu werden, wenn er einer Frau wie ihr begegnet. Ehe sie zustimmt, macht sie zur Bedingung, daß er zuerst ihre letzten drei Filme ansieht. Der nächste Tag wird für ihn zur Qual. Hätte Jo zuerst ihre Filme und dann sie auf der Bühne gesehen, wäre seine Reaktion wie die aller anderen gewesen. Das gibt er unumwunden zu. Auf der Leinwand sieht er eine linkische, unattraktive Frau, die man sich selbst überlassen hat. »Sie bot das peinliche Bild einer albernen Gans.« So Jo in seinen Erinnerungen. Das war für ihn eine eiskalte Dusche.

Die Filme, die der große Meister aus Hollywood ansah, waren aus heutiger Sicht gar nicht so schrecklich, auch nicht in ihrem Umgang mit Marlene. Immerhin waren zwei darunter, mit denen bedeutende Hollywoodregisseure ihre ersten Schritte in den späteren Beruf taten: Wilhelm Dieterle, der nach der Emigration zu William Dieterle wurde, und Kurt Bernhard, in Hollywood Curtis Bernhard. Beide hatten mit ihrem Gespür für Gesichter und Kamerawirkungen das Potential erspürt, das in Marlene steckte. Und sie hatten sie durchaus nicht so miserabel photographiert und geführt, wie von Sternberg das in der Rückschau behauptet. Es handelt sich bei beiden Filmen um unterfinanzierte Anfängerarbeiten. Aber es kündigt sich in ihnen ein direkterer, realistischerer Stil an als der, den Sternberg praktiziert. Folglich kann er mit ihnen nicht viel anfangen. Und die Filme galten ja auch als erfolglos – ebenso wie die Frau, um deretwillen er sie sich vorführen läßt.

Er schickt Marlene trotzdem in den Kostümfundus und die Maske, weil er endlich die Probeaufnahmen mit ihr machen will, um ihr und sich und allen Zweiflern zu beweisen, daß er trotz dieser entmutigenden Erfahrung jene gefunden hat, die er seit langem sucht. Marlene beharrt in ihrer seltsam gleichgültigen Haltung zu dem, was mit ihr geschieht. Ob sie die Rolle bekommt oder nicht, nach der doch alle Schauspielerinnen in Berlin Schlange stehen, scheint ihr nichts zu bedeuten. Als sie sich in ein viel zu enges Pailletten-kleid zwängen muß, als ihr die Haare mit einer Brennschere bear-beitet werden und Dampfwolken zur Decke des Maskenraumes steigen, fühlt sie sich wehrlos und verzweifelt. Und jetzt steht sie im Studio neben dem Klavier. Anders als alle anderen, die da gestan-den haben, will sie dem großen Meister aus Hollywood offensicht-lich gar nicht gefallen. Und gerade das reizt Jo. Als sie den Besesse-nen bei der Arbeit an seinen Lampen und hinter der Kamera sieht, begreift sie, wen sie vor sich hat.

»Da war er, der Unbekannte, der Mann, den ich am häufigsten hinter der Kamera sehen würde, der unersetzliche, unvergeßliche Josef von Sternberg.«

Ein Blitz schlug ein bei ihr. Sie begriff, wer sie werden würde.

So, wie er es bei ihrem ersten Anblick verstanden hatte.

Die Legende erzählt, daß der Schöpfer, der den Mut schon fast ver-loren hat, in diesem Augenblick das lange gesuchte Geschöpf er-kennt, das er nach seinem inneren Bilde von der vollkommenen Frau formen kann. Pygmalion, der Bildhauer, hält den Lehmkloß in der Hand, den er modellieren und mit dem Atem seiner Liebe so lange anhauchen wird, bis die Götter sich erbarmen und die leblose Figur vom Piedestal steigt und ihn küßt.

Am Klavier sitzt Friedrich Hollaender. Noch als Siebzigjährige wird Marlene seine Lieder vor begeistertem Publikum auf den Varieté-Bühnen der ganzen Erde singen. Jetzt wird sie aufgefordert, auf das Instrument zu steigen, einen ihrer Strümpfe bis zum Knöchel her-unterzurollen und ein Lied zu singen. Die Noten hätte sie eigentlich bei sich haben sollen. Sie hat aber keine mitgebracht. Sie würde die Rolle doch nicht kriegen, davon ist sie bis jetzt fest überzeugt gewe-sen. Warum ist sie dann gekommen? Sie gibt die entwaffnende Ant-wort: weil man es von ihr erwartet.

Von Sternberg hat Geduld. »Wenn Sie kein Lied bei sich haben, sin-gen Sie mir, was Sie wollen«, sagt er zu ihr.

»Ich mag amerikanische Lieder«, antwortet sie verlegen.

»Dann singen Sie ein amerikanisches Lied.«

Sie beginnt, Hollaender zu erklären, welches Lied sie singen will. Von Sternberg unterbricht:

»Das ist genau die Szene, die ich will. Das ist großartig. Ich werde sie sofort filmen. Machen Sie noch einmal genau dasselbe, was Sie gerade mit dem Pianisten getan haben: Erklären Sie ihm, was er spielen soll, und singen Sie ihm Ihr Lied vor.«

Es zahlt sich aus, daß Marlene, die schon als junge Frau mitunter auch Frauen liebt, eine Liebesgeschichte mit Claire Waldorff hatte, der großartig schnoddrigen Sängerin scharfer und schärfster Gassenhauer. Die »rote Claire« bewegt auf der Bühne nur den Kopf mit der fuchsroten Mähne und allenfalls die Hände, nicht aber Arme oder Beine – um damit ihre Zuhörer um so mehr zu begeistern. In diesem Stil, den sie von der Waldorff kopiert, trägt nun auch Marlene Dietrich bei der Probeaufnahme ihr Lied vor.

Für Josef von Sternberg steht außer Frage, daß er in ihr die ideale Besetzung der Lolalola vor sich hat und darüber hinaus ein Menschenmaterial, aus dem sich noch ganz andere Träume für die Leinwand spinnen lassen. Der Mythos Marlene, dem er bereits in diesen ersten Stunden rettungslos erliegt, ist geboren.

Für sie steht außer Frage, daß sie sich gerade entdecken läßt. Oder inszeniert sie diese Entdeckung selbst mitsamt der somnambulen Ahnungslosigkeit, die sie wie auch Jo von diesem Tag an bis hin zum gemeinsamen Triumph behaupten? An die fällt schwer zu glauben, wenn man von anderen Augenzeugen liest, daß Marlene schon seit fast einem Jahrzehnt davon überzeugt war, einmal ein großer Leinwandstar zu werden, und daß sie für dieses Ziel eisern gearbeitet hat. Es war höchste Zeit für die fast Dreißigjährige. Das knappe Jahrzehnt des Wartens war eine fast schon zu lange Zeit.

Trotz der Ausbildung bei Reinhardt, trotz der vielen kleineren und größeren Bühnenrollen in dieser und jener Revue, in dieser und jener Komödie, trotz der sechs und mehr Filme, in denen sie mitgewirkt hat, trotz Kurt Bernhard und Wilhelm Dieterle, trotz ihres Ehemanns, der als Regieassistent die Filmregisseure immer wieder auf sie aufmerksam machte, trotz zahlreicher Amouren und Affären mit den Einflußreichen im Geschäft hat sie keinen Namen. Pommer hat bei den vorangegangenen Gesprächen mit Josef von Sternberg an alle möglichen Gesichter, aber nicht an ihres gedacht. Dabei kannte Pommer sie und ihre ungewöhnliche Schönheit, sie war schon im Gespräch für seine *Lulu* gewesen – zu einer Zeit, als G. W. Pabsts Wunschbesetzung Louise Brooks für die Wedekind-Verfilmung nicht zur Verfügung zu stehen schien.

Im überfüllten Vorführraum werden am nächsten Morgen die beiden Probeaufnahmen gezeigt. Alle, die etwas mit dem *Blauen Engel* zu tun haben, sind anwesend, und wie üblich haben sich auch andere eingefunden, die nicht wissen, worum es überhaupt geht. Alle stimmen gegen Jo. Schließlich erhebt sich Jos deutscher Regiekollege Hans Schwarz und erklärt, es sei lächerlich, von einer Qual der Wahl zu sprechen, denn jeder, der Augen im Kopf habe, müsse sehen, daß Lucie Mannheim sehr viel besser sei. Jo dankt ihm sarkastisch dafür, daß er sein Urteil bestätigt. Als es daraufhin still wird, will Erich Pommer die Angelegenheit mit der Feststellung entscheiden, Jos Aufgabe sei die Wahl der Schauspieler, und seine Aufgabe sei es, ihn zu unterstützen. Man hört nur noch Emil Jannings, der mit dumpfer Stimme prophezeit, Jo würde den Tag noch bereuen. Jannings steigert sich geradezu in Haßtiraden gegen Marlene Dietrich. Sie sei eine schlechte Schauspielerin, sie habe kein Gesicht, sei nur oberflächlich schön und wirke schnell flach und uninteressant, sie könne sich nicht bewegen, ihre Stimme sei zu tief und zu kratzig.

Jannings ist einflußreich. Ganz Berlin läßt er an seiner Verachtung für Jos Wahl teilhaben. Aber der läßt sich nicht beirren. Im Gegenteil, der Widerstand bestärkt ihn nur noch.

Es kommt zum Eklat. Die Herren der UFA lehnen die Besetzung mit Marlene Dietrich rundheraus ab. Sie fordern Josef von Sternbergs Abreise, falls er auf der Dietrich besteht, und haben jetzt auch Jannings auf ihrer Seite. Nur Erich Pommer tritt weiter für seinen Regisseur aus Hollywood ein. Der sitzt auf gepackten Koffern: Er wird den Film mit Marlene Dietrich machen – oder gar nicht.

Marlene selbst verbringt Wochen des Wartens, in denen sie nichts von der UFA hört. Sie versucht, sich keine Gedanken darüber zu machen und sich dafür auf ihre Familie zu konzentrieren. Marlenes Tochter Maria tut ihre ersten Schritte. Marlenes Mann, der Regieassistent Rudi Sieber, kommt von einer Reise zurück. Alles läuft bestens zu Hause. Vergißt sie darüber den Nachmittag in den UFA-Studios und den Regisseur aus Hollywood mit den traurigen Augen und dem hängenden Schnurrbart, der seine Lampen um sie aufgebaut und seine Kamera auf sie gerichtet hatte?

Eines Tages klingelt das Telephon. Josef von Sternberg ist selbst am Apparat. Er hat sich mit Pommers Hilfe durchgesetzt und seine Koffer wieder ausgepackt. Marlene reicht den Hörer an ihren Mann Rudi Sieber weiter. Der soll für sie die Vertragsmodalitäten klären. Dieser Anruf bedeutet den Beginn einer einzigartigen Symbiose eines Mannes und einer Frau, die erst mit dem Tode endete: Marlene und Jo.

Die Beziehung zwischen Josef von Sternberg und ihrem Ehemann, der nun zu ihrem Agenten wird, war wohl kaum jene innige Freundschaft, wie sie Marlene gern beschreibt. Von Sternberg hatte einfach hinzunehmen, daß dieser Rudi an Marlenes Seite existierte und immer existieren würde. Seine eigene Ehefrau, Riza Royce, die im Hotel »Esplanade« auf Jo wartete, wurde dagegen in die sich zwischen Pygmalion und Galathea anbahnenden Beziehungen nicht einbezogen. Die schöne Riza wartete vergebens, kehrte schließlich wütend und verbittert in die USA zurück und reichte dort eines Tages die Scheidung ein, als sie ihren Jo endgültig an die schöne Deutsche verloren hatte.

Marlenes Mann hingegen hatte keine Probleme damit, daß der große Regisseur aus Hollywood sich unsterblich in seine Entdeckung verliebte. Diskret hielt er sich im Hintergrund als Marlenes Agent und Berater, dem sie alles beichten konnte, auch die sich verdichtende Arbeits- und Liebesbeziehung zu ihrem »Schöpfer«, der sein »Geschöpf« zum Weltstar machen wollte.

Rudolf Sieber hat auch ihren Vertrag mit der UFA für sie ausgehandelt: Sie erhielt die selbst aus damaliger Sicht lächerliche Summe von 5000 Dollar Gage von der UFA für beide Fassungen, in denen der Film hergestellt werden sollte – eine englische und eine deutsche. Denn die Paramount war Koproduzent und wollte in den USA eine englische Originalfassung des Films herausbringen. Mit der selbst für damalige Verhältnisse geringen Gage erwarb die UFA auch noch eine Option auf weitere Auftritte von Frau Dietrich in zukünftigen Filmen.

Und dann kam der Augenblick, als Josef von Sternberg zum ersten Mal Marlenes Wohnung betrat – die für die eher unsicheren finanziellen Verhältnisse des jungen Paares mit Tochter ziemlich groß und luxuriös wirkte.

Marlenes Mutter Josephine Felsing verwitwete Dietrich verwitwete von Losch hatte zu Ausstattung und Mietkosten beigetragen, da die Verdienste des jungen Paares für die Ansprüche nicht ausreichen.

Marlenes kleine Tochter Maria muß das Denken wie das Laufen schon beherrscht haben, auch wenn Marlene in ihren Erinnerungen die Fünfjährige gern zum Baby stilisiert. Ihre erste Begegnung mit »Jo« hat das Kind jedenfalls genau beobachtet und uns damit das sensibelste Porträt Sternbergs geliefert, das wir besitzen:

Als Josef von Sternberg das erste Mal zum Essen kommt, hat das kleine Mädchen schon so viel über ihn gehört, daß es kaum erwarten kann, den großen amerikanischen Regisseur mit dem »von« im Namen kennenzulernen.

Dieses »von« empfindet Maria, als Kind einer Familie aus preußischem Offiziersadel, als »unpassend« für den jüdischen Filmkünstler. Von dem stämmigen kleinen Mann mit seinem großen, nach unten gezogenen Schnurrbart und den traurigen Augen ist Marlenes Tochter enttäuscht. Abgesehen von seinem langen Kamelhaarmantel, den Gamaschen und dem eleganten Spazierstock sieht er überhaupt nicht bedeutend aus, so findet sie. Aber seine Stimme klingt weich, warm und tief. Jo spricht ein fehlerfreies Deutsch mit österreichischem Akzent. Maria wird vorgestellt, macht einen Knicks – ganz so, wie es ihr beigebracht worden war – und wartet, daß er ihr die Hand zum Gruß gibt. Nichts geschieht! Sie wartet und überlegt, was sie jetzt tun soll. Rudi sagt zu Jo: »Vergessen Sie nicht, daß Sie in Deutschland sind, Jo. Das Kind wartet auf Ihren Händedruck.« Jo ist beschämt. Schnell gibt er Maria die Hand und lächelt. Damit hat er Marias Herz gewonnen, das Kind begreift: Erwachsene, die sich vor Kindern schämen können, weil sie etwas nicht wissen, müssen außergewöhnlich sein. Ihr Leben lang hat sie dieses Bild von Josef von Sternberg vor Augen behalten: das eines verlegenen, verletzlichen, unsicheren Menschen.

Und Marlene?

Die Tochter hat auch die Mutter genau beobachtet. Als sie seinen Mantel in die Garderobe hängt, streichelt sie den Stoff, als besäße er Zauberkräfte. Das ist der Tochter nicht entgangen.

Regisseur und Schauspielerin duzen sich schon. Sie ist für ihn Marlene, und er rät ihr, diesen Namen zu behalten, der ihr bisher so wenig Glück gebracht hat und den sie deshalb zu ändern bereit ist. Nein, sie soll Marlene Dietrich bleiben. Jean Cocteau wird von diesem Namen einmal sagen, er begänne mit einer Zärtlichkeit und ende mit einem Peitschenknall.

Und der große Mann aus Hollywood mit der »Zauberkraft« läßt sich von nun an von ihr mit Vornamen anreden. Ganz einfach: Jo.

6. Der Blaue Engel

Marlene hängt wie verzaubert an Jos Lippen, saugt jedes seiner Worte ein.

Er spricht mit ihr über das, was er mit dem neuen Medium Tonfilm vorhat, erklärt ihr seine Vorstellungen von Bildwirkungen, von Licht, von Bewegung. Er ist über ihr grenzenloses Interesse beglückt. Das Schicksal hat es endlich gut mit ihm gemeint. Nicht nur, daß er nach langem Suchen die erträumte Frau gefunden hat, die »von vorn wie ein Bild von Félicien Rops und von hinten wie eines von Toulouse-Lautrec« aussieht. Nein, sie bringt ihm auch die widerspruchsloseste Bewunderung entgegen, die er je in seinem Leben erfahren hat, unterwirft sich ihm mit einer uneingeschränkten Hingabe, erträgt jede ihr auferlegte Strapaze mit eiserner Disziplin. Ihre Vorfahren waren schließlich preußische Offiziere.

Der Adel, den Jo sich in Hollywood angeklebt hat, ihr ist er angeboren. Ausgerechnet die Frau, die er als billiges Tingeltangelmädchen berühmt machen will, hat eine Mutter, auf deren Visitenkarten »von Losch« steht. Marlene ist von Gouvernanten erzogen, spricht fließend französisch, kennt eine Unzahl lyrischer Gedichte auswendig, besonders Rilke, sie hat eine Karriere als Violinvirtuosin wegen ihres schwachen Handgelenks abbrechen müssen, und sie ist geschult von dem großen Magier Max Reinhardt, den er selbst so bewundert.

Josef von Sternberg verfällt Marlene mit Haut und Haaren.

Es berauscht den verletzlichen und empfindsamen Mann, daß diese Frau buchstäblich vor ihm kniet, wenn er ihr über die Möglichkeiten der Kamera und des Spieles mit ihr erzählt. Und es freut ihn, wieviel er ihr trotz all dieser großen Vorgaben noch beibringen kann. Tag und Nacht gehören der gemeinsamen Arbeit. Er übt den amerikanischen Akzent mit ihr, damit sie in der englischsprachigen Version des Films ebenso überzeugend wirkt wie in der deutschen. Dafür bekocht sie ihn mit Hühnerbrühe und Gulasch, den Gerichten seiner Kindheit.

Rudolf Sieber hat eine hübsche, wenn auch etwas verhuschte Geliebte, die sogar mit im Hause wohnt und für Rudi und das Kind da ist, wenn Marlene arbeitet. Tami heißt sie, eigentlich Tamara. Sie ist russischer Abstammung und von ähnlich feinfühligem Wesen wie Jo – und sie ist dem schönen Rudolf Sieber ebenso ergeben wie der große Regisseur der schönen Marlene. In späteren Jahren wird sich Tamis Schicksal und das Josef von Sternbergs erschreckend ähnlichen, denn Tami wird in einer Irrenanstalt ihre letzten Tage verbringen, und auch Jo wird in einer psychiatrischen Klinik mit den Schmerzen seines Lebens fertig werden müssen. Aber das ist in diesen Tagen des Glücks noch ferne Zukunft.

Rudolf Sieber und seine Frau Marlene nennen sich gegenseitig »Papi« und »Mutti«. Seit der Geburt der gemeinsamen Tochter haben sie nicht mehr miteinander geschlafen, dafür mit einer Unzahl anderer Liebespartner. Dies gilt für Rudi, aber mehr noch für Marlene, die Männer wie Frauen anziehend findet – oder vielmehr, der es Spaß macht, von Männern wie von Frauen anziehend gefunden zu werden. Das stört Rudolf nicht, so wie Marlene sich nicht an der Anwesenheit Tamis stört. Das einzige, worauf beide dabei achten, ist der Schein. Tami schleicht sich spät nachts in Rudolfs Zimmer, um es morgens in aller Frühe wieder zu verlassen. Und von Jo wird das gleiche erwartet, wenn er sich in Marlenes Arme begeben will.

Sobald er es vor Tagesanbruch verläßt, unterzieht sich Marlene einer Spezialdusche mit Essig, denn sie will kein zweites Kind. Das wird sie immer so halten. Und das erwartet sie auch von Tami. Die jedoch verwendet die Dusche entweder nicht oder nicht richtig – zahllose Schwangerschaften werden bei ihr in der Zukunft zu immer mörderischeren Abtreibungen und wachsender Schwermut führen.

Rudi ist nicht eifersüchtig auf Jos Liebe zu Marlene – im Gegenteil: Er fördert die leidenschaftliche Arbeitsgemeinschaft von Regisseur und Star. Eifersüchtig ist ganz jemand anders: der männliche Hauptdarsteller und eigentliche Star des Films Emil Jannings, dem bisher Sternbergs ganzes Interesse galt.

Folgender Dialog mit Emil Jannings ist überliefert:

Jannings fragt seinen Regisseur:

»Mit wem ißt du zu Mittag?«

»Das weiß ich noch nicht. Voraussichtlich esse ich allein.«

»Was wirst du essen?«

»Das weiß ich nicht. Ich habe doch gerade erst gefrühstückt.«

»Du weißt genau, was du essen wirst.«

Jannings berichtet, ihm sei zu Ohren gekommen, daß Frau Dietrich in aller Frühe aufgestanden sei, um Jos Mittagessen zu kochen. Und er endet mit der Klage:

»Du ißt lieber mit dieser Frau als mit mir!«

»Du weißt doch, es gibt einen gewissen Unterschied zwischen Mann und Frau.« Woraufhin Jannings erklärt, seine Rolle hinschmeißen und das Studio für immer verlassen zu wollen. Um das zu bekräftigen, reißt er sich den angeklebten Bart ab, an dem er zwei Stunden gearbeitet hat.

Jo fleht ihn an, ihn nicht kurz vor Drehbeginn im Stich zu lassen.

»Emil, kleb den Bart wieder an. Beeil dich. Die Musiker und Schauspieler warten auf dich.«

Aber der Ausbruch muß seinen Verlauf nehmen.

»Du willst doch mit der Dietrich essen!« Jo weiß, was jetzt kommen wird, und will gehen. Aber unvermeidlich geschieht es, und jedes Mal schlimmer als zuvor. Jannings wirft sich auf den Boden, weint, schreit und stöhnt, sein Herz höre auf zu schlagen. Jo muß ihn aufheben. Das ist nicht leicht, denn der Schauspieler ist bedeutend größer und schwerer als der Regisseur, und seine Wut wiegt noch schwerer als die vielen Pfunde, die er auf den Rippen hat. Dann muß Jo ihn auf den Mund küssen, der naß von Tränen und klebrig von Leim ist, und ihn wieder zu seinem Spiegel bringen.

Dort bittet der ermattete und getröstete Darsteller seinen Regisseur um Vergebung.

Jannings' Ablehnung, Jannings' Angst sind aus der Furcht geboren, der kommende Star Marlene könnte ihm die Schau stehlen. Diese Furcht ist nicht unbegründet. Der Regisseur, den Jannings für sich aus Hollywood geholt hat, beschäftigt sich nur noch ausnahmsweise mit ihm. Tag und Nacht verbringt er mit seiner neuen Entdeckung, während Jannings mit der Problematik seiner Rolle allein fertig werden muß. Die Einheit, die Jo mit ihm in Hollywood bildete, ist aufgelöst.

Die neue Einheit ist das Paar Sternberg – Marlene. Und es hat auch schon seinen Spitznamen weg. Nach einem populären Film mit John Barrymore heißt er nun *Svengali Jo und seine Trilby,* statt Pygmalion und Galathea oder Eliza Doolittle und Professor Higgins, statt Schöpfer und Geschöpf.

Jo wundert sich über seine Entdeckung, die sich oft ganz anders verhält, als er das gewohnt ist – nicht nur bei den berühmten Probeaufnahmen. Sie scheint im Grunde auf nichts Wert zu legen außer auf ihre kleine Tochter, eine singende Säge und ein paar Schallplatten eines Sängers mit dem Namen Whispering Jack Smith. Sie spottet über sich und andere, ist aber gegenüber Freunden sehr loyal, hat schnell Mitleid mit anderen und hilft ihnen. Sie kann so offen und ehrlich sein, daß manche sie als taktlos bezeichnen. Jo begreift: Sie ist eine Frau von höchst mondänem Raffinement und beinahe kindlicher Einfachheit. Als er sie besser kennenlernt, bekommt er Einblick in die Umstände, unter denen sie aufgewachsen ist, Einblick in ihre Familie und den Kreis, der sie umgibt. Und er sieht: Sie muß, darin ihm ähnlich, eine unglaubliche Kraft besessen haben, um aus ihrer Umwelt herauszuwachsen. Noch mehr Zeit braucht es, bis er mitbekommt, daß sie, wie er selbst, zuweilen unter schweren Depressionen leidet, die ein Gegengewicht in Phasen unglaublicher Vitalität finden. Und eine weitere Gemeinsamkeit hat er mit ihr: Es ist bei der Filmarbeit nicht möglich, sie zur Erschöpfung zu bringen. Sie erschöpft – wie er selbst – die anderen, und das mit einer Begeisterung, die kaum jemand teilen kann. Deshalb ist sie, trotz all ihrer guten Eigenschaften, wie Jo, nie wirklich populär im Studio. Man respektiert sie, wie man auch ihn schätzt und seine Anweisungen ausführt. Aber beide werden mit ehrfürchtigem Schweigen begrüßt, nicht mit liebevollem Hallo. Beide scheinen eine letzten Endes undurchdringliche Aura um sich zu haben. Beide gelten – völlig zu Unrecht – als unnahbar und arrogant.

Diese Gemeinsamkeiten läßt Jo glauben, daß er sie besser verstehen könnte als jeder andere. Und also verliert er sein Herz an sie.

Jos Leidenschaft für Marlene wächst sich während der Dreharbeiten zum *Blauen Engel* zur ansteckenden Krankheit aus.

Berlin beginnt, den kommenden Weltstar zur Kenntnis zu nehmen.

»Männer umschwirr'n mich wie Motten das Licht,
Und wenn sie verbrennen, ja, dafür kann ich nicht.«

Friedrich Hollaender komponiert sein erfolgreichstes Lied, Marlene studiert es ein, und gleich gehört auch der Komponist zum Troß ihrer Bewunderer.

Für Marlene wie für Jo ist das Lied prophetisch – von nun an bis an den Beginn des Alters werden Männer sie tatsächlich wie Motten umschwirren, und Josef von Sternberg wird zu denen gehören, die an diesem gefährlichen Licht, das sie ausstrahlt, verbrennen. Aber diese Zeit liegt noch in weiter Ferne. In der Drehzeit läßt er sich von ihr verehren, bewundern, hofieren – und sie erfüllt diese langgehegte Sehnsucht mit unendlicher Hingabe und Geduld.

Außer Svengali Jo und Hollaender ist auch Richard Tauber vom Marlene-Fieber befallen, der Tenor, nach dem sich damals alle Mädchen verzehren, und mit ihm Willi Forst, der »Mackie Messer« des *Dreigroschenoper*-Films, der *Bel Ami* der Maupassant-Verfilmung, der ausgepichteste Schwerenöter und Herzensbrecher jener Jahre.

Nach den Dreharbeiten trifft sie sich mit ihren Anbetern, wenn sie nicht ihren Theaterverpflichtungen nachkommt oder das Spiel der Eheleute Sieber spielt. »Mutti« Marlene bemuttert ihre Männer, mehr noch aber ihr Kind, das sie weiterhin eigenhändig vor dem

Einschlafen in die eisernen Schienen einschließt, die dem Mädchen zu geraden Beinen verhelfen sollen. Tagsüber wird die Tochter zur Großmutter geschafft oder Tami anvertraut, wenn »Mutti« im Neubabelsberger UFA-Studio am *Blauen Engel* arbeitet.

Dort stehen jetzt die Bauten für das Schulzimmer, die Stube des Professors, die Tingeltangelbühne mit Hinterzimmer und Wendeltreppe, und füllen sich mit Kameraschienen und Praktikabeln.

Das ist nicht Heinrich Manns Lübeck, das ist eine künstliche Welt, die den inneren Bildern des Regisseurs entspricht.

Jo ist nicht ein einziges Mal in Lübeck gewesen, hat nur einen kurzen Text über die Stadt gelesen, in dem von der Anzahl der dort gemästeten Schweine die Rede war – das hat ihm für seine bildnerische Phantasie gereicht. Er will ja keinen Realismus herstellen, seine Detailgenauigkeit liegt nicht darin, daß sich bestimmte Straßenzüge, Häuser oder Besonderheiten wiedererkennen lassen sollen. Sein Lübeck trägt nicht einmal mehr den Namen der Geburtsstadt von Heinrich und Thomas Mann, es ist eine Kinostadt des deutschen Expressionismus, inspiriert von Murnaus *Nosferatu* mit seinen Schattenhöhlen und seinen Straßenschluchten. Ein Ort, in dem hinter jeder Tür eine Falle zu stehen scheint und in dem jedes Zimmer ein Käfig ist.

Das heißt nun beileibe nicht, daß die Studiobauten und ihre Einrichtungen den Architekten und Requisiteuren überlassen würden, die bereits in anderen Leinwandwerken Ähnliches gebaut haben. Von Sternberg greift überall ein, tüftelt auch an den vermeintlichen Nebensächlichkeiten selbst herum, läßt nichts ungeprüft. Seine Studioräume müssen jene düstere Beklemmung ausströmen, die die allmähliche Selbstzerstörung des Professor Rat noch wie eine Befreiung erscheinen lassen.

Jos unbedingtes Suchen nach Vollkommenheit in jedem Detail überträgt sich auf alle Mitarbeiter. Ganz besonders auf seine Entdeckung Marlene Dietrich, deren Arbeit an ihrer Rolle, an ihrer Haltung, ihrer Stimme, an ihrem Kostüm ähnlich intensiv ist wie seine an den Bildern und Szenen. Ob sie durch die Arbeit mit ihm zur Perfektionsfanatikerin wird oder es vorher schon war – jedenfalls bleibt sie ihr Leben lang unerbittlich bis in die kleinsten Details.

Jede Dose und Büchse auf ihrem Schminktisch, jede Farbschattierung der Schminken und Puder, der Tuschen und Lippenstifte haben von da an ihren Platz – ebenso wie Schwämme, Stifte, Bürsten, Pinsel, Quasten, Brennscheren, Lockenwickel, Haarklemmen, Nadeln, Glimmer, Glitzer, Goldstaub zum Erhöhen des Glanzes im blonden Haar.

Und in ihrer Garderobe hängen die Kostüme, die sie selbst zusammenträgt, mitsamt Spitzen, Bändern, Federn, Schleifen, Schleiern – ganz im Hinblick auf die Wirkungen in Licht und Schatten der Schwarzweiß-Kamera. Josef von Sternberg entzückt dieser Arbeitsplatz, dieses Laboratorium der Schönheit für die Filmfigur Lolalola. Es begeistert ihn, wenn sie sich mit ähnlicher Gier nach dem Absoluten zurechtmacht, wie er selbst sie in seine Arbeit legt.

Bevor er die Kostüme und Frisuren für sie auswählt, hat sie sie schon für sich zusammengestellt und ihre Möglichkeiten erarbeitet – sie studiert sich darin vor dem Spiegel mit einem so selbstkritischen Blick, daß ihr nichts Falsches, Aufgesetztes, Hinderliches entgeht – und präsentiert sich ihm erst dann, wenn sie seiner Billigung sicher sein kann. Die berühmten Spitzenhöschen, mit denen sie auf dem Faß sitzt, der Zylinder, den sie sich auf den Kopf setzt, die Strümpfe, die die von jetzt an berühmten Beine zum Schimmern bringen, die Schuhe, das Gestänge der Krinoline, der kleine Rokoko-Hut dazu – Marlene treibt selbst Stück für Stück dieser Kleidungsstücke auf, durch die die Figur, die sie spielt, sich bis heute unvergeßlich einprägt.

Ihre homosexuellen Freunde beider Geschlechter, die ihr schon vor ihrer Entdeckung ergeben waren, sind einfühlsame Helfer. Schon lange bevor sie für die Rolle der Lolalola ausgewählt wurde, war ihr klar, wo sie lernen kann, wie eine wirklich verführerische Frau sich kleidet, sich bewegt: bei den Tunten. Der unnachahmliche Sex-Appeal, den sie als Lolalola ausstrahlt, ist inspiriert von den Männern, die gern Frauen wären – von wirklichen Frauen kaum je erreicht. Von diesen Freunden und Verehrern fühlt sie sich verstanden, bei ihnen wird sie bis ans Ende ihrer Tage eine Heimat haben. Das Bonmot, das über die alternde Marlene gesprochen wird – sie habe Sex-Appeal gehabt, aber kein Geschlecht –, auf die Mehrzahl ihrer Freunde und Freundinnen aus dem »Eldorado« in Berlin trifft es zu wie auf sie selbst.

So, wie Jo sich bei seiner Suche nach der idealen Lolalola nicht beirren ließ, so setzt er jetzt seine Szenen um – er selbst bestimmt das Licht, die Kameraführung, er selbst ändert noch in letzter Minute hier und da etwas an einer Dekoration, an einem Kostümdetail, an der Haltung eines Schauspielers, an der Art und Weise, wie gesprochen oder die Szene erfüllt wird. Entscheidend ist am Ende immer, was die Kamera sieht – und wie sie es sieht. Er hat in Erich Pommer, wie er zunächst widerstrebend und schließlich begeistert zugeben muß, einen sensiblen und gebildeten Produzenten, der seinem Regiestar freie Hand läßt und ihm den Respekt entgegenbringt, den Jo braucht, damit er sein Bestes geben kann.

Und er hat in den Neubabelsberger Studios hervorragende Handwerker und Techniker. Die Beleuchter, die mit Fritz Lang, mit Lubitsch und Murnau gearbeitet haben, können auch ihn noch inspirieren. Aber es geht nicht allein um das Bild und die Wirkungen des Lichts. Dies wird der erste große Tonfilm der UFA. Ein Meilenstein in der Filmgeschichte schon aus diesem Grund. Gegen Tonfilme wurde mit Flugblättern demonstriert. Sie bedeuteten das Ende der Filmkunst, hieß es darin.

Jo will beweisen, daß der Tonfilm der Anfang einer neuen Filmkunst ist, daß der Ton dem Film neue Dimensionen eröffnet. Er bewegt sich auf künstlerischem, aber auch technischem Neuland. Mikrophone müssen aufgebaut werden, wo bisher nur Kamera und die Lampen gebraucht wurden, und das Diktat der Tonmeister entscheidet mit über die Qualität der Takes. Was nützt die schönste Lichtstimmung, das ausdrucksvollste Spiel, wenn auf dem Tonband vom Dialog nichts zu hören ist? Kaum ein Meisterregisseur der Stummfilmära hat den Sprung zum sprechenden und klingenden

Film so reibungslos verkraftet wie Josef von Sternberg, der alle Erfordernisse des neuen Mediums nicht nur sofort begreift, sondern auch die kontrapunktischen Möglichkeiten des Einsatzes von Ton schon voll erfaßt. Ton dient bei dem in Wiens Opernhäusern schon als Kind geschulten Jo nicht nur zur emotionalisierenden Untermalung der Szene, er schafft mit ihm auch Räume – so etwa durch das Tuten des Nebelhorns, wenn Jannings durch das Dunkel der Hafenstraße zur Kneipe tappt.

Der Film wird in einer deutschen und einer englischen Fassung gedreht, jede Szene also einmal in Deutsch und einmal in Englisch aufgenommen. Die harten Klänge des deutschen Akzents bei den Schauspielern werden für den englischsprachigen Markt das von den USA her gesehen Fremdartige, ja Exotische dieser Schulstuben- und Seemannskneipengeschichte betonen.

Jannings, der Dickfellig-Dünnhäutige, hat nicht nur Schwierigkeiten mit dem Englischen, das er nur in Bruchstücken beherrscht und Szene für Szene einüben muß. Als Stummfilmschauspieler gewöhnt er sich nicht an die Erfordernisse des Tonfilms, bei dem die Gestik nicht so übersteigert wie im Stummfilm sein darf, als sie die Sprache weitgehend ersetzte. Jannings übertreibt auch im Tonfilm, er rollt die Augen, er spitzt den Mund, die Bewegungen seiner Hände sind zu groß, zu ausladend, alles, was er vor der Kamera tut, ist zu bedeutungsschwer – und wirkt im Ergebnis lächerlich.

Josef von Sternberg versucht, dem Star seine überspannten Torheiten auszutreiben, aber der hält verbissen an der Spielweise fest, die ihn zum Erfolg gebracht hat. Sternberg läßt ihn schließlich gewähren und benutzt das Übertriebene und Ungeschickte von Jannings' Spiel dazu, um den Kontrast zwischen dem schwerfälligen Professor Unrat und der lässigen Lolalola und ihrer ruhigen Selbstsicherheit hervorzuheben. Jannings spürt voller Verunsicherung, daß der verklemmte Professor, den er jetzt darstellt, durchaus nicht die eindrucksvolle Wucht und Größe seines Sergius Alexander in *The Last Command* haben wird.

Als Professor Rat – und dann Unrat – ist er ein Sadist in einer muffigen Schulstube, der seinen Schülern mit diebischer Freude brutale Strafen verpaßt, bis ihn die Leidenschaft für Lolalola aus der gewohnten Welt der Spießer und Mucker in die lebendigere, aber auch gefährlichere des Tingeltangels reißt.

Unter Jos Regie wird allerdings auch deutlich, woher dem Schulmeister die strafende Allgewalt kommt. Eigentlich ist er ein Einsamer, ein Hilfloser, der die Welt vor der Tür des Klassenzimmers und hinter dem Fenster seiner Stube viel weniger kennt als seine Schüler. Deshalb glaubt er an den Sinn seiner Strafen, mit denen er tatsächlich die Welt oder wenigstens die Moral seiner Schüler zu bessern versucht. Die locken ihn denn auch mit boshafter Verachtung in den Abgrund, als er bei ihnen das Bild der Lolalola mit dem Röckchen aus Papier oder Federn findet, das sich mit einem leichten Pusten von ihren nackten Schenkeln lüften läßt. Geschwellt von seiner Mission, die Jugend zu retten, macht er sich auf in die Seemannsspelunke, wo Lolalola auftritt. Und auf der Suche nach den Übeltätern mit den Schülermützen, die gegen sein Gebot hergekommen sind, läuft er Lolalola in die bloßen Arme und vor ihren Schminktisch. Aus der Nähe besehen, ist die große Sünderin, aus deren Fängen er seine Schüler befreien will, von fröhlicher Direktheit und Spontaneität. Genau darin liegt Lolalolas Verführung. Diese junge hilfsbereite »Künstlerin«, als die sie sich bezeichnet, redet so menschlich mit ihm wie sonst niemand in seinem engen Schulmeisterleben. Schutzbedürftig wirkt sie auf ihn, der doch die Jugendlichen vor ihr schützen wollte – und ihm in ihrer vermeintlichen Einsamkeit so ähnlich, daß er den Zorn auf sie vergißt und jede Vorsicht vor ihr fahren läßt. Er läßt sich von der »Kunst« bezaubern, als die ihm Lolalolas Auftritt jetzt erscheint.

Marlene Dietrich, wie sie als Lolalola lässig und selbstsicher auf der Spelunkenbühne steht und ihr Gesicht, ihren Körper und ihre Stimme wirken läßt, zeigt eine gegenüber dem augenaufreißenden und gestenreichen Spiel des Stummfilmstars Jannings völlig neue Haltung vor der Kamera. Josef von Sternberg konfrontiert sie bewußt mit dessen antiquiert wirkender Expressivität. Aber nicht nur der alte Kauz mit den verdrehten Augen, der sich an ihr nicht satt sehen und hören kann, sondern auch das hingerissene Publikum der Seeleute und der Hintergrund dicker häßlicher Frauen, zum Zwecke der Erhöhung von Marlenes Schönheit aufgebaut – alles dient dazu, die Sensation zu steigern und ins Mythische zu vergrößern. Lolalolas Kopf steht dabei vor künstlichen Wolken und gemalter Sonne, hölzerne Möwen umschwirren ihre blonden Locken, sie zeigt sich in strahlender Entblößtheit – kein Zweifel, eine Göttin, und die Häßlichkeit und Armseligkeit um sie lassen sie nur um so heller erstrahlen, wie die Meninas des Velasquez inmitten ihrer mißwüchsigen Zwerginnen nur desto kostbarer erscheinen.

Mit ihrem ersten Auftritt auf der Tingeltangelbühne der Kneipe zum »Blauen Engel« hat Josef von Sternberg Marlene in den Rang einer Kultfigur erhoben, die sie von da an auch für diejenigen bleiben wird, die den Film selbst nie gesehen haben.

Die weitere Entwicklung der Geschichte auf der Leinwand ist zwangsläufig: Lolalola schnappt sich das »Professorchen«, das sie »einfach süß« findet, und er, der von den Frauen so wenig versteht wie von der Welt außerhalb der Schulstube, läßt sich bereitwillig fangen. Er geht sogar so weit, die frivole Schöne ehelichen zu wollen. Die lacht sich zwar kaputt – aber sie sagt »Ja!«, denn sie empfindet diesen Heiratsantrag des gesellschaftlich soviel Höhergestellten als einen Aufstieg, von dem sie nicht zu träumen gewagt hat. Lolalola als »Frau Professor«! Aber so gut sie sich in der Tingeltangelwelt behaupten kann – die Welt der Honoratioren, in die sie gerne aufgenommen werden würde, bleibt ihr verschlossen und verschließt sich nun auch ihm. Wahrscheinlich wäre ihr die Welt der Spießer und Mucker auch viel zu langweilig und zu vertrottelt, wenn sie wirklich Gelegenheit bekäme, in sie einzutreten, und gewiß würde außer ihrem »Professorchen« ihr da niemand mit so offenen Armen und mit so lauteren Absichten entgegenkommen. Die Auseinandersetzung bleibt ihr erspart, weil sich nämlich das »Professorchen« selbst in der Honoratiorengesellschaft durch diesen Schritt der Aufrichtigkeit – die Frau zu heiraten, die er liebt – so unmöglich gemacht hat, daß ihm der Weg zurück zu den früheren Kollegen und ihren Kreisen verbaut ist.

Man kann den Film als den leidvollen Weg seiner Emanzipation von Spielregeln sehen, deren Opfer er zuvor in seinem schulischen Alltag war. War er denn als sadistischer Züchtiger der Jugend achtbarer als in dem Bekenntnis zu seinem Gefühl, das ihn alle Brücken hinter sich abbrechen läßt? Man kann aber auch, wie der französische Kritiker Baroncelli zur Sternberg-Renaissance in den sechziger Jahren, das Drama so interpretieren, daß Lolalola selbst den Geist, den sie sich durch Verführung dienstbar machte, nicht mehr los wird und also diesen lebensunfähigen Koloß von Mann mit sich herumschleppen muß wie ein Sträfling seine Eisenkugel an der Kette. Jedenfalls füttert sie ihn, da er im Schuldienst nicht mehr akzeptiert wird, mit ihrer verachteten Tingeltangelei durch – das Ansinnen an ihn, auch etwas zum Lebensunterhalt beizutragen, ist so unzumutbar nicht.

Nur, daß seine Fähigkeiten, die ihn früher zum gefürchteten Tyrannen machten, in Lolalolas Welt nichts gelten, so daß er nichts als den dummen August abgeben kann, und das auch noch schlecht. Auf seiner Clownsglatze werden nun vor dem johlenden Publikum rohe Eier zerschlagen, und er muß dazu krähen.

Unrat erfährt im Grunde die gleiche Lehre, die Sergius Alexander in *The Last Command* in Hollywood schlucken muß: Der Macht und ihrer Insignien beraubt, sind ihre ehemaligen Träger der Lächerlichkeit preisgegeben. Das Herrschen ist kein Handwerk, auf das sich in der Zeit des Niedergangs ein Broterwerb aufbauen läßt, und taugt in Hollywoods Unterhaltungsindustrie ebenso wie in der Kneipe zum »Blauen Engel« gar nichts. Es ist also nur gerecht, wenn die Popanze vor den Pöbel geholt werden, damit er sie auslachen kann. Die Demütigung des Gestürzten ist grausam – und für Unrat um so schrecklicher, als er sich ihr schließlich auch in der Heimatstadt, dem Ort seiner früheren Machtausübung, stellen muß. Und doch ist auch der Jubel der ehemals von ihm Gequälten verständlich, die sich über den Peiniger vergangener Tage nun endlich lustig machen dürfen, wie er da als krähender Hahn steht, während auf seinem Kopf die Eier zerplatzen.

Daß er dabei zusehen muß, wie die Frau, für die er diese Schmach erduldet, mit einem Mann ihres Alters anbandelt, der zu ihrer Vitalität weit besser als er selbst paßt (Hans Albers als Mazeppa) – das ist für ihn nicht mehr zu ertragen, und er flüchtet zurück in die Schulstube, die nicht mehr seine ist, und setzt sich allein ans Pult. Nichts bleibt ihm, als dort zu sterben. Das zumindest muß der Zuschauer annehmen.

Von Sternberg hatte für diese Schlußszene des ersten großen Tonfilms Stille vorgesehen. Schweigend sollte der Gescheiterte vor den leeren Bänken hocken, ähnlich wie Mozart vor den letzten Takt seiner Es-Dur-Symphonie ein Pausenzeichen setzt: Leere, das Nichts. Die Herren der UFA legen auf diese Szene tosenden Beethoven, um dem Drama die für ihre Ohren rechte Würde zu verleihen. Dies gegen den Willen von Sternbergs, der in seinen Memoiren darüber spottet.

Die UFA-Herren hatten Marlene Dietrich für die große Rolle, die sie in diesem sonst in jeder Hinsicht teuren Film spielt, nur die Summe von 5000 Dollar bezahlt und eine Option auf zukünftige Besetzungen ausbedungen, als sie sie unter Vertrag nahmen. Während von Sternberg den Film schneidet und damit in die Endfertigung geht, ist von neuen Rollen bei der UFA für Marlene Dietrich aber nicht mehr die Rede, trotz des Geraunes um den zukünftigen Weltstar, um die größte Entdeckung des Jahrhunderts, das bereits in ganz Berlin zu hören war.

Die UFA-Bosse sind taub für dieses Gerücht. Es scheint ihnen nach Ansicht des gedrehten Materials ungerechtfertigt. Selbst Erich Pommer geht offenbar immer noch davon aus, daß sie, wenn schon keine Fehlbesetzung, so doch auch keine außergewöhnliche Entdeckung ist.

Wieder verblüfft Heinrich Mann, von dem am ehesten Protest an den zahlreichen Änderungen seiner Romanvorlage zu erwarten war. Ganz im Gegensatz zu Erich Pommer und seinem UFA-Stab weiß er schon bei den inoffiziellen Vorführungen, daß dies Marlenes Durchbruch sein wird, und beglückwünscht sie wie ihren Regisseur zu der erstaunlichen Leistung. Erich Pommer besitzt trotz seiner Zweifel an dem fertigen Produkt immerhin die Fairneß, an dem Film, den von Sternberg ihm hinterlassen hat, kein Bild und keinen Ton zu ändern – bis auf die schon erwähnten Beethovenklänge am Schluß. Jo ist froh, Berlin den Rücken kehren zu können.

Als sein Schiff – die »Bremen« – in Bremerhaven vom deutschen Ufer ablegt, betrachtet er das zurückweichende Land und sagt zu seinem Assistenten: »Hoffentlich folgt mir niemand.«

»Hoffentlich folgt mir niemand« –?

Woran Jo in diesem Augenblick nicht denken will, sind die Anstrengungen, die er unternommen hatte, um einerseits Marlene und andererseits die Paramount zu überzeugen, daß die Zukunft der Filmgesellschaft wie der jungen Schönheit nur darin liegen könnte, daß Marlene der neue Paramount-Star würde. Er hatte Bud Schulberg, dem Boß der Paramount, bereits Marlenes Probeaufnahme vorführen lassen, als der zur Abnahme der englischen Fassung in Berlin war. Und Jo leistete von da an weiter Überzeugungsarbeit. Schulberg nahm sich Jos Rat zu Herzen. Und er schickt ein Telegramm. Das trifft am 30. Januar 1930 bei Marlene Dietrich-Sieber in der Kaiserallee 54 in Berlin ein:

WUERDEN UNS FREUEN, SIE IN DIE GLANZVOLLE REIHE DER PARAMOUNT-SCHAUSPIELER AUFNEHMEN ZU DUERFEN STOP BIETEN SIEBENJAHRESVERTRAG MIT ANFANGSGAGE VON FÜNFHUNDERT DOLLAR DIE WOCHE MIT STEIGERUNG BIS ZU DREITAUSENDFÜNFHUNDERT DOLLAR DIE WOCHE IM SIEBENTEN JAHR. GRATULATION STOP BITTE KABELN SIE IHR EINVERSTÄNDNIS STOP UNSER BERLINER BUERO WIRD DIE UEBERFAHRT ERSTER KLASSE ARRANGIEREN UND IHNEN FÜR ALLE WEITEREN FRAGEN ZUR VERFUEGUNG STEHEN

Marlene, so erinnert sich die Tochter, hat sich weniger über den In-
halt des Telegrammes mit seinen verlockenden Angeboten gefreut
als sich vielmehr über den ihrer Meinung nach »überheblichen«
Ton aufgeregt, in dem es abgefaßt war. Der Traum aller Schauspieler
– mit einem Telegramm nach Hollywood gerufen zu werden –, für
Marlene erfüllt er sich, bevor der erste große Film mit ihr in den
Kinos ist. Und sie ärgert sich, daß Hollywood ihr dazu gratuliert.
Jo freut sich – aber er hat auch Angst.
»Im alten Testament steht: Und wer für einen Fremden bürgt, soll
dafür büßen. Sie war eine Fremde ...«, so kommentiert er die Vor-
stellung von einer gemeinsamen Zukunft. Ist er nicht selbst ein
Fremder in Hollywood? Oder unterscheidet er zwischen sich, dem
amerikanisierten Juden, und ihr, der Deutschen?
Als Grundlage des Films, den er mit ihr machen will, dient eine
Schnulze, die in einem mehr geträumten als realen Marokko spielt.
In den Sanddünen Kaliforniens soll die Sahara entstehen, die engen
Straßen zwischen den Häusern von Fernando Valley will er mit
Stroh und Gezweig zudecken, so daß sie wie Gassen einer imaginä-
ren nordafrikanischen Stadt aussehen. Die Story handelt von einer
schönen blonden Frau, die schließlich aus Liebe einem Legionär
folgt, wohin immer der Krieg ihn zieht: »Cinema is battlefield«, wie
Sam Fuller es Jahre später ausdrückt.
Rudi Sieber, Marlenes Ehemann, hat die Romanvorlage entdeckt,
nach der Josef von Sternberg das Drehbuch schreibt. Marlene hat
sie Jo ins Abschieds-Freßpaket gesteckt, das sie ihm nach deutscher
Sitte auf die Reise über den großen Teich mitgegeben hat.
Sie selbst hält den Stoff für »süßliche Limonade« – aber sie weiß
auch: Eine gute Vorlage für einen Film ist nicht dasselbe wie ein
gutes Stück Literatur. Und dies ist eine Filmstory, daran ist kein
Zweifel.
Bud Schulberg, Boß der Paramount, des amerikanischen Verleihs,
der den *Blauen Engel* in der englischen Fassung herausbringen wird,
kennt nur Marlenes Probeaufnahmen. Noch hat er keinen Meter des
fertigen Films gesehen. Aber er vertraut auf Josef von Sternbergs

Urteil, denn diese Entdeckung kommt wie gerufen. Schlägt sie ein, kann sie die marode Paramount sanieren, die kurz vor dem Konkurs steht und daher dringend eine neue Kassenmagnetin braucht.

Das könnte diese Marlene Dietrich werden – die Antwort auf MGMs Greta Garbo, nach der Schulberg schon lange vergeblich sucht. Ebenso faszinierend wie die Garbo, mit der gleichen Aura europäischer Kultiviertheit und mit dem gleichen hermaphroditischen Appeal, dem Männer wie Frauen verfallen – aber moderner, mit mehr Pepp und Witz, mit mehr Intelligenz.

Die Herausforderin der »göttlichen« Garbo darf die USA allerdings nicht als das Tingeltangelmädchen Lolalola erobern – Marlenes erster Film, mit dem sie dem amerikanischen Publikum vorgestellt wird, muß eine weniger freche, aber dafür geheimnisvollere Frau zeigen. Eine, die schon viel erlebt hat – aber was, das darf nicht allzu deutlich werden. Amy Jolly muß atemberaubend schön und rätselhaft sein, wo Lolalola keß und witzig war.

Auch Amy Jolly wird in einem Nachtlokal auftreten und singen. Aber das Tragische der Konstellation zwischen der Verführerin und dem Mann, der ihr verfällt, darf nicht im Vordergrund stehen. Der Mann, den sie liebt und für den sie schließlich durch die Wüste geht, muß selbst attraktiv sein. Die Schmerzen eines gescheiterten Professors sind für die USA weitaus weniger nachvollziehbar als für die Deutschen. Der Held ihres Herzens muß jung und schön und aufrichtig sein, und seinem Charme muß jede Frau im Kinosessel ebenso erliegen können wie die Schönheit auf der Leinwand, mit deren Gesicht und Körper die Paramount den Weltmarkt erobern will.

Marlenes Entschluß, an dieser Eroberung mitzuwirken, kommt durchaus nicht so schnell und so sicher wie der von Josef von Sternberg, diese Eroberung zu inszenieren, und der von Bud Schulberg, sie zu finanzieren, zu produzieren und von ihr zu profitieren.

Marlene möchte ihr Kind, ihre Mutter, ihren Mann, ihr Berlin, ihre Verehrer und ihre schwulen und lesbischen Freundinnen und Freunde nicht hinter sich lassen. Amerika, so groß die Verlockung auch ist, scheint ihr eine kulturelle Wüste. Ihre Fähigkeiten des Englischen sind nicht gerade überwältigend. Für die fesche Lolalola, den Liebling der Saison, hat es gereicht – aber wenn sie in den USA dreht, muß sie perfekt englisch sprechen, und sie wird dabei auf Josef von Sternberg angewiesen sein wie ein Kind auf seine Mutter.

Angeblich soll es wieder Rudi gewesen sein, der sie schließlich überzeugt hat, sie dürfe diese Chance nicht vorübergehen lassen. Wollte er sie loswerden, um mit Tami unbehelligt von ihr leben zu können? Selbst ihre Tochter scheint Tami lieber gehabt zu haben als die fordernde, nicht zu erschöpfende Mutter. »Heidede«, wie sich das Kind jetzt nennt, freut sich auf den Hund, den es endlich haben kann. Wenn alles klappt und die Mutter den Hollywooderfolg hat, den von Sternberg prophezeit, dann wird die kleine Familie sich einen Lebensstil leisten können, den sie bis jetzt nur bruchstückweise hatte. Wie selbstlos liebt Rudi seine Marlene? Gönnt er ihr einfach nur aus uneigennütziger Liebe den großen Erfolg – oder sich selbst und dem Kind die Befreiung von der Anforderung, mit Marlene leben zu müssen?

Von ihrer kleinen Gage für die Rolle der Lolalola hat Marlene auf Rudis Ratschlag einen Nerzmantel gekauft, mit dem sie in New York von Bord des Schiffes gehen soll, wenn die von Jo zusammengetrommelte Presse dort auf sie wartet. Nur ihre Garderobiere Resi wird sie begleiten. Ihre Mutter Josephine verwitwete von Losch wird sich um Heidede kümmern. Es ist also für alles gesorgt.

Marlene kann gehen. Marlene soll gehen. Sie packt mit Resi die Koffer. Und die UFA läßt die Chance ungenutzt verstreichen, den zukünftigen Weltstar an sich zu binden.

Die Überfahrt ist für die Nacht der Uraufführung des *Blauen Engels* geplant. Josef von Sternberg setzt auf den grandiosen Erfolg des Films und des neuen Stars – die Kritiken werden, wenn sie über den großen Teich gekabelt kommen, seiner Entdeckung zu den Vorschußlorbeeren verhelfen, die bis jetzt noch fehlen.

Es ist der 31. März 1930. Welturaufführung. Marlene zieht das weiße

Chiffonkleid an, in dem sie bereits wie die Göttin der Leinwand aussieht, die sie bald sein wird. Rudi und Willi Forst legen ihre Fräcke an. Während die Männer ihr beim Frisieren zuschauen und warten und drängen, damit sie nicht zu spät ins Kino kommen, tauscht Marlene mit ihrem Kind Abschiedsküsse aus. Über ein Jahr lang wird sie es nicht mehr wiedersehen.

Die Galapremiere im Gloriapalast gleich beim Bahnhof Zoologischer Garten in Berlin bestätigt, was Svengali Jo seiner Trilby vorausgesagt hat:

Als sie sich nach der triumphalen Vorstellung verneigt, huldigt ihr ganz Berlin mit stehenden Ovationen. Auch Jannings, Hans Albers, Rosa Valetti und Kurt Gerron werden gefeiert, und Josef von Sternbergs Meisterwerk wird als Geniestreich anerkannt, aber Marlene ist die unumstrittene Königin des Abends. Berlin, die Stadt, in der sie geboren ist und wo sie mit wenigen kurzen Unterbrechungen ihr ganzes bisheriges, ziemlich erfolgloses Leben gelebt hat, liegt ihr zu Füßen.

Um Mitternacht läßt sie das alles hinter sich.

Rudi und Willi Forst und ein Meer von Blumen begleiten sie bis an den Bahnsteig zum Zug nach Bremerhaven, wo das Schiff wartet, das sie über den großen Teich in die Neue Welt bringen wird. Der Sprung ins Ungewisse hatte nur ein einziges Netz der Absicherung, das sie auffangen müßte, falls etwas schiefginge: Josef von Sternberg, der ihr gegen alle Unkenrufe den triumphalen Erfolg verschafft hat, an den außer ihm bis jetzt niemand glauben wollte.

In den USA sollte sie ganz auf ihn vertrauen. Und darauf setzen, daß er wieder recht behalten würde.

7. Aufbruch in einen Traum

Für lange Zeit wird sie ihre Muttersprache nicht mehr sprechen, ihre Tochter, ihre Mutter, ihren Mann und ihre Freunde nicht wiedersehen. Kein Theater mehr, keine Varietés, keine Schwulenfeste. Noch in der Nacht des 31. März auf den 1. April 1930 schickt sie ein Telegramm an Rudi und ihre Tochter Maria.

1. APRIL 1930, 3.16 UHR
VERMISSE DICH SEHR PAPILEIN BEDAUERE REISE SCHON STOP SAG MEINEM ENGEL DASS ICH DEN FILM NIE SAH UND NUR AN SIE DACHTE STOP GUTENACHTKUESSE – MUTTI

Ob sie in dieser entscheidenden Nacht ihres Lebens auf dem Meer zwischen Deutschland und den USA überhaupt schlafen kann, ist zweifelhaft.
Jedenfalls schickt sie schon um 11.48 Uhr desselben Tages ein zweites Telegramm an Mann und Kind:

GUTEN MORGEN SCHIFF SCHAUKELT WEITER SCHLECHT STUERMISCH STOP BIN ALLEIN MITTEN AUF DEM OZEAN UND KOENNTE DOCH ZU HAUSE SEIN STOP KUESSE – MUTTI

Mittags um 13.17 Uhr hat sie eine Antwort von Rudi in den Händen, die die Ovationen im Gloriapalast bestätigt – auch die Kritik ist begeistert:

VERMISSE DICH MUTTI STOP AUCH DIE KRITIKER LIEGEN DIR ZU FUESSEN STOP JANNINGS LOBEND ERWÄHNT ABER ES IST KEIN EMIL-JANNINGS-FILM MEHR STOP MARLENE DIETRICH LAEUFT IHM RANG AB STOP DEM KIND GEHT ES GUT STOP KUESSE DICH SEHNSUECHTIG – PAPI

Zwei Tage später machen ähnliche Nachrichten, die bei der Paramount in Los Angeles einlaufen, auch dort bekannt, daß der *Blaue Engel* in Berlin die Sensation ist, wie Josef von Sternberg vorausgesagt hat, und mit größter Wahrscheinlichkeit auch eine in den USA sein wird. Schulberg gibt sein endgültiges Okay für den neuen Film, den Josef von Sternberg mit Marlene Dietrich drehen wollte. Und auf die »Bremen« tickert Jo in den Telegraphen, was er als Willkommensgruß für Marlene bereithält:

ICH BEGLUECKWUENSCHE UNS BEIDE STOP NEUER FILM HEISST MAROKKO NACH DER GESCHICHTE AMY JOLLY AUS DEM BUCH DAS DU IN MEIN GEPAECK GETAN HAST STOP DU WIRST WIEDER FABELHAFT SEIN – JO

Jo hat auf dieses Telegramm hin eine begeistertere Antwort erwartet als die simple Frage, die Marlene ihm daraufhin von der »Bremen« aus telegraphisch stellt, und zwar am 3. April 1930 um 15.01 Uhr:

JOSEF VON STERNBERG PARAMOUNT STUDIOS HOLLYWOOD CALIFORNIA
WER WIRD MEIN GEGENSPIELER? MARLENE

Er hat gehofft, sie würde ihren Dank ausdrücken für das, was er für sie getan hat, ihre Freude über den Erfolg in Berlin, ihre Freude, zu ihm nach Hollywood zu kommen und unter seiner Regie eine weitere Hauptrolle zu spielen, diesmal als anerkannter Star des neben MGM größten und erfolgreichsten Hollywoodstudios, mit einem

Siebenjahresvertrag in der Tasche, einer für ihre bisherigen Verhältnisse traumhaften Gage und der Aussicht auf einen Luxus, den sie bis jetzt nur von weitem kennengelernt hat. Aber nichts dergleichen. Er kann nicht wissen, daß sie ihr ganzes Leben lang diese Dankbarkeit für ihn überall und immer wieder formulieren wird – und daß sie in der Zukunft bis zu ihrem Tode niemals leugnen sollte, sein »Geschöpf« zu sein. Jedenfalls ist er von dem Telegramm mit der einfachen Frage nach ihrem »Gegenspieler«, das heißt ihrem Partner, erst einmal beleidigt. Wegen der Zeitverschiebung zwischen dem Aufenthaltsort der »Bremen« auf dem Atlantik und Hollywood ist sein Telegramm um 12.45 Uhr kalifornischer Zeit aufgegeben:

DEIN GEGENSPIELER WIRD GARY COOPER STOP VIELEN DANK FÜR DEIN UEBERSCHWENGLICHES TELEGRAMM IN DEM DU DEINE TIEFE DANKBARKEIT AUSDRÜCKST WEIL ICH DICH GEGEN DEINEN ZÄHEN WIDERSTAND IN DIE STRATOSPHÄRE KATAPULTIERT HABE STOP KUESSEN SIE NICHT MEINE HAND MADAME STOP DU HAST MEINER KAMERA ERLAUBT DIR ZU HULDIGEN UND DU WIEDERUM HAST DIR SELBER GEHULDIGT – JO

Marlene antwortet ihm nicht sofort. Sie schickt zunächst ein Telegramm an Rudi, in dem sie ihn bittet, so schnell wie möglich Glückwünsche an Jo zu telegraphieren. Offenbar fällt es ihr schwer, sich in den Regisseur hineinzuversetzen, dessen Werk *Der Blaue Engel* wie die gegen so viele Widerstände durchgesetzte Hauptdarstellerin in seiner Abwesenheit gefeiert werden, während er weit weg in Hollywood ihre weitere Karriere für sie vorbereitet. Ihm allerdings fällt ebenso schwer, sich ihr Heimweh vorzustellen, ihre Angst vor der Zukunft, ihre Einsamkeit ohne die gewohnte Familie.
Von der »Bremen« bekommt er erst einen Tag später, am 4. April, ein ziemlich knappes Telegramm, das wohl kaum zur Heilung seiner Wunden ausgereicht hat. Um 14.53 Uhr hatte Marlene es aufgegeben:

DU WEISST DASS ICH DICH VEREHRE – MARLENE

Sein Telegramm wird wegen der Zeitverschiebung um 9.15 Uhr desselben Tages aufgegeben:

DEINE ENTSCHULDIGUNG IST ANGENOMMEN – JO

Inzwischen kommen in Berlin immer neue überschwengliche Zeitungskritiken heraus, die Rudi ausschnittweise auf die »Bremen« telegraphiert. Das Reichsfilmblatt schreibt: »Man ist geradezu überwältigt von Fräulein Dietrichs Darstellung. Ihre Fähigkeit, ohne große Mühe, aber mit schlichter und unumschränkter Autorität Szenen zu dominieren, ist in dieser Form noch nie dagewesen.« Siegfried Krakauer äußert sich ähnlich begeistert: »Dietrichs Lolalola ist eine neue Verkörperung des Sinnlichen. Diese kleinbürgerliche Berliner Dirne mit ihren verführerischen Beinen und ihrer Ungezwungenheit zeigt eine zwanglose Art, die dazu anregt, das Geheimnis zu ergründen, das sich hinter ihrer gefühllosen Selbstgefälligkeit und kühlen Überheblichkeit verbirgt.«
Marlenes erste Reaktion ist der Gedanke an Emil Jannings, der sich jetzt die Haare raufen muß, ihr zweiter ist die Bitte an Rudi, Jo die Zeitungsausschnitte zu schicken. Sie beginnt zu begreifen, was Jo geleistet hat und noch leistet – und wie einsam er dabei sein muß.

SCHICKE ZEITUNGSAUSSCHNITT AN JO ER IST DAS GEHEIMNIS

telegraphiert sie an Rudi. Und an Jo schickt sie ein Telegramm, wie er es sich schon früher von ihr gewünscht hat:

VERZEIH DASS ICH NICHT MEHR WEISS WAS ICH AN DIR HABE STOP SEIT DEM ZWEITEN DREHTAG WEISS ICH DASS ICH GAR NICHTS BIN OHNE DICH – MARLENE

Er nimmt das als Liebeserklärung, und wenn er nicht schon früher in Marlene verliebt war – ab jetzt ist er es. Und wird es lange bleiben.

BITTE ENTSCHULDIGE MEINE UNAUSSTEHLICHE UND UN-VERZEIHLICHE ART STOP SO BIN ICH NUN MAL SO SEHR ICH AUCH VERSUCHE MICH ZU ÄNDERN STOP WERDE MIR KÜNFTIG NOCH MEHR MÜHE GEBEN – JO

Der Perfektionist ist im Vorbereitungsfieber, an dem er seine Entdeckung teilhaben läßt. Trotzdem regelt er selbst Marlenes Vertrag mit der Paramount. Der fällt so großzügig aus wie nie zuvor und nie hinterher ein Studio-Vertrag mit einer Unbekannten.
Jo mietet für Marlene ein Haus in Beverley Hills. Er sorgt dafür, daß sie einen Vorschuß von 10 000 Dollar auf ihre zukünftige Gage erhält. 1000 Dollar gehen davon sofort an Rudi, Tami und Marlenes Tochter Maria genannt Heidede oder Kater – ein Vermögen im Berlin dieser Jahre.
Das Schiff wird von den Frühjahrsstürmen auf dem Atlantik heftig geschaukelt, so sehr, daß alle Mitreisenden mit Ausnahme der immer disziplinierten Marlene Dietrich seekrank sind. Ihrer getreuen Garderobiere Resi geht das Gebiß über Bord und fällt ins Meer. Dabei entfaltet sich eine der besten Eigenschaften von Marlene: ihre Fähigkeit, sich selbstlos um andere Menschen zu bemühen.
»Während der ganzen Reise bereitete ich ihr [Resi] Mus und Suppen und tröstete sie in ihrem verletzten Stolz. Kein Argument konnte sie davon überzeugen, daß ein Spaziergang an Deck ihr guttäte und daß sie sich auch ohne Zähne in keiner Weise zu schämen brauchte, mitten im Unwetter, in ein Tuch eingemummt. Aufgrund der starken Gegenwinde dauerte die Überfahrt sechs Tage. Wenn von Sternberg mich nicht auf der anderen Seite des Atlantik erwartet hätte, wäre ich verzweifelt …«
Sechs Tage. Zeit zum Nachdenken über das, was Marlene bisher war – während sie sich jetzt zwischen zwei Welten, der Alten und der Neuen, bewegt.

In diesen sechs Tagen auf dem Meer vollzieht sich die größte Veränderung ihres Lebens. Nie mehr wird sie die Unbekannte sein, die sie bisher war – neunundzwanzig Jahre lang. Auf der anderen Seite des Atlantiks wird sie ihren 30. Geburtstag – nein, nicht feiern, eher übergehen. Eigentlich ist sie schon zu alt, um eine Karriere zu beginnen. Eigentlich bringt sie außer ihrer Schönheit, ihrer Intelligenz und ihrer großen Persönlichkeit nichts mit. Von Sternberg wird viel Arbeit mit ihr haben, und sie wäre rettungslos verloren, wenn er die Geduld mit ihr oder das Interesse an ihr verlieren sollte. Das weiß sie. Sie ist sein Homonculus, sein Retortengeschöpf.

Was an ihr war schon Marlene Dietrich, ehe Jo daraus den Star formte, der jetzt seinen Durchbruch erleben sollte?

Von Sternberg sagt über sie, daß er nie zuvor eine Frau kennengelernt hatte, die so sehr unterschätzt worden war.

Warum unterschätzte man sie? Warum hielt man andere für schöner, aufregender, interessanter, begabter? Hatte sie sich selbst falsch dargestellt? Oder war einfach vorher nicht die rechte Zeit gewesen? Die rechte, die richtige Zeit, die die Griechen Kairos nennen.

War alles Vorbereitung gewesen für diese richtige Zeit, die einfach kommen mußte?

8. Rückblende

Ein schönes Kind

Wenn Marlene von ihrer Kindheit erzählt – wie sie es in ihren Memoiren unter dem Titel »Ich bin Gott sei Dank Berlinerin« getan hat –, schildert sie sich als einsam, ein kleines Mädchen ohne Freundinnen.

Sie konnte an ihrem ersten Schultag bereits lesen, schreiben und rechnen, war also nach heutigen Maßstäben eine »Hochbegabte« mit allen zugehörigen Konflikten der Frühreife, besonders dem, unter Gleichaltrigen abgelehnt und angefeindet zu werden. Sie wurde ein Jahr früher als üblich in die Schule geschickt und kam doch mit Schuleintritt gleich in die zweite Klasse, für die sie viel zu jung war, deren Lehrstoff sie aber bereits beherrschte. Ihre Mitschülerinnen, wesentlich älter als sie und ihr doch an Kenntnissen wie an Schönheit unterlegen, mieden sie und ließen sie an ihren Spielen nicht teilnehmen. Sie hatte Angst vor den Lehrern, Angst vor Strafe, Angst vor den Mitschülerinnen. Sie empfand die Schule als Gefängnis und ihre Situation unter den neidischen und feindlich gesinnten Klassenkameradinnen als einen zweiten unsichtbaren Käfig.

Deshalb schließt sich Maria Magdalene an die schwärmerisch verehrte Mademoiselle Bréguand an, ihre Lehrerin für Französisch.

Diese Kinderliebe beginnt mit einem eigenartigen Dialog. Das kleine Mädchen ist traurig, weil es keine Freundinnen hat. Die Französin spricht sie an, fragt, warum sie traurig ist. Marlene kann ihre Gefühle nicht ausdrücken. Sie sagt also, daß sie nicht weiß, warum sie traurig ist. Die Antwort der Lehrerin ist eine Lebensdevise: »Dann ist es eine Sünde, traurig zu sein!« Mit dieser Lebensregel im Kopf wird die zukünftige Marlene Dietrich viele Jahre später ihre

Showkarriere mit manchmal für ihre Mitmenschen kaum zu begreifender Disziplin meistern. Es ist eine Sünde, traurig zu sein, wenn man das Gefühl nicht ausdrücken kann. Vielleicht ist es überhaupt eine Sünde, traurig zu sein, wenn man Maria Magdalene Dietrich ist, geboren als Tochter nicht unvermögender Eltern, deren Familien dem deutschen Kaiser durch viele Generationen hindurch Offiziere gestellt haben.

Das Kind Maria Magdalene ist sehr schön. Auf den Photos aus der Kinderzeit fällt es in der Familie wie unter Gleichaltrigen durch seine faszinierenden Augen, seine Haare und seinen sinnlichen Mund auf – aber auch durch die Eleganz, mit der es gekleidet ist und mit der es Kleidung zu tragen weiß, und durch die bewußte und selbstsichere Art, in die Kamera zu sehen. Ist dieser klare Blick in die Objektive der Photographen schon ein erster Ausdruck eines ganz besonderen Verhältnisses zu diesen Apparaten, mit denen man das äußere Bild eines Menschen, aber vielleicht auch – jedenfalls nach Meinung mancher Naturvölker – seine Seele festhalten kann?

1901 ist sie in Schöneberg geboren, das damals noch nicht zu Berlin gehörte, sie selbst wird ihr Geburtsjahr später auf 1904 verschieben. Ihre Eltern, der Polizei-Leutnant Louis Erich Otto Dietrich und seine Frau Wilhelmine Elisabeth Josephine geborene Felsing, sind zwar nicht wirklich reich, aber doch wohlhabend. Eine herrschaftliche Wohnung, Kleidung von den besten Schneidern, Dienstpersonal, ein sorgenfreies Leben mit gelegentlichen Badereisen sind eine Selbstverständlichkeit. Leutnant Dietrich war das, was man in jenen scheinbar friedvollen Jahren vor dem ersten Weltkrieg einen »homme à femmes« nannte – attraktiv, gut gekleidet, mit glänzenden Manieren, tadelloser Haltung, ein Mann, auf den die Frauen flogen.

Deshalb hatte die vermögende Juweliersstochter Josephine Felsing ihn wohl auch den besseren »Partien«, die sie hätte machen können, trotz der Bedenken ihrer Familie vorgezogen. Sie bekam zwei Töchter von ihm, die unscheinbarere Elisabeth, kurz: Liesel, und die aufregende Maria Magdalene, die an Attraktivität und Auftreten ihrem Vater nachschlug und sich schon als Kind Marlene nannte.

Leutnant Dietrich hat bis in die neunziger Jahre bei den Ulanen des Kaisers gedient, leichte Kavallerie, und die Uniform als Vorsteher der Polizeistation in der Sedanstraße in Schöneberg trug er mit der Eleganz und der Bravour, die seine Tochter von ihm erbt. Kaiserliche Offiziere bei der Polizei wurden mit Orden und Ehrenzeichen belohnt, der Posten verhieß Einfluß und sozialen Status, weshalb die Mitgift ihrer Bräute stattlich zu sein hatte. Josephine Felsing brachte als Juwelierstochter ein ansehnliches Vermögen mit in die Ehe.

Leutnant Dietrich entsprach auch nach der Eheschließung den Erwartungen seiner Vorgesetzten nur so gerade eben – mit eher enttäuschenden Noten. Es gab allzu vieles, was ihn mehr als seine berufliche Laufbahn interessierte.

In der Ehe mußte bald Josephine die Zügel in die Hand nehmen. Sie bestimmte weit mehr als der Vater die Kindheit ihrer rotblonden Maria Magdalene. Und nach dem Tod des Polizei-Leutnants Dietrich im Jahre 1906 wurde sie ganz für ihre Töchter verantwortlich. Maria Magedalene – in ihrer Kindheit »Lena« genannt – identifizierte sich mit dem leichtsinnigen, faszinierenden Vater. Sie bemühte sich sogar, der Mutter gegenüber seine Rolle anzunehmen.

Josephine Felsing wird von ihrer Enkeltochter – Marlenes einzigem Kind – als harte, beinahe gefühlskalte Frau beschrieben, für die Pflichterfüllung und Disziplin über alle anderen Moralvorstellungen gingen. Marlene selbst beschreibt den Vater, den sie kaum gekannt hat, so gut wie gar nicht, und auch die Mutter bleibt eine schattenhafte Erscheinung, die wenig gelacht und wenig gelobt hat, dafür aber harte Anforderungen an sich selbst und die Töchter gestellt haben muß. Und doch wird Marlene nach ihrem Tod ihr Grab neben der Mutter wollen – und finden.

Kants kategorischer Imperativ spielt in dieser Kindheit eine große Rolle. Andächtig zitiert ihn noch die siebzigjährige Marlene in ihren Memoiren als Wahlspruch ihres Lebens: »Handle so, daß die Maximen deines Willens jederzeit die Grundlage einer allgemeinen Gesetzgebung bilden könnten.« Und auch den Zusammenhang zwischen dem »gestirnten Himmel über sich« und dem moralischen Gesetz in sich, wie er der deutschen Klassik so wichtig war, behält Marlene bis ans Ende ihrer Tage, ganz Tochter eines vergangenen Deutschlands, das mittlerweile zwei Weltkriege bis auf Bruchstücke vernichtet haben.

Ein wesentlich gefühlvollerer Ausdruck deutscher Inbrunst hing als vielfarbiges Stickbild an der Wand des Berliner Elternhauses. Weinend wird Marlene Dietrich im Alter von achtzig Jahren für Maximilian Schells Dokumentation diese Zeilen von Ferdinand Freiligrath vortragen, die für sie durch den frühen Tod des Vaters zum ersten Mal Bedeutung gewannen und die sie dann nie wieder vergessen hat.

> Oh, lieb, solang du lieben kannst
> Oh, lieb, solang du lieben magst
> Die Stunde kommt, die Stunde kommt
> Wo du an Gräbern stehst und klagst.

In dieser von Frauen geprägten Kindheit nimmt die zukünftige Marlene eine männliche Identität an: »Paul« nennt sie sich, als wäre sie ein Junge, den sich die Mutter, wie alle wilhelminischen Mütter, in der Schwangerschaft sicherlich gewünscht hatte. Sie verehrt die vornehme Großmutter mütterlicherseits, die sie als kultivierte, elegante Reiterin mit kostbarem Schmuck und feinen Handschuhen in Erinnerung hat. Diesen Duft, diese Allüre, diesen Esprit möchte sie auch haben. Solche Hüte und Kleider möchte sie tragen, wenn sie einmal groß ist. Sie selbst kommt sich häßlich und linkisch vor. Dabei ist sie – die Photos beweisen es – eine auffallende Schönheit, der selbst ihre Mutter zu erliegen scheint, denn sie zieht Maria Magdalene in jeder Hinsicht der älteren Elisabeth vor. Die läßt sich das nicht nur gefallen, sondern verwöhnt die kleine Schwester selbst nach Strich und Faden. »Pussikatze« nennt sie sie wegen Marlenes anschmiegsamen, weichen Wesens.

Marlenes berühmte Beine werden durch tägliche Anstrengung geformt. Das Anziehen und Schnüren der Stiefel sind eine tägliche

Tortur, der das Kind sich unterziehen muß, um »schlanke Fesseln«
zu bekommen. Es wird geschnürt, geschnürt bis unter die Knie –
und dann jede einzelne Schlaufe noch einmal nachgezurrt, bis das
lederne Beinkorsett so eng sitzt, daß es nicht mehr enger geht. Die
Durchblutungsstörungen in den Beinen, unter denen die alternde
Marlene litt und die sie bei einer Operation fast das Leben gekostet
hätten, wurden auf diese Weise vorbereitet. Ein anderes Ritual war
das Haarewaschen, das Marlenes Mutter selbst vornahm, wobei die
rotblonde Pracht unzählige Male gespült werden mußte, am Schluß
mit einem Schuß Obstessig für den Glanz.

»Paul«, das hochbegabte einsame Kind unter den ablehnenden Klassenkameradinnen, wirbt täglich um seine attraktive Lehrerin Mademoiselle Bréguand mit selbstverfaßten französischen Aufsätzen.
In den Ferien wird dieser Gedankenaustausch, der ihr wichtiger ist
als jede andere Kinderfreude, in Briefen fortgeführt. Maria Magdalene lernt auf diese Weise ein flüssiges Französisch mit reichem
Wortschatz. Ihre Verehrung für die hübsche Fremde, die in weißer
Bluse mit Faltenrock unterrichtet, artet schon fast in erotische
Schwärmerei aus. Das Kind überhäuft die Lehrerin mit Geschen-
ken – einem Strauß Maiglöckchen zum 1. Mai, einem Strauß in den
Trikolore-Farben zum 14. Juli, mit blau-weiß-roten Bändchen und
kleinen Büchern dazu. Es freut sich auf das Ende der Ferien, weil
das das Ende der Trennung von Mademoiselle Bréguand bedeutet –
bis im Sommer 1914 der Krieg zwischen Deutschland und Frankreich ausbricht und sich die Französin plötzlich nicht mehr unter
den Lehrern befindet, die die sonnengebräunten Kinder zu Schulbe-
ginn willkommen heißen.

Da ist von einem Tag auf den anderen die geliebte erwachsene
Freundin zur »Feindin« geworden, und nicht einmal mehr ihr Name
darf erwähnt werden. Das Kind begreift nicht, warum.

Der einzige Mensch, der »Pauls« Kindereinsamkeit durchbrochen
hatte, ist aus Berlin, aus Deutschland verschwunden. Dafür marschieren jetzt Soldaten durch die Straßen Berlins, die in den Krieg gegen
Frankreich ziehen, die Gewehre mit Blumen geschmückt. Und die

Menschen an den Straßenrändern feiern das »Fest des Krieges«. Das erscheint der Schülerin, die ihre liebste Lehrerin verloren hat, wie ein Hohn. Der Gegensatz zu den Worten der Bibel, die den Frieden unter den Menschen und die Liebe zum Nächsten fordern, ist ihr bewußt – ebenso wie die Heuchelei, mit der in den Predigten vor den Soldaten diese Worte verdreht werden.

Sie weiß von einem Lager, in dem französische Gefangene sind. Es ist den Schülerinnen streng verboten, dorthin zu gehen – Maria Magdalene tut es trotzdem, mit Armen voller weißer Rosen, die sie den Gefangenen durch den Stacheldraht reicht, um mit ihnen das Fest des 14. Juli zu feiern. Die unvorstellbare Handlung wird bekannt: Rosen für die Feinde, von einem jungen Mädchen aus gutem Hause den feindlichen Kriegsgefangenen gebracht. Sie soll dafür von der Schule verwiesen werden. Aber, eigenartig, nichts geschieht. Die Mutter lächelt und streichelt der kühnen Tochter den Kopf, und der Lehrkörper beschließt, die Freveltat ungesühnt zu lassen. Die Geschichte ist zu schön, zu rührend, um wahr zu sein – sie erinnert zu sehr an das Lied, das nach Marlenes Leinwandkarriere zu einem ihrer großen Liederfolge wird: »Where have all the flowers gone …«

In der Pubertät gibt es eine Neigung zu so großen, symbolträchtigen und kühnen Handlungen, besonders bei einem so einsamen Menschen, wie es die junge Marlene war. Und diese Rosen galten ja eigentlich ihrer ersten, tiefbetrauerten Liebe zu Mademoiselle Bréguand, die der Krieg unbegreiflicherweise zerstört hatte.

Die junge Sünderin

Die Mutter Josephine hat inzwischen dem Leutnant der Grenadiere Eduard von Losch, einem Freund ihres ersten Mannes, den Haushalt geführt und ihn dann geheiratet – trotz des Widerstandes der Familie von Losch, die diese Ehe als Mesalliance ansah. Marlenes Mutter heißt also jetzt Josephine von Losch und gehört damit dem preußischen Kleinadel an. Von den Verwandten ihres Mannes wird sie allerdings nicht als vollgültiges Miglied der Familie anerkannt, und ihre Töchter schon gar nicht. Maria Magdalene ist das gleichgültig, da sie sich ohnedies als Tochter ihres Vaters fühlt und weiter seinen Namen trägt. Mit diesem Namen experimentiert sie auch in den Stunden der Langeweile im Klassenzimmer – und so findet sie den Namen, mit dem sie weltberühmt werden wird: Marlene Dietrich.

Eduard von Losch fällt, und Josephine Felsing, verwitwete Dietrich, verwitwete von Losch, erwirbt sich schließlich doch den Respekt der Familie ihres zweiten Mannes, als sie es ganz alleine schafft, seinen Leichnam durch die feindlichen Linien von der Front bis in die Heimat zu überführen.

Marlenes Mutter ist nun zum zweiten Mal verwitwet. Für eine Weile lebt sie mit den Töchtern in Dessau bei der Familie ihres gefallenen zweiten Mannes.

Marlenes Erinnerung an den Besuch junger Soldaten aus der Verwandtschaft muß aus dieser Zeit stammen, ebenso wie das eindrucksvolle Bild von den aufgeblähten Hemden, die auf der Waschlauge schwammen und ihr klarmachten, daß sie den Mann, der sie getragen hatte, nie wieder sehen sollte, weil er im Krieg fallen würde.

Und noch ein zweites Bild: Ihre Haare verhakten sich im Eisernen Kreuz ihres geliebten Vetters, als sie ihn zum Abschied umarmte, und fesselten ihn an sie. Er mußte sich losreißen im wahrsten Sinne des Wortes, um auf dem Schlachtfeld umzukommen, sinnlos, wie sie schon damals fühlte. Ihr ist klar, daß diese jungen Männer in Uniform, wenn sie sich von ihr und ihrer Familie verabschieden, den Tod vor sich haben, einen Tod, für den es keine Rechtfertigung gibt und der, angesichts der modernen Waffensysteme, nichts mit Heldentum zu tun hat.

Diese Erkenntnis trügt sie nicht. Und ganz ähnlich wird sie dieses Gefühl zweieinhalb Jahrzehnte später wieder haben, wenn sie vor den Soldaten der amerikanischen Armee singt und sich hinterher mit einzelnen von ihnen in ihr Zelt zurückzieht, um ihnen vor dem Tod noch ein paar Augenblicke des Glücks zu geben. Sie entspricht da ganz dem Bild, das das Neue Testament von der heiligen Hure überliefert hat, deren Namen sie trägt: Maria Magdalene, die große Sünderin, von der es heißt: »Ihr wird viel vergeben werden, denn sie hat viel geliebt« – ebenjene Heilige, die Josef von Sternberg in seiner frühen Jugend auf den Bildern der Renaissance-Maler in Wien so beeindruckte.

Allerdings bleibt es unter der Obhut der Mutter und der Tanten nur bei Küssen und flüchtigen Berührungen. Aber die reichen aus, um die Familie gegen die junge Schönheit aufzubringen, die allen den Kopf verdreht. Josephine verwitete Dietrich verwitwete von Losch kann sich in die Gefühle ihrer Tochter einfühlen und ergreift deren Partei. Aber damit kann sie eine Bestrafung nicht verhindern. »Mannstoll« sei die schöne Marlene, heißt es plötzlich, und sie soll, um der weiteren verderblichen Entwicklung entgegenzuwirken, ins Internat geschickt werden.

Marlene hat zu dieser Zeit Geigenunterricht, den sie mit großer Hingabe absolviert, sie wird begleitet von einer englischen Gouvernante, deren Wachhundmiene ihr Widerstand einflößt, weshalb Marlene denn auch das Englische nur unvollkommen lernt. Wenn sie begeistert ist, erreicht sie das Unmögliche. Wenn sie jedoch einen inne-

ren Widerstand fühlt, streikt ihre ungewöhnliche Auffassungsgabe.
Für Mademoiselle Bréguand hat sie Französisch mit Leidenschaft
gelernt – die trockene Engländerin, die sich, wenn sie mit ihrer
Schülerin zum Geigenunterricht geht, immer gleich mit einer Tasse
Tee ins Vorzimmer setzt, inspiriert sie nicht. Dafür scheint es mit
dem Geigenlehrer zu ersten erotischen Kontakten gekommen zu
sein. Und Marlene übt unermüdlich Geige.

Außerdem besucht sie die Aufführungen des städtischen Theaters,
alle Klassiker sieht sie, Shakespeare macht ihr Eindruck, und
manchmal gibt es auch Opern, womit sie nicht soviel anfangen kann.
Und plötzlich wird der schon wieder vergessen geglaubte Plan, sie
aufs Internat zu schicken, doch noch Wirklichkeit.

Als ihr mitgeteilt wird, sie käme nach Weimar, ist sie glücklich, obwohl der Gedanke, von zu Hause weggehen zu müssen, sie ängstigt.
Wie immer gehorcht sie.

Das Internat ist kalt, abweisend, die Straßen sind fremd. Aber sie ist
immerhin in Weimar, der Stadt Goethes. Ihre Fähigkeit zur Hingabe und zum Schwärmen hat neue Nahrung in der Gestalt des
Dichterfürsten. Täglich verbringt sie Stunden im Gartenhaus, im
Haus am Frauenplan, im Haus der Frau von Stein, um sich mit dem
Geist des Olympiers zu sättigen, soweit er an diesen Orten noch zu
spüren ist.

Längst hat sie von dem, was er geschrieben hat, das gelesen, was
ihrem Geschmack als heranwachsender junger Frau entgegenkam,
aber sie berauscht sich auch an seinem freien und selbständigen
Leben, in dem Leidenschaften ausgelebt und ausgekostet wurden.
Es berührt sie, die eigenen jugendlichen Selbstmordphantasien im
»Werther« wiederzufinden, und sie identifiziert sich mit dem leidenden Gretchen, dessen Liebe ausgenutzt und betrogen wird.

Die »Mannstollheit« wird ihr in Weimar allerdings nicht gerade aus-
getrieben. Im Gegenteil, es kommt zu weiteren Berührungen und
Verführungen, und zwar mit dem Professor, der ihr musikalisches
Talent fördern und aus der emsigen Geigerin eine Violinvirtuosin
machen will. Er gehört der Musikhochschule in Weimar an.

Ihrer Tochter hat Marlene eindrucksvoll beschrieben, wie sie sich von ihm »das Dingsda, die Unschuld« rauben ließ. Sie trug, soviel weiß sie noch genau, eine weiße Rokoko-Perücke, offenbar wegen eines Konzertes mit Mozartmusik. Die behielt sie die ganze Zeit über auf, während ihr von ihm sonst alle Kleidungsstücke ausgezogen wurden. Nein, sie hat dabei nichts gefühlt. Überhaupt hat sie bei den Männern wenig gefühlt, auch später, sie hat sie »drübergelassen«, weil es den Männern offenbar so wichtig war – es ist zu spüren, wie der Tochter bei diesem Bekenntnis schaudert, das die alte Frau ihr macht, als sie das alles längst hinter sich hat.

Maria Magdalenes Leidenschaft gilt nicht dem Mann, sondern der Musik, in der er sie unterweist. Sie hat sich vorgenommen, die Konzertpodien zu erobern, und der Professor, der ihr Geigenunterricht erteilt, soll sie für diese Aufgabe ausbilden. Wie später noch oft verknüpft sich die Aussicht auf Ruhm und Erfolg mit einer erotischen Beziehung – zu dem, der ihr dazu verhelfen kann. An der von Franz Liszt in Weimar gegründeten Musikerschule, nunmehr eine staatliche Musikhochschule, will sie aufgenommen werden, um dort zur Solistin heranzureifen.

Mit der eisernen Energie, die ihr eigen ist, übt sie kleine virtuose Stückchen, mit Vorliebe die Toselli-Serenade, und, Stoßseufzer: »Bach, Bach, Bach und immer wieder Bach!«

Allerdings fällt sie weniger durch Talent als vielmehr durch ungewöhnliche Schönheit und – laut den Urteilen ihrer Mitschülerinnen – allzu durchsichtige Kleider auf, in denen sie die Privatstunden ihres Violin-Professors Reitz aufsucht, den sie zum allgemeinen Gespött als »mein Herr und Meister« anredet. Trotz ihrer Anstrengungen wird ihr die Aufnahme an der Musikhochschule verweigert.

Sie selbst erklärt als Grund der Abweisung, ihr Handgelenk sei vom vielen Üben angeschwollen und habe sich entzündet. Die Hoffnung auf eine Karriere als Violinistin muß sie jedenfalls aufgeben. Und der Bruch mit Professor Reitz ist programmiert. Er kann oder will sich nicht leisten, seinen Posten als Professor einer Staatlichen

Musikhochschule durch eine Affäre mit einer exaltierten Rotblonden zu gefährden, und sei sie noch so schön.

Es ist anzunehmen, daß der Professor die Schülerin verführt hat, aber auch in dieser Zeit nach dem ersten Weltkrieg war es noch üblich, in jedem Fall in der Frau die Verführerin zu sehen. Und wenn sie gar noch durchsichtige Blusen getragen hatte, durfte sie sich nicht wundern, wenn der Professor ihren Reizen erlag und sich durch eine Abweisung bei der Aufnahmeprüfung von ihr trennte. Über diese Enttäuschung verliert Marlene kein Wort, ebensowenig darüber, daß sie sich mit dieser Affäre einmal mehr von den Gleichaltrigen isoliert hatte und zu einem Gegenstand allgemeiner Neugierde, aber durchaus nicht allgemeiner Sympathie geworden war. Sie war wieder »einsam«, wie schon als Kind in der großen, bedrohlichen Schule. Natürlich neideten die Mitschülerinnen trotz dieses »Pechs« ihr die ungewöhnliche, faszinierende Schönheit, die immerhin einen soignierten Hochschulprofessor so weit elektrisiert hatte, daß er sich kurzfristig »vergessen« konnte.

Zweifellos bot sie reichlich Stoff zum Tratschen.

Und dieses Getratsche macht ihren weiteren Aufenthalt in dem klatschsüchtigen Weimar unmöglich. Stephen Bach, der sorgfältige Marlene-Dietrich-Biograph, hat die Stimmen gesammelt, die heute noch Erinnerungen an die Marlene Dietrich dieser frühen Jahre formulieren können. Selbst in diesen durch viele Jahrzehnte gemilderten Äußerungen ist noch die Ablehnung zu spüren, die die Heranwachsende in Weimar erfahren haben muß. Wie keine andere habe sie sich, so heißt es, an Berühmtheiten herangeschmissen und habe stets ausgefallene Kleider getragen, um von ihnen Beachtung zu finden.

So zum Beispiel Alma Mahler-Werfel, die als Ehefrau von Walther Gropius in Weimar und Dessau hofhielt, den beiden Orten des »Bauhauses«. Die junge Marlene, die bei einer Einladung vor Alma Mahler-Werfel in die Knie geht, um ihr die Hand zu küssen, hatte in der Tat etwas Exaltiert-Theatralisches, über das das anwesende Kleinstadtpublikum nur den Kopf schütteln konnte. Die weltläufi-

gere Alma Mahler-Werfel allerdings sah vor allem Marlenes ungewöhnliche Schönheit: »Was für Augen!« soll sie ausgerufen haben –
und jedenfalls fühlte sie sich von der Huldigung berührt. Im Gegensatz zu Stephen Bach und den von ihm interviewten Kleinbürgern,
die heute noch den Stab über sie brechen, wird sich Marlene nicht
an die VIPs dieser Erde herangemacht haben, weil sie über sie Vor-
teile erlangen wollte, sondern weil nur die Menschen, die wie sie
selbst außergewöhnlich waren, auf ihr ungewöhnliches Wesen und
ihre Schönheit nicht aggressiv und nicht neidisch-hämisch reagier-
ten. Das bezeugen die Urteile ihrer lebenslangen Freunde.

Sie mußte in dieser Zeit damit fertig werden, daß sich die Hoffnung
auf eine musikalische Karriere zerschlug, aber auch, daß der Mann,
der sie als ihr Professor verführt hatte, plötzlich nichts mehr von ihr
wissen wollte. Die zerstörerischen Energien der Erotik, die sich im
Blauen Engel gegen den Professor richten – hier hatten sie das junge
Mädchen verletzt. Sie schweigt über beide Niederlagen. Sie schweigt
auch über das hämische Gewisper, dem sie ausgesetzt war und das
man aus den heutigen Erinnerungen der damaligen Zaungäste ihres
Lebens immer noch hört.

Und sie sucht sich ein neues Ziel für die außerordentliche Energie,
die in ihr steckt. Sie verliebt sich in ein Kino-Idol, und zwar in ein
weibliches: Henny Porten. Und sie studiert mit Eifer die Rollen der
edlen, schuldlos ins Unglück gefallenen Frauen und Mütter, die
dieser größte deutsche Stummfilmstar verkörperte.

Auf eigene Faust spürt sie das Privathaus der schwärmerisch Ver-
ehrten auf und reist ihr bis nach Bayern nach, um unter ihrem Fenster jene ein bißchen schnulzige Toselli-Serenade vorzuspielen, die
sie besonders schön findet und die sie besser als die Bach-Sonaten
beherrscht – bis die Angebetete persönlich erscheint, sich für die
Huldigung bedankt und ihr ein signiertes Bild überreicht, für die
nächste Zukunft Marlenes größter Schatz.

In Weimar konnte sie nicht mehr bleiben. Josephine, ihre Mutter,
die alle vierzehn Tage ins Internat angereist kam, um höchstpersön-
lich der Tochter die schönen Haare zu waschen, nahm das übel be-

leumundete Mädchen wieder mit nach Berlin, ohne daß es zu einem Abschluß des Musikstudiums gekommen wäre. Auch darüber äußert Marlene weder Trauer noch Bestürzung, wenn sie von jener Zeit spricht – als habe sie diese Demütigung gar nicht berührt.

In Berlin soll sie bei einem anderen Professor namens Fleisch weiter Geigenstunden nehmen. Aber der frühere Eifer hat sie verlassen.

Als neues Ziel hat sie jetzt eine Theaterkarriere ins Auge gefaßt, und vielleicht spielt sie dabei auch schon mit der Möglichkeit, eines Tages in dem neuen Medium Film aufzutreten. Daß sie weit schöner als selbst Henny Porten ist, ist ihr nicht bewußt, wenn man ihren eigenen Worten glauben darf. Wie viele der Schönsten dieser Erde sah sie in der Jugend die eigenen Mängel deutlicher als die offensichtlichen Vorzüge, mit denen sie gesegnet war.

Die tollsten Beine von Berlin

Sie liebt lyrische Dichtung, besonders die von Rilke und Goethe, und die Rollen, auf die sie sich vorbereitet, sind von dieser Neigung bestimmt.

Max Reinhardts über ganz Berlin verteilte Theater, die mit immer neuen inszenatorischen Erfindungen das Publikum entzücken, erschüttern, aufwühlen, begeistern, ziehen sie unwiderstehlich an. Vergebens versucht die Mutter, ihr klarzumachen, daß sie als Offizierstochter eigentlich in die leichtfertige Theateratmosphäre nicht hineingehört. Aber Marlene setzt sich über den familiären Widerstand hinweg. Die Maßstäbe der Militärs und Beamten des Kaiserreichs gelten nach diesem Krieg ohnehin nicht mehr. Das steife höfische Zeremoniell, das noch vor vier Jahren in Berlin tonangebend war, ist abgeschafft, der Kaiser selbst ist abgeschafft. In Holland dämmert Wilhelm II. im Exil dahin, nachdem er sich zu Kriegsbeginn noch als größten Herrscher der Welt einstufte. Soziale Schranken und Tabus sind hinweggefegt, und warum soll also nicht ein Mädchen seine Schönheit auf der Bühne öffentlich zur Schau stellen, auch wenn es eine Tochter aus gutem Hause ist? Daß das vor kurzem noch undenkbar gewesen wäre – wen kümmert das jetzt, wo sich ohnedies das Unterste zuoberst gekehrt hat und das, was oben war, vom Sockel gestürzt ist? Die Liebe zur Dichtung ist ja doch etwas Edles, und es ist für Josephine Felsing, verwitwete Dietrich, verwitwete von Losch, am Ende begreiflich, daß die Tochter ihr auf der Bühne dienen will. Wenigstens dort gibt es noch Könige und Königinnen, Ehre und Würde, wenn auch nur als Schaugepränge. Für Max Reinhardts enthusiastisches Publikum ist das gerade in diesen

düsteren Tagen der allgemeinen Niederlage um so tröstlicher. Er hat
große und kleine Theater, und er inszeniert – oder läßt inszenieren –,
was Menschen auf der Bühne sehen wollen. Die Griechen in einer
Art neuem Zirkus, den der Magier unter den Architekten, Hans
Poelzig, baut, die Klassiker im Schauspielhaus am Gendarmenmarkt
oder im »Deutschen Theater«, die feineren Komödien – Marivaux,
Goldoni, Gozzi – in den »Kammerspielen«, Revuen und musikalische Komödien an der Friedrichstraße und am Kurfürstendamm,
dazu noch Kabaretts für spätnächtliche Schwärmer.

Marlene Dietrich, wie sie sich jetzt schon für das Theater nennt, bewirbt sich bei der Schauspielschule, die der Hexenmeister des deutschen Theaters für den Nachwuchs seiner Bühnen eingerichtet hat.
Sie deklamiert eine Passage aus Hugo von Hofmannsthals »Der
Tor und der Tod« und kommt dafür ins Finale – in den Kreis derjenigen, aus denen im zweiten Durchgang die zukünftigen Schau-
spielschüler ausgewählt werden. Sie soll Verse ihres geliebten Goethe
vortragen, das Gebet Gretchens aus dem »Faust«, in dem die verlo-
rene Ehre des Mädchens offenbar wird – und sie wirft sich vor dem
Gremium der Schauspiellehrer auf die Knie mit jenem unbedingten
Einsatz, den sie auch später in ihrer Leinwandkarriere zeigen wird.
Und da sie sich dabei blutig schrammt, wirft man ihr ein Kissen zu,
das sie sich unter die Beine schieben soll. Sie versteht nicht richtig, sie
ist unsicher, wie sie damit spielen soll – in der Kirche, in der Gretchen betet, gibt es doch keine Kissen! –, und ist damit schon durch
die zweite Hälfte der Prüfung gerasselt. Aber doch nicht ganz, sie
gehört immerhin einem Kreis von Schauspielschüleranwärtern an,
die die Kurse der Max-Reinhardt-Schule besuchen dürfen, ohne sich
allerdings im engeren Sinne Reinhardt-Schüler nennen zu können.
Viel später, als sie längst in Hollywood zum Weltstar geworden ist
und Max Reinhardt als Emigrant dort mit großen Schwierigkeiten
unterzukommen und eine zweite Karriere zu starten versucht, läßt
er sich gern mit der früheren »Schülerin« photographieren. Sie betont allerdings in ihren Memoiren, daß sie ihn in ihrer Ausbil-
dungszeit nicht ein einziges Mal zu Gesicht bekommen hat.

Mit ihr zusammen hat Grete Mosheim die Prüfung gemacht, die bald eine wichtige Reinhardt-Schauspielerin wird. Mit ihr freundet sie sich an, und Grete Mosheim, die auch die zweite Prüfung bestanden hat, nimmt sie mit in ihre Kurse, so daß Marlene Dietrich die ersten Schritte in die Schauspielkunst eben doch wie eine Reinhardt-Schülerin tun kann, wenn auch nicht als ganz vollgültige.

Eine besondere Erinnerung behält sie an die Sprecherziehung bei einem gewissen Dr. Joseph. Da wurden die Schülerinnen und Schüler an langen Tauen durch den Raum gezogen und mußten gleichzeitig den artikulierten Ton halten und dazu bestimmte Konsonanten und Vokale formen. Vollgültige Schülerin oder nicht – Marlene hat sich dem Unterricht mit der gleichen Ausschließlichkeit und Intensität hingegeben wie zuvor den Geigenstunden. Ihre Stimme entwickelt sich, wird voller und tiefer, ihr Körper geschmeidiger. Sie wird selbstsicherer, ihre Melancholie verliert sich.

Sie nahm weiter Gesangsstunden, besuchte die Max-Reinhardt-Schule, lernte eine Menge klassische Rollen, die sie niemals spielen würde, das wußte sie. Sie studierte alle Rollen junger unschuldiger Mädchen ein, das ganze Repertoire, ohne jedoch zu überzeugen. Nach dem Vorsprechen zogen die Prüfer ein Gesicht: Die gefühlvollen Monologe paßten nicht zu ihrem Ton. Sie mußte sich also einen anderen Stil aneignen, in die Haut einer anderen Frau schlüpfen. Sie mochte sie nicht, diese Frau. Aber sie lernte brav ihre Sätze. Wieder gab es Prüfungen: Sie war bereit, das Publikum mit ihrer Darstellung der ›femme fatale‹ zu erobern. Wieder fiel sie durch. Ihre Lehrer erklärten, sie sei zu jung für diesen Typ. Wieder eine Enttäuschung: Ihrem Arbeitseifer jedoch tat das keinen Abbruch. Wenn sie zu Hause blieb, um zu arbeiten oder zu lesen, war ihre Mutter erleichtert. Sie mochte ›das Theater‹ nicht, ebensowenig wie ›den Film‹.

Inflation und Nachkriegswirren haben die Vermögen der alten Familien angegriffen und so weit verzehrt, daß auch Marlene nicht vom Geld der Felsings oder von Loschs studieren kann, sondern sich selbst den Lebensunterhalt verdienen muß. Sie tut das als Statistin und Kleindarstellerin an Berlins Bühnen, vorwiegend in lockeren Komödien und Varieté-Revuen, in denen ihre attraktive Erscheinung als Zutat zum Spiel der Protagonisten und zum Tanz des Balletts gebraucht wird.

Ihre ungewöhnlich schönen Beine, ihre ausdrucksvollen, verschleierten Augen und »diese Stimme«, die sich zwar nicht für Fausts Gretchen eignet, aber dies faszinierende erotisch-rauhe Timbre hat, verschaffen ihr Auftritte ganz vorn an der Rampe als Ohren- und Augenschmaus für die Damen und Herren in den ersten Reihen.

Bald wird sie sogar in den ambitionierteren Reinhardt-Theatern mit kleineren Aufgaben betraut. In Shakespeares »Der Widerspenstigen Zähmung« bekommt sie eine winzige Rolle als reiche Witwe. Von den wenigen Textzeilen der Rolle werden leider noch ein paar weggestrichen, aber Marlene nimmt das ohne Murren hin, darf sie doch dabei dem Liebling des Berliner Publikums Elisabeth Bergner zusehen, die wie ein Wirbelwind als Katharina über die Bühne fliegt. Sie bewundert aus den Kulissen die knabenhafte Erscheinung der Bergner und bemüht sich, von ihrem temperamentvollen Spiel zu lernen. Bald ist auch Elisabeth Bergner ihre »Freundin«.

Der Name Marlene Dietrich findet sich auf vielen Besetzungslisten – aber stets weit unten, wo die kleinen Rollen stehen. Trotz aller Anstrengung schafft sie es nicht, in einer mittleren oder größeren Rolle mitzuwirken. Immerhin darf sie für eine Weile im zweiten Glied in der Wiederaufnahme der legendären Reinhardt-Inszenierung von Shakespeares »Sommernachtstraum« mitwirken – als junge Amazonenkönigin Hyppolita, mit der Theseus sich vermählt. Hyppolitas Hochzeit bildet den Anlaß für den Schabernack der Elfen und Geister, der sich in der Mittsommernacht im Wald bei Athen abspielt. Diese schöne Rolle, immerhin mit einer Reihe von Dialogsätzen, die ihr nicht bis zur Unkenntlichkeit zusammengestrichen wurden, sollte die größte ihrer Bühnenlaufbahn bei Max Reinhardt bleiben. Der Berliner Kritik fällt sie dabei durch ihre ungewöhnliche Erscheinung und sonst nicht weiter auf.

In Kleists »Penthesilea« spielt sie eine junge Amazonenführerin, in einer kurzen Rüstung, die so sexy ist, daß sie Jahre später das Karnevalskostüm der Agentin X 27 in Josef von Sternbergs zweitem Hollywood-Film *Dishonored* inspirieren sollte. Zwei Amazonen, eine Witwe – das Fach, in dem sie eingesetzt wird, hat mit der erotischen Faszination, die von ihr ausgeht, wenig zu tun, allenfalls mit ihrer androgynen Ausstrahlung.

Soweit Marlenes Auftritte in den Klassikern, für die sie immer nur für Augenblicke aus den Kulissen hinaus und ins Rampenlicht darf. Aber sie steht gern in den Kulissen. Sie fiebert nicht nach den größeren Rollen, die ihr vorenthalten werden. Sie legt eine erstaunliche Ruhe an den Tag, als wüßte sie, daß ihre Zeit noch nicht gekommen ist. Nicht nur Elisabeth Bergner hängt sie in den Wartezeiten an den Lippen, sondern auch der Reinhardt-Tragödin Agnes Straub. Auch von ihr will sie lernen. Was später Josef von Sternberg an ihr so sehr rührte, daß sie ihm nämlich den Regiestuhl, die Tasse Kaffee, die Thermosflasche mit Fleischbrühe nachtrug und dabei anbetend zu ihm aufsah – sie scheint es schon bei der Bergner und der Straub praktiziert zu haben, zumindest, wenn man den Informanten ihres Biographen Stephen Bach glaubt.

Nun gab es bei Reinhardt und in seinen zahlreichen Theatern beileibe nicht nur Klassiker zu sehen. Und in Stücken von etwas leichterem Kaliber scheint für Marlene Dietrich mehr Verwendung gewesen zu sein, obwohl es auch da für sie nie zur Protagonistin gereicht hat. Aber immerhin wurde sie in Komödien von Feydeau und Somerset Maugham als das eingesetzt, was in Hollywood als »Supporting actress« bezeichnet wird – als wichtigste Nebendarstellerin.

Sie sieht sich selbst sehr kritisch:
»Gewöhnlich verbrachte ich mehr Zeit damit, mich herzurichten, als zu spielen.«

Im Auge der Kamera

Sie hat Stückverträge, keine Festanstellung. Sie wird also von Auftritt zu Auftritt bezahlt. Das bedeutet, daß sie zum Beispiel im Deutschen Theater ganz am Anfang und ganz am Ende des Abends auf der Bühne erscheint – und dazwischen Zeit hat, auch noch in der »Komödie« oder in einem Varieté, in einem anderen Kostüm und in anderer Aufmachung, aufzutreten. Sie hastet Abend für Abend von einem Theater zum nächsten, und tagsüber versucht sie, beim Film die eine oder andere kleine Rolle zu ergattern. Sie weiß, daß sie photogen ist, daß sie einen schönen Körper hat. Auch ihre Violine wird zeitweilig wieder aus dem Kasten geholt. In Dr. Giuseppe Becces Orchester, das Stummfilme musikalisch begleitet, ist sie für eine Weile immerhin Konzertmeisterin – und die einzige Frau. Aus dem Dunkel muß sie dabei auf die flimmernde Leinwand starren, um die richtigen Musikeinsätze zu finden. Das gibt ihr Einsichten über Stilmittel, Tempo und Ausdrucksmöglichkeiten des Films, mit denen sie später in den Gesprächen mit Josef von Sternberg eine ernst zu nehmende Partnerin für ihn wird. Teile seines filmischen Werkes – seine Stummfilme – hat sie auf diese Weise sehr genau studieren können. Und konnte sie mit filmischen Meisterwerken des deutschen Expressionismus wie dem *Kabinett des Dr. Caligari* oder Murnaus *Faust* oder Lubitschs *Madame Dubarry* vergleichen, die sie ebenfalls musikalisch begleitet hatte. Sie will heraus aus dem Dunkel, sie will selbst vor die Kamera. Scheinwerfer sollen sich auf sie richten und Wirkungen aufzeichnen, die sie bei Agnes Straub und Elisabeth Bergner studiert, aber bisher auf der Leinwand allenfalls bei der bewunderten Henny Porten wiedergefunden hat.

Willi Felsing, ihr Onkel mütterlicherseits, der Verbindungen zu Filmleuten hat, gibt schließlich ihren Bitten nach und arrangiert einen Kameratest bei der Filmfirma Decla, bei einem Kameramann aus Ungarn, Stefan Lorant. Sie erscheint zum verabredeten Termin als »Wirbelwind« und »Quecksilber«, fest entschlossen, diesen Test trotz brütender Hitze und entsprechender Unlust auf seiten Lorants durchzusetzen. Lorant findet sie weder begabt noch attraktiv. Er verlangt von ihr sogar Geld dafür, daß er sie ablichtet. Er ist felsenfest davon überzeugt, daß sie für den Film völlig unbegabt ist, und daraus macht er keinen Hehl. Plump und dick wie eine Kartoffel findet er sie, dazu total überdreht. Er kennt jede Menge Mädchen, die sich eine Karriere beim Film erträumen. Daß es einen Unterschied zwischen denen und Marlene Dietrich gibt, erkennt er nicht. Brutal genug fragt er sie, warum sie trotzdem darauf besteht, vor seine Kamera zu treten.

Er erhält die frappierende Antwort: »Weil ich dafür geboren bin.«

Das bringt ihn und seinen Assistenten zum Lachen, und sie denken sich etwas ganz Lustiges aus, um die von sich selbst so überzeugte Testperson auf die Schippe zu nehmen. Man kann sie ja zu allem bringen, also auch, daß sie einen ein bißchen unter die Röcke sehen läßt. Lorant nimmt sie bei Tageslicht auf, ohne Aufhellung, wodurch auch das schönste Gesicht zum Pfannkuchen mit Augenschlitzen wird, und er läßt sie über einen Zaun hüpfen, in die Kamera lachen … Sie läuft und springt und tut alles gehorsam, was er von ihr verlangt. Gemeinsam mit seinen Kollegen haut er sich in der Vorführung noch einmal auf die Schenkel vor Vergnügen über den Streifen, der so entstanden ist und für den er sich hoffentlich den Rest seines Lebens über geschämt hat.

In der Großaufnahme wirkt Marlenes Gesicht plump, es ist ja noch gerundet von Babyspeck, und ihre Bewegungen in der Totalen sind so fröhlich-linkisch, als sollte sie einen weiblichen Dorftrottel spielen. Die Vorstellung, ganz zuunterst unter all ihrer fehlerlosen Eleganz und makellosen Schönheit sei eigentlich dieser Dorftrottel verborgen, wird Marlene später immer wieder verfolgen. In *Dishonored*, in *Song of Songs*, in *Scarlet Empress* ist sie als Trampel mit Zöpfen und in weiten Röcken zu sehen, und jedesmal, wenn sie so in ihren großen Filmen erscheint, ist ein bißchen von dem Trauma zu spüren, das sie bei Ansicht ihres ersten Kameratests erlebt haben muß: Sie, die sonst so vorsichtig mit ihren Ausdrucksmitteln umgeht, übertreibt und überzieht, rollt die Augen, spitzt den Mund bis zur Unglaubwürdigkeit.

Es gibt jedoch einen Zuschauer unter denen, die sich über diesen Test amüsieren, für den das allgemeine Urteil »untalentiert« nicht gilt. Das ist der junge Reinhardt-Schauspieler Wilhelm Dieterle, der im Film bereits Hauptrollen spielt, der aber ganz eigene Ideen darüber hat, wie Film aussehen könnte. In seinem ersten Film in eigener Regie – nach einer Tolstoi-Erzählung – setzt er Marlene in einer der beiden Hauptrollen ein. Die Dreharbeiten bestehen ausschließlich aus Außenaufnahmen, Marlene ist in Zöpfen zu sehen, aber das zurückgekämmte Haar läßt diesmal mehr von der Schönheit ihres Gesichts erkennen, als Lorant zu sehen bereit war. Sie erhält erste positive Kritiken, aber sowohl sie selbst als auch Dieterle, der später ja als William Dieterle in Hollywood große Filme machen wird – darunter *Kismet*, mit Marlene Dietrich als Star –, haben das Werk als Jugendsünde verdrängt. Dieterle hat sich niemals als Entdecker Marlene Dietrichs feiern lassen, obwohl er eigentlich durchaus darauf hätte Anspruch erheben können.

In dieser Zeit lernt Marlene den Mann kennen, in den sie sich wirklich verliebt. Rudi Sieber ist Regieassistent bei Joe May, dem Produzenten gewaltiger Stummfilmwerke, die es an Menschen- und Tieraufgebot und Monumentalbauten durchaus mit D. W. Griffith aufnehmen können, wenn May auch die filmischen Ausdrucksmittel sehr viel weniger subtil einsetzt.

Ganz große Ausstattung also, mit Heeren an Statisterie und Kleindarstellern, die sämtlich zu kostümieren, zu schminken, zu unterweisen sind, während Joe May sich mit den Hauptdarstellern beschäftigt, mit seiner semmelblonden Frau Mia May, mit Lia de Putti und Conrad Veidt. Für seine erste Fassung des *Tigers von Eschna-*

pur und des *Indischen Grabmals* läßt der deutsche Filmtycoon Indien mit seinen Tempeln und Toren an einem Berliner See in der Nähe der Woltersdorfer Schleuse nachbauen und holt sich die Elefanten und Tiger dazu aus dem Zirkus. Fritz Lang schreibt das Drehbuch. Für *Herrin der Welt* schafft Joe May nach, was der Globus an Traumzielen zu bieten hat, Wüsten und Dschungel, Paläste und Hütten, alles in den märkischen Sand gebaut.

Genug zu tun für seinen Assistenten jedenfalls, und Joe May ist so zufrieden mit Rudolf Siebers organisatorischen Fähigkeiten, und Mays Tochter ist so angetan von seinem auch später noch sprichwörtlichen Charme, daß »Rudi« eigentlich Schwiegersohn seines Arbeitgebers hätte werden sollen.

Aber er wurde es nicht – er heiratete Marlene, um sein Leben in ihrem Schatten zu verbringen.

Und dazu kam es so: Als rechte Hand des Tycoons May und als sein designierter Nachfolger und Schwiegersohn bestimmt Rudolf Sieber über die Besetzung der kleineren Rollen und der Statisterie des May-Projektes *Tragödie der Liebe*, und Marlene und ihre Freundin Grete Mosheim stehen mit Hunderten anderer hoffnungsvoller junger Bühnen- und Filmtalente Schlange, um mit unter den Glücklichen zu sein, die er auswählt.

Über die Begegnung von Marlene und Rudi gibt es mehrere Versionen, die simplere – in den Erinnerungen ihrer Tochter, von Rudi inspiriert – erzählt von auffallenden grünen Handschuhen, die etwas ausführlichere aus Marlenes Autobiographie von einem Monokel, das den Ausschlag gab.

Nicht jede trägt grüne Handschuhe und dazu ein Monokel im schönen Auge, und beides war offenbar so passend für die Rolle, die Rudi Sieber zu vergeben hatte, daß Marlene sie bekam, und wenig später sein Herz dazu.

Eine weitere Version stammt von jenen heute noch lebenden Informanten ihres Biographen Stephen Bach, die ihre Erinnerungen an die frühe Marlene als kostbares Gut behandeln, das ihnen nach zwei Weltkriegen geblieben ist. Zweifel sind erlaubt, denn wer wußte in diesen frühen Tagen, daß Marlene zum Weltstar, zum Gesicht des Jahrhunderts werden würde? Niemand. Damals waren alle eher vom Gegenteil überzeugt, beachteten sie also, wenn überhaupt, als Kuriosum. Die Kleindarstellerin aus gutem Hause, die unbedingt, trotz Mangels an Talent, nach oben wollte.

Aber gibt es, gab es davon nicht mehrere? Man erinnert sich also an eine schöne Frau. Vielleicht war es eine ganz andere. Das Bild verwischt sich und vermischt sich … und in jedem Fall verbindet es sich mit durchsichtiger Kleidung, wie schon bei den üblen Nachrednern aus Weimar. Trotzdem sei auch diese zweite Version berichtet, denn das Ereignis verdient, von allen Seiten beleuchtet zu werden.

Marlene hat sich wieder etwas einfallen lassen. Sie weiß, bei dieser Art von Präsentationen entscheidet e i n Blick, und wer auffällt, hat gewonnen. Sie kleidet sich also in eine Art durchsichtigen Pyjama, der ahnen läßt, wie sie darunter gebaut ist, und dazu trägt sie ein junges Hündchen auf dem Arm, das sie absetzen muß, wenn sie sich zur Besprechung mit dem Allgewaltigen vor seinen Tisch setzt. Die tiefen Einblicke, die der bei dieser Gelegenheit tat, waren zweifellos überzeugend, mehr aber noch blieb diese verrückte Mischung aus lasziver Raffinesse und mütterlicher Besorgtheit um das kleine Tier im Gedächtnis haften – wenigstens bei Joe Mays Assistenten Rudolf Sieber, der sich bis in Herz und Sinne davon bewegt fühlte.

Marlene schreibt von keinem Hündchen und von keinem durchsichtigen Pyjama. Und auch bei der Tochter, die sicher mit ihrem Vater oft über diese erste Begegnung ihrer Eltern gesprochen hat, steht nichts davon.

Jedenfalls bekam Marlene die Rolle, sogar eine von der Art, die nicht der Entscheidung des Schneideraumes zum Opfer fallen und dort aus dem Film herausbefördert werden konnte – sie trat in der entscheidenden Szene auf, nur kurz, aber in unmittelbarer Nähe der Hauptdarsteller Emil Jannings und Mia May, beide große deutsche Stars der frühen zwanziger Jahre.

Rudolf Sieber verdiente damals glänzend, er konnte sich handgefertigte Seidenhemden, schnelle offene Autos und einen aufwendigen

Lebensstil leisten, zu dem er die erforderlichen Kennntnisse in seinem Geburtsland Österreich erworben hatte. Er wußte, daß man gut geschnittene Anzüge und Fräcke bei Knize in Wien machen ließ, und beeindruckte Marlene durch den edlen englischen Tweed, in dem er ihr gegenübersaß und den er mit Schick zu tragen wußte.

Sie verliebte sich in Rudolf Sieber, weil er schön war, blond, groß, klug – alles, was ein junges Mädchen sich wünscht. Das Problem war, daß er sich nicht für junge Mädchen interessierte. Er hatte seine stürmische Liebesaffäre mit der Tochter des Produzenten Joe May. Marlene litt also. Zum Glück mußten die Szenen im Spielkasino mehrmals wiederholt werden, und da sie zur Menschenmenge gehörte, wurde sie oft ins Studio bestellt. Sie sah ihn, aber er sprach nicht mit ihr.

Ihre Mutter meinte, dieses Milieu sei für ein junges Mädchen ihres Alters verhängnisvoll. Sie war so besorgt, daß sie schreckliche Alpträume bekam. Sie fürchtete, Marlene könnte sich für immer ins Verderben stürzen. Aber ihre lächerliche Aufmachung mit Monokel im Auge kam an. Sie wurde zum Spieltisch geführt, dann sagten Rudolf Sieber und seine Assistenten ihr, was sie tun, wohin sie gehen sollte. Manchmal kam er auf sie zugelaufen, um ihr einen Rat zu geben. Hoffnungslos verliebt, wartete sie voller Angst auf diese kurzen Begegnungen. Als sie nach drei Drehtagen unter seiner Regie wieder nach Hause zurückkehrte, teilte sie ihrer Mutter mit:

»Ich habe den Mann kennengelernt, den ich heiraten will.«

Es sagt sich einfach, war es aber mit Sicherheit nicht: Ihr Gefühl wird erwidert. Das bedeutet die Auflösung des Verlöbnisses mit Eva May, der Tochter seines Produzenten und Regisseurs. Und als Folge davon eine ganze Reihe von beruflichen Katastrophen, die für Rudi nicht leicht zu verkraften waren.

Marlene zittert und bangt, aber dennoch hat die Liebesgeschichte für sie ein Happy-End, denn bald hält Rudolf Sieber in aller Form bei Josephine von Losch um die Hand ihrer Tochter Marlene Dietrich an. Josephine sagt nicht gleich ja. Sie besteht auf einem halben Jahr Verlobungszeit. Sie hofft wohl, daß die schöne Tochter vielleicht

Berlin 1929. Josef von Sternberg, genannt Jo, entdeckt Marlene und formt
sie zum Weltstar. Die beiden werden zu »Schöpfer« und »Geschöpf«.

Marlene wird zur Tingeltangelsängerin Lolalola, kopiert bis in die Gegenwart – »Stolen by Madonna«, wie der wütende Eintrag der alten Diva behauptet.

Der berühmteste deutsche Film war eine deutschamerikanische
Koproduktion. Oskar-Preisträger Emil Jannings war ihr Star.
Marlene stahl ihm die Schau.

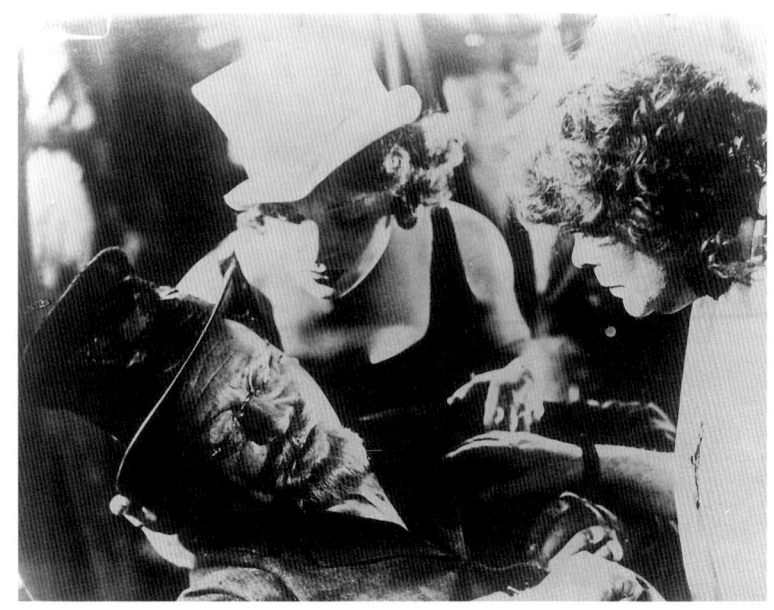

Jannings als Professor Unrat wird durch seine Leidenschaft für das Flittchen Lolalola aus der Bahn geworfen gedemütigt.

1930. Jo, der große Hollywood-Regisseur, holt seinen deutschen Star in die USA. Marlene läßt Mann und Kind in Berlin zurück und folgt ihrem Entdecker in die Neue Welt.

Marlene wird verschlankt und veredelt. Ihr Partner ist der junge Gary Cooper

Jo inszeniert einen Skandal. Zum ersten Mal im prüden Amerika:
Eine Frau im Frack! Und dabei sind doch die Beine das berühmteste
an ihr!

Jo porträtiert sich selbst in der Figur des reichen Gönners, den Adolphe Menjou spielt. Amy Jolly – Marlene Dietrich – läßt sich von ihm aushalten, bis sie ihn schließlich verläßt. »Morocco« 1930.

»Dishonored« – deutscher Titel: »X 27« – ist der dritte Film, den Jo mit Marlene macht. Noch erscheint sein Name größer als ihrer.

Marlene ist eine Spionin, eine Frau, die im Krieg mit den Waffen der Weiblichkeit kämpft.

Der Konflikt zwischen Liebe und Krieg, wie ihn auch Kleist in seiner »Penthesilea« zeigt, führt über den Sieg zur Selbstzerstörung.

Der Hollywoodstar im Kostüm aus Berliner Theaterzeiten: Marlene in der Rüstung einer Amazonenführerin, wie einst bei Max Reinhardt.

So hatte sie sich bei ihrem ersten Kameratest abbilden lassen:
als Bauerntrampel. Jetzt ironisiert sie die bitteren Erinnerungen
als Hollywoods Superstar.

*Der Babyspeck von Berlin ist weggeschmolzen. Jos Marlene ist die
unbestritten schönste Frau der Welt, die Herausforderin der
»Göttlichen« Garbo.*

*Der Regisseur und sein Star. Durch Verträge und andere Abhängigkeiten
sind sie aneinander gebunden.*

Eine seltsame Familie. Marlene, ihre Tochter, ihr Mann und ihr Regisseur.
In Liebe und Haß vereint.

Marlenes Ehemann Rudi mit seiner Geliebten Tami, Marlene mit ihrem Jo.

Marlene und Jo in den vierziger Jahren. Die Welt brennt.
Es ist Zweiter Weltkrieg.

1960. Marlene und Jo. Und was ist aus Deutschland geworden? Ein
Trümmerhaufen. Ein Wirtschaftswunder. Aber in jedem Fall fremd.

doch noch einen anderen Ehemann finden würde, der sie aus dem Theater- und Filmmilieu herausholte. Von Rudolf Sieber war leider das Gegenteil zu erwarten. Trotz ihrer Bedenken – Marlene hielt an ihm fest und er an ihr, er bekam sie nach Ablauf des halben Jahres und sie ihn. Die Hochzeit wurde in der Kaiser-Wilhelm-Gedächtnis-kirche begangen, einer protestantischen Kirche, wie es der Tradition von Marlenes Familie entsprach – dabei war Rudi eigentlich katho-lisch. Bilder sind überliefert. Ein schönes Paar. Ein glückliches Paar. Und Eva May, die Tochter des Filmtycoons, schnitt sich die Puls-adern auf, wurde gerettet – und machte einen zweiten Selbstmord-versuch, diesmal mit Erfolg. Schwer zu sagen, wie sehr Marlene diesen Raub an der anderen Frau wahrgenommen und als Schuld empfunden hat.

»Am Tag unserer Hochzeit setzte meine Mutter mir den Myrten-kranz auf; die Familienmitglieder, in Uniform oder Zivilkleidung, drängten sich in der Kirche. Und ich, wie immer sentimental und romantisch, ich weinte, als ich Rudi ansah.«

Rudi konnte schwerlich länger Joe Mays Assistent bleiben. In Harry Piel fand er einen neuen Arbeitgeber. Der war damals Kassenmagnet und erfolgreicher Schöpfer von turbulenten Leinwandwerken, die hauptsächlich aus wilden Verfolgungsjagden durch Himmel, Was-ser und Erde bestehen, bei denen Harry Piel natürlich immer Sieger bleibt. Unbedingt brauchte er einen fähigen Assistenten, der ihm das Zubehör und das Personal zu diesen Verfolgungsjagden be-sorgte. Das tat Rudi ein paar Filme lang, aber seine Geduld mit dem zappligen Piel erschöpfte sich schließlich ebensosehr wie die des Publikums, das der Jagerei mit der Zeit müde wurde und nach an-derer Leinwandkost verlangte. Aber es war für Rudi nicht so einfach, auch für Piel wieder Ersatz zu finden. May wie Piel hatten für ihn dauerhafte und gut bezahlte Arbeit bedeutet. Jetzt mußte er von Film zu Film nach Beschäftigung suchen. Bekannte Regisseure und Produzenten haben zumeist einen persönlichen Assistenten, den sie über Jahre behalten – diese Stellen waren für Rudi Sieber nicht zu haben, weil bereits besetzt. Er verdiente plötzlich nicht mehr so gut, mußte aber jetzt einen Haushalt finanzieren. Dabei stand die Familie seiner Frau dem Österreicher und Katholiken ablehnend gegenüber und hatte keine Lust, ihm unter die Arme zu greifen.

»Ich war nicht intelligent, nicht klug genug, um ihm über den Abgrund zu helfen, der ihn von den Meinen trennte«, stellt Marlene fest. Dafür galten Rudi und Marlene als das attraktivste Paar der Filmwelt und der von ihr organisierten Bälle und Empfänge – beide waren blond, vielversprechend, gescheit, kleideten sich gut und lebten auf großem Fuß, wenigstens für ihre eigentlich eher bescheidenen Verhältnisse. Denn zu der eleganten Wohnung mit feiner Adresse im Westen Berlins hatte Josephine von Losch einen finanziellen Beitrag geleistet, sonst hätten Marlene und Rudi sie nicht bezahlen können.

Marlene gab sich Mühe, eine gute Hausfrau für Rudi zu werden. Sie kochte für ihn jene Kohlrouladen, jenes Sauerkraut und jene Hühnersuppen, mit denen sie ein paar Jahre später auch Josef von Sternberg an sich binden sollte und die bis zu ihrem Lebensende ihre eigene Lieblingsnahrung bildeten. Sie wurde so weit als irgend möglich häuslich. Denn die kleine Familie bestand bald nicht mehr nur aus Rudi und Marlene.

Nach der Hochzeit wurde Maria Magdalene Sieber programmgemäß schwanger. Sie freute sich darauf, Mutter zu werden, »was Rudolf meiner Familie näher brachte. Er war häufig auf Reisen wegen der Filme, um die er sich kümmerte. Ich war allein. Jedesmal, wenn er fortfuhr, war er so rücksichtsvoll, mich zu meiner Mutter zu bringen. Seine junge Frau mit dem dicken Bauch sollte sich lieber im Wohnzimmer ihrer Mutter ausruhen statt in seinem eigenen. Das störte mich nicht.«

Maria Elisabeth Sieber erblickte das Licht der Welt. Marlene nahm ihre Mutterrolle sehr ernst – wenigstens ihrer eigenen Einschätzung nach. Sie stillte neun Monate lang. Trotzdem war es gut, daß die Siebers nur wenige Häuserblocks entfernt von Josephine von Losch lebten, denn nur dadurch war es möglich, daß Marlene nach Schwangerschaft, Geburt und Stillzeit wieder arbeiten konnte. Sie hatte Rudi geliebt, aber erst mit ihrer Tochter hatte sie das eigentliche Zentrum ihres Lebens gefunden. Sie war immer das Kind ihrer Mutter gewesen, den Vater wie den Stiefvater hatte sie kaum gekannt. Und diese enge konfliktbeladene Abhängigkeit von der Mutter suchte sie nun bei der eigenen Tochter wieder.

Aus Marias Erinnerungen – die eher Rudis Ansicht der Ereignisse enthalten – erfahren wir, wie sich die Ehe zwischen Marlene und Rudi in dieser Zeit entwickelte. Schon während der Schwangerschaft hatte Marlene keinen sexuellen Kontakt mehr mit Rudi gehabt – mit der von den Ärzten bestätigten Begründung, das sei schädlich für das Kind in ihrem Leib. Wahrscheinlich hatte er sich inzwischen woanders schadlos gehalten. Aber auch nach der Geburt fühlte sie keinen Wunsch mehr, mit ihrem Mann zu schlafen.

Was wirklich der Grund des Bruches war, ist nicht herauszufinden. Die Beteiligten leben nicht mehr, und als sie lebten, haben sie sich darüber ausgeschwiegen. Marlene macht Andeutungen darüber, daß sie eine Enttäuschung erlebt hat. Möglicherweise hat sie Rudi bei einer Untreue ertappt, und in ihr ist die Illusion von Liebe und Eheglück, die sie offensichtlich genährt hatte, zusammengebrochen. Rudi und sie haben sich dann darauf geeinigt, für immer zusammenzubleiben, dabei einander gegenseitig jede Freiheit zu gestatten. Die Seitensprünge durften jedoch nicht öffentlich gemacht werden. Das war das einzige, aber wirklich verpflichtende Tabu.

Als große Liebesgeschichte hatte die Ehe der Siebers angefangen. Es dauerte nicht lange, da hielt Treue sie zusammen – und sonst nicht mehr viel. Die Treue allerdings dauerte bis zum Tode. Rudi brauchte eine Frau, die nachts in seinen Armen schlief, und das war mit Marlene schwierig geworden. Er fühlte sich neben der vielfach Überlegenen zunehmend kleiner, zumal seine beruflichen Erfolge stagnierten. An ihrer Seite zu leben erschien ihm schon damals wie ein Wettbewerb, in dem er auf die Dauer nur der Unterlegene sein konnte. Er brauchte eine zweite Frau neben ihr – eine für die körperliche Nähe, vor allem aber eine, auf die er herabsehen, die er schurigeln konnte, die seinem männlichen Ego das gab, was Marlene ihm nahm. Er fand sie in der Tänzerin russischer Abstammung Tamara Matul, einer Freundin Marlenes. Und mit Marlenes Zustimmung sollte er von nun an – trotz Frau und Kindes – auch mit »Tami« in Liebe, Gewalt und Abhängigkeit zusammenleben bis an sein Lebensende. »Tami« verzichtete für ihn auf die Karriere, die Marlene dank dieser bescheidenen und dankbaren Hüterin von Rudis Glück ungehindert betreiben konnte. Tami akzeptierte, daß sie jahrzehntelang erst spät nachts in Rudis Zimmer schleichen durfte, nachdem Marlene es verlassen hatte – damit jeder Verdacht von Freunden, Hotelpersonal oder Verwandten über ihr eigentliches Verhältnis zu Rudi ausgeschaltet wurde. Sie akzeptierte auch, in immer neuen Rollen – zum Beispiel der eines Kindermädchens oder der einer Gouvernante von Marlenes und Rudis Tochter – vorgestellt zu werden. Sie übernahm dankbar Marlenes abgelegte Kleider. Und sie ließ sich von Rudi quälen, wie man in den Memoiren der Tochter nachlesen kann. Er demütigte sie ganz bewußt und verletzte ihren Stolz. Es war eine ganz eigenartige Ehe zu dritt, die Marlene, Rudi und Tami unter Ausschluß der Öffentlichkeit, aber vor den Augen der heranwachsenden Maria lebten.

Tami verzichtete darauf, eine Scheidung der siebersschen Ehe zu verlangen. Sie konnte sich allerdings sicher sein, daß weder Rudi noch Marlene eingewilligt hätten, sich scheiden zu lassen. Dafür mußte sie immer wieder die Kinder abtreiben, mit denen Rudi sie schwängerte. Sie durfte nicht Ehefrau und Mutter werden, Marlene war es ja. Ihr Verzicht kostete Tami so viel an eigener seelischer Substanz, daß sie drogenabhängig wurde, flüchtete, sich herumtrieb, wieder aufgefangen wurde, daß sie zeitweilig psychiatrische Behandlung in geschlossenen Kliniken brauchte – und dann mit Hilfe von Marlenes Geld und Fürsorge wieder eingefangen, gepflegt, in anderen Anstalten geheilt und aus ihnen entlassen wurde.

Aber kehren wir zurück in die Zeit, als Marlene Dietrich noch von einem kleinen Auftritt zum nächsten eilte, aber weder im Theater noch in den Filmstudios den großen Durchbruch schaffte. Sie blieb das, was in den Kritiken als »Hoffnung« bezeichnet wird.

Trotz der kleinen und mittleren Rollen, die sie auf Reinhardts Bühnen spielt, ändert sich daran nichts. Vielleicht, weil ihre Schönheit so frappierend ist, daß sie immer wieder einen tieferen Eindruck hinterläßt als ihre Bemühungen, als Schauspielerin ernst genommen zu werden.

Sie hat nach Marias Geburt zusammen mit dem Erlöschen der körperlichen Beziehung zu ihrem Mann auch den zeitweiligen Ehrgeiz aufgegeben, für Rudi eine gute Hausfrau und für Maria Elisabeth eine liebevolle Mutter zu sein. Da Tami bei den Siebers wohnt, ist sie ohnedies bald die zweite Mutter für die Tochter. War Marlene das recht so – oder gab es keine andere Wahl?

Ihren Schmerz über Rudis Hinwendung zu Tamara Matul verschweigt sie ebenso wie die Enttäuschung darüber, daß sie trotz aller Bemühungen nicht auffällt, nicht ernst genommen wird. Sie übt sich in Selbstkritik und fügt den Stufen ihres selbst auferlegten Lehrweges eine neue hinzu: Sie lernt singen. Nicht bei einem Lehrer – Noten lesen kann sie ohnedies, und was Musik ist, weiß sie von der Ausbildung zur Soloviolinistin her sehr genau. Sprechen kann sie auch – das hat ihr Dr. Joseph, Max Reinhardts Sprecherzieher, beigebracht. Der Liebeskummer über Rudi führt sie in die vollen, festen Arme einer Frau, deren Fähigkeit, jedem Schmerz mit einem Lachen über die eigene Dummheit zu begegnen, ihr jetzt wohltut.

Claire Waldoff, das gefeierte, geliebte Idol der Berliner, Sängerin der ebenso frechen wie zärtlichen Lieder aus der Gosse, als Lesbe stadtbekannt, legt sich für eine Weile die schöne Marlene als ständige Begleiterin zu. Und die studiert bei der Waldoff, wie Lieder mit zweideutig-eindeutigen Texten vorgetragen werden müssen: sachlich, lässig, ruhig, als wäre alles ganz selbstverständlich, damit die Pointen wirken können. Von ihr lernt sie, Gefühlvolles so beiläufig unterzumischen, daß der Schmerz erst beim Zuhörer entsteht – und da um so tiefer wirkt. Mit dieser Vortragsart hat die Waldoff in ihrer Jugend die Chansonbühnen des Kaiserreichs revolutioniert, und auch in der Weimarer Republik tut es ihr keine gleich.

»Paul«, der Junge, den das kleine Mädchen Marlene für die Mutter gespielt hatte, ist in der Beziehung zu Claire wieder erwacht. Sie zeigt sich in Anzügen, verwandelt sich in das, was im »Eldorado« ein »kesser Vater« genannt wird, eine Frau als Mann. Sie fühlt sich sicher in Frauengesellschaft – ihre Kindheit hat ihr wenig Gelegenheit gegeben, Erfahrungen mit männlichen Bezugspersonen zu sammeln, und auch mit ihrem Rudi ist nicht alles so gegangen, wie sie es sich vorgestellt hat – deshalb ist sie Männern gegenüber im Grunde unsicher, obwohl es ihr stets glänzend gelingt, sie das Gegenteil glauben zu machen.

Sie tritt jetzt gemeinsam mit der Französin Margo Lion in einer sogenannten »literarischen« Revue auf, zu der Mischa Spoliansky die Musik geschrieben hat. Margo Lion ist zu dieser Zeit ein wirklicher Star, und der gemeinsame Auftritt mit ihr gerät zur umjubelten Sensation. Beide singen zusammen ein beziehungsvolles Lied, in dem die weibliche Freundschaft besungen wird. Durch die Veilchensträuße, die sie dazu auf der Schulter tragen, ist es für die Eingeweihten eindeutig als Lesben-Lied zu identifizieren. In der Szene der Schwulen und Lesben bekommt Marlene durch dieses »Outing« viele Freunde und Freundinnen. Daß ihre Stimme und ihre Vortragsweise für diese Art von Auftritten in musikalischen Komödien geeignet sind, davon ist Mischa Spoliansky, einer der führenden Komponisten für dieses Genre, bereits fest überzeugt. Warum nur kommt niemand darauf, ihr eine Hauptrolle anzubieten? Warum spielt sie auch in der nächsten großen Revue, »Zwei Krawatten«, in der Hans Albers ganz groß herauskommt, nur die schöne Glücksfee, die die Lose zieht?

Sie ist doch schon Ende Zwanzig, wenn sie jetzt nicht bald den Durchbruch schafft, wird sie immer so gerade mit kleineren Auftritten durchkommen.

Jeder kennt sie, auf allen Bühnen war sie, sie hat jede Menge Freunde und Bekannte, die ihr helfen könnten – helfen müßten! Im Berliner Nachtleben ist sie eine der auffallendsten Erscheinungen. Und doch sieht man über sie hinweg, wenn es um die Verteilung der Hauptrollen geht.

Vielleicht, weil sie so anders ist, so lässig, so unaufgeregt, als ginge sie alles, was sich auf der Bühne tut, nur beiläufig etwas an. Gerade das fällt aber dem großen Regisseur aus Hollywood auf, als er eines Abends in die Revue »Zwei Krawatten« kommt – vor allem, um sich Rosa Valett und Hans Albers anzusehen, die beide in seinem Film mitspielen werden. Sein Produzent Erich Pommer und dessen Frau Gertrud sitzen neben ihm im Parkett – Gertrud Pommer mit der Auffassung, die Hauptdarstellerin der Revue wäre vielleicht eine Besetzung für die Hafenhure im *Blauen Engel*. Aber nicht sie ist es, die den Mann aus Hollywood fasziniert: Ihn erregt die Glücksfee mit dem einen Satz, den sie so beiläufig und ruhig ganz vorn an der Rampe spricht. Marlene.

Wir kennen die Geschichte, die bis zu dem Luxusliner nach New York führte, der nun, an der Freiheitsstatue vorbei, in den Hafen einfährt, dem auch das jüdische Kind Josef aus Wien Jahrzehnte zuvor entgegengefiebert hat. Er bringt Marlene Dietrich, Josefs »Geschöpf«, in die Neue Welt, die er ihr wie einen Teppich zu Füßen legen wird.

Wie viele deutsche Schauspielerinnen und Schauspieler haben nach ihr den gleichen Weg versucht, mit dem gleichen Ziel: ein Star zu werden – ein wirklicher, einer, der weltweit als solcher gilt und nicht nur in Deutschland.

Keine, keiner von ihnen ist so weit gekommen wie Marlene – wohl, weil sie Svengali Jo nicht als Wegbereiter hatten.

9. Nach dem Meer die Wüste

Josef von Sternbergs magischer Satz »Ich bewegte einen Ozean, und ihm entstieg eine Frau, die die Welt bezaubern sollte« muß an dieser Stelle noch einmal fallen, denn jetzt ist der Ozean überquert, und die Frau entsteigt dem Schiff, das sie ans andere Ufer gebracht hat. Wird sie tatsächlich die Welt bezaubern, so, wie sie ihn bezaubert hat?

Selten ist der erste Auftritt eines Stars aus Übersee vor der amerikanischen Presse so gut vorbereitet worden, selten entsprach er so vollkommen den gestellten Erwartungen, und noch seltener ist er bei denen, die ihn miterlebten, so sehr als ein unvergeßlicher Augenblick im Gedächtnis haften geblieben.

Nach der legendären Entdeckung bei den Probeaufnahmen im UFA-Studio ist dies der zweite entscheidende Moment in Marlenes Karriere. Von dem lächerlich geringen Salär, das sie für die Rolle der Lolalola erhalten hat, sind auf Rudis Rat hin ein paar wirklich teure Kleidungsstücke gekauft worden, darunter auch der Nerzmantel, mit dem sie nun als Königin des Kinos die Gangway hinunter- und auf das Blitzlichtgewitter zuschreitet. Ein Nerzmantel muß es sein, auch wenn es viel zu warm dafür ist. Ihr kommt es albern vor, ihn bei den hohen Temperaturen anzuziehen. Sie möchte im einfachen Schneiderkostüm von Bord der »Bremen« gehen, wie irgendeine ganz normale Reisende. Aber die Paramount will diesen Auftritt mit dem ganzen Glanz inszeniert wissen, den sie von ihren Stars erwartet. Wir sehen sie vor uns: verschleierten Blicks, den Pelz wie einen Bademantel umgewickelt, die blonden Haare als helle Aureole um den Kopf, langsam das eine vergötterungwürdig schöne

Bein vor das andere setzend, auf die Photographen hinabblickend, während die Seide der Strümpfe ein sanftes, verwirrendes Geräusch erzeugt, das den Lärm des Hafens für die Umstehenden übertönt. Sie ist allein. Jo erwartet sie nicht in New York – nur ein Beauftragter der Paramount kümmert sich um das Ritual der Begrüßung durch die Presse. Weit hinter ihr, ein Tuch vor dem zahnlosen Gesicht, die Garderobiere und die Reihe der Koffer. Daß auch noch andere Leute mit dem Schiff gekommen sind, interessiert niemanden. Sie dürfen von Bord, wenn das Spektakel vorbei ist. Wenn die Göttin den Boden des neuen Kontinents betreten hat. Marlene hat die Vergangenheit einschließlich ihrer Ehe hinter sich gelassen. Ihr letztes Telegramm an Rudi, das sie noch an Bord der »Bremen« aufgab, läßt erkennen, wie sehr sie zittert.

7. APRIL 1930
ANKUNFT IN NEW YORK MIT ZWEITAEGIGER VERSPAETUNG
WEGEN FUERCHTERLICHER STUERME STOP MACHT NICHTS
STOP HABE ANGST DAS DEUTSCHE SCHIFF ZU VERLASSEN
DIE LETZTE VERBINDUNG ZU MEINER MUTTERSPRACHE
MEINER HEIMAT DEN VERTRAUTEN GEBRAEUCHEN STOP
LIEBE KUESSE MUTTI

Unterwegs hat sie sich bereits einen Teil des Berliner Babyspecks abgehungert, wie der »Schöpfer« es ihr geraten hat. Das Haar ist um einige Nuancen blonder geworden, die Füße stecken in höheren Absätzen, weshalb die Beine unendlich lang und schlank wirken, und das Geraune des Erstaunens und der Begeisterung über diese vollendete Schönheit, die da als Import aus Deutschland kommt, reißt nicht mehr ab.
Dabei hat unter den wartenden Journalisten noch niemand auch nur einen belichteten Meter Film mit ihr gesehen, denn der *Blaue Engel*, den die Paramount in der englischsprachigen Version in den USA herausbringen will, wird erst einmal auf Eis gelegt. Die große Neuentdeckung darf nicht in einem Film debütieren, der sie als zerstö-

rerisch-verführerisches Wesen zeigt. Deshalb soll Jos neuer Film mit ihr, der in der Planung ist, in den USA vor dem *Blauen Engel* herauskommen.

Marlenes Weg die Gangway zu den Kais von New York hinunter ist schon fast die erste Szene ihres zweiten Films mit Jo. Auch da kommt aus überseeisch fernen Ländern eine schöne und geheimnisvolle Frau an ein neues Ufer. Sie übt eine suggestive Anziehungskraft auf Männer aus, gerade weil sie ohne Gepäck, ohne Familie ist und alle Brücken hinter sich abgebrochen hat. Und der erste Mann, der dieser Anziehungskraft erliegt – dargestellt von dem vornehmen und eleganten Adolphe Menjou –, ist mit seiner leicht tragischen Aura ein Selbstporträt Josef von Sternbergs. Wie Jo wird er dem Zauber der Schönheit, des Geheimnisses und der Unabhängigkeit erliegen, der von Marlene ausgeht.

Eine neue Identifikationsfigur sollte mit Marlene geschaffen werden, sinnlich, verführerisch, schön, aber doch zugleich emanzipiert in vielfacher Hinsicht – unabhängig von den Männern, die sich in sie verlieben, aber auch von den Moralvorstellungen der Gesellschaft, eine in vielfacher Hinsicht moderne Frau, in der unzählige Frauen auf der ganzen Welt sich wiedererkennen sollen. Jahrhundertealte Vorurteile über die Rolle von Frauen werden mit dieser Figur in Frage gestellt. Marlene hat nicht nur das ideale Gesicht und den idealen Körper für diese Figur: Sie ist sie. Ohne Josef von Sternberg wäre sie nicht zu diesem »Gesicht des Jahrhunderts« geworden. Ohne Marlene hätte er allerdings auch schwerlich diesen neuen Frauentypus erfinden können, durch die seine Filme in den Köpfen der weiblichen wie der männlichen Zuschauer Geschichte machen sollten.

Eine Frau m i t Vergangenheit, das heißt mit einer wirklichen Biographie, die unabhängig über sich selbst entscheidet, die sich ihren Lebensunterhalt selbst verdient, für die der Mann, auch wenn er ihr die Welt zu Füßen legt, durchaus nicht die Lösung aller Probleme darstellt – und die doch voll knisternder Erotik steckt, voller Geheimnis, voller Möglichkeiten.

Von Sternberg nutzt die Ankunft seines Stars auf amerikanischem Boden dazu, dieses neue Bild der modernen Frau durchzusetzen: Es existiert durch die gierige Aufnahme und Verbreitung des Marlene-Mythos in der Presse bereits, bevor der Star aus Deutschland auch nur die Studios der Paramount betreten hat. Durch den gewaltigen Presserummel, der ihr vorauseilt, erscheint sie vor den Studiobossen wie vor den Masken- und Kostümbildnern nicht als Unbekannte, sondern als fertig vorhandene sternbergsche Schöpfung.

Auf dem Berliner Pflaster hat sich ein wenig beachtetes Starlett bis zum finalen Triumph bei der Zoopalast-Premiere die Hacken abgelaufen – den Boden der USA betritt eine ungekrönte Königin des Films, und von diesem Augenblick an bleibt sie auf dem höchsten Gipfel, den eine Frau in dieser Welt erreichen kann. Nie wieder stürzt sie zurück in die Vergessenheit, auch nicht in die Mittelmäßigkeit.

Es gibt nur eine einzige Filmdiva in Hollywood, die an Rang ebenbürtig oder sogar überlegen ist: Greta Garbo. Einzig im Schatten der »Göttlichen« steht sie, als sie den Boden der USA betritt, und nie wird sie sie zu Lebzeiten ganz überrunden. Die Garbo auszustechen ist Marlene eine Art sportlicher Ehrgeiz, das ist aber auch die Aufgabe, die die Paramount ihr bei ihrer Ankunft gestellt hat. Heute, nach Marlenes Tod, wird deutlich, daß der mythische Glanz der Garbo in den letzten Jahrzehnten doch verblaßt ist, während das Gesicht der Dietrich, wie Josef von Sternberg es geformt und beleuchtet hat, immer noch das Zwanzigste Jahrhundert überstrahlt. Ihr Auftritt nach ihrer Ankunft in New York blieb denen, die an ihm teilhatten, für immer unvergeßlich. Auch er war von Jo inszeniert. Es gibt leider keine filmische Aufzeichnung von diesem Ereignis, das selbst die anwesenden Kellner als einen wichtigen Augenblick in ihrem Leben beschreiben. Wir können uns aber aus einer ganzen Anzahl von überlieferten Aussagen ein Bild davon machen.

Der Saal war brechend voll. Das Interesse war so groß, als hätte Marlene bereits eine große Karriere hinter sich, als gäbe es bereits eine ganze Reihe von Filmen mit ihr. Dabei hatte sie bisher kein Reporter gesehen – und nur die Pressephotographen am Hafen hatten Photos von ihr gemacht. Berichte über die Sensation des *Blauen Engels* bei der Uraufführung waren über den großen Teich gekommen. Aber Berliner Ereignisse waren – von New York aus gesehen – weit weg und warfen keine großen Schatten.

Die Pressekonferenz begann mit geplanter Verspätung. Stimmengemurmel, Nervosität unter den anwesenden Journalisten, die jeden Augenblick in Verärgerung umschlagen konnte.

Daß der neue Star tatsächlich angekommen war, hatte auch das Hotelpersonal bestätigt. Hatte die Neue etwa Lampenfieber? Nein, das Problem lag darin, daß sie wegen ihres gebrochenen Englisch auf Josef von Sternbergs Befehl hin nicht reden sollte, um sich nicht zu blamieren. Deshalb sollte sie nicht eher auftauchen, als bis die Presseleute nur noch Zeit hatten, sie anzusehen und zu photographieren, aber keine, ihr Fragen zu stellen. Und wer dennoch Fragen hatte, sollte sie dem Presseservice der Paramount-Studios einreichen, wo die Antworten im Sinne des Images gegeben werden konnten, das für Marlene vorbereitet wurde.

Die Journalisten warteten so lange, bis es schon fast Zeit war, Kameras und Schreibzeug wieder einzupacken.

Und genau in diesem Moment gingen die Flügeltüren an der Stirnseite des Saales auf – Stille trat ein.

Marlene erschien in einem weißen Kleid, und die Menge teilte sich vor ihr und bildete eine Gasse, durch die sie ganz langsam schweigend und hocherhobenen Hauptes ging, um auf der anderen Seite den Saal wieder zu verlassen. Jeder Schritt enthüllte ihre atemberaubende Schönheit. Die leuchtenden Haare, das vollendete elfenbeinerne Oval des Gesichts mit den faszinierenden Augen und den fein geschwungenen Lippen. Die sanft gerundeten Schultern, der volle und doch nicht schwere Busen, die biegsame Taille, die weichen Wölbungen der Hüften, die langen, eleganten Beine, die sich unter dem engen Rock abzeichneten.

Es herrschte atemlose Stille. Alle Augen folgten ihr von einem Ende des Saales zum anderen. Die Tür schloß sich hinter ihr. Die Journalisten standen in sprachloser Verzauberung. Es war Josef von Sternbergs Geschöpf gelungen, der blasierten New Yorker Presse ein Schauspiel an Schönheit, Eleganz, Selbstbeherrschung und Grazie zu bieten, das über ihre höchsten Erwartungen triumphierte.

Ohne ein Wort, ohne eine andere Anstrengung als diese Schritte von der Stirnseite des Saales zur gegenüberliegenden Tür hatte Marlene die Neue Welt erobert. Besiegt lag sie ihr zu Füßen. Bis sie den Saal verließ, hatte keiner der Anwesenden gewagt, ihr eine Frage zu stellen. Vollkommener konnte das Geheimnis der neuen Leinwandgöttin nicht enthüllt und zugleich gewahrt werden – auch nicht das der mangelnden Spachkenntnisse. New York war erobert. Auch Hollywood würde fallen. Der Sieg war von Jo programmiert.

Der Weg quer durch den neuen Kontinent wurde noch nicht mit dem Flugzeug, sondern mit dem Zug zurückgelegt, der die lange Strecke mit Schlafwagen und Speisewagen der Luxusklasse komfortabel überstehen ließ. Resi begleitete sie weiterhin, versehen mit einem neuen Gebiß. Marlene hatte es ihr in der unbekannten Riesenstadt New York mit Hilfe der findigen Paramount-Leute beschaffen können. Die waren von der Fürsorge des Stars aus Deutschland für eine schlichte Garderobiere beeindruckt. Es befriedigte die amerikanische Mentalität mit ihrer Liebe zum »underdog«, daß die deutsche Göttin menschlich und sogar mitfühlend sein konnte. Und bei der Presse kam es bei den reichlich eintreffenden Anfragen besonders gut an, zumal in Kombination mit dem schweigenden Auftritt im »Ambassador«.

Aus den Fenstern des »Twentieth Century« sah Marlene auf dieser Reise, die das 20. Jahrhundert prägen sollte, nun rechts und links von der Bahnstrecke das Land, das ihre neue Heimat werden sollte. Sie sah die bevölkerungsreichen Orte der Ostküste und das bewegte Treiben auf ihren Bahnhöfen. Möglicherweise stand sie rauchend dort auf der Plattform, wie sie es ein paar Filme später als Shanghai Lily tun würde, und sah schön und geheimnisvoll auf das Gedränge auf den Bahnsteigen hinab, auf Kofferträger und Polizisten, Bettler und Vornehme, bis der Zug sich wieder in Bewegung setzte. Je mehr sie nach Westen kamen, desto heißer wurde es. Es gab im Zug keine Klimaanlagen, nur Ventilatoren drehten sich und wälzten die stickige Luft um. Die glühende Sonne erhitzte die Plüschpolster so sehr, daß ihre Garderobiere Laken und Bettzeug über die Sitze breiten mußte.

Schließlich, an der vorletzten größeren Station Albuquerque, wartete Jo auf dem Bahnsteig. Klein, elegant, traurig, mit hängendem Schnurrbart, aber berstend von Plänen, die er zum Teil bereits umgesetzt hatte. Welches Opfer er damit gebracht hat, seinem Star um diesen letzten Teil der Reise entgegenzukommen, wird Marlene klar, als sie jetzt mit ihm durch die Wüste fährt. Die Hitze ist unglaublich. Sie haben die Fenster geöffnet, aber die Luft, die hereinkommt, ist wie Feuer und schmutzig. Sie steigen an jedem der kleineren Stopps aus und machen einen Spaziergang, aber die Glut draußen treibt sie zurück. Jo hat diese Fahrt am Vortage gemacht und macht sie jetzt wieder. Er hat alles arrangiert. Sie steigen in Pasadena aus, das ist eine Station vor Los Angeles. Es sind nur ein paar Presseleute da, sämtlich vom Studio ausgesucht. Sie verwenden nur Artikel, die das Studio schreibt, sie legen ihre Photos der Publicity-Abteilung zur Genehmigung vor und retuschieren sie vor der Veröffentlichung.

Jos Anwesenheit im Zug vor Marlenes Ankunft in Hollywood hat vor allem den Zweck, sie auf die Arbeit vorzubereiten, die jetzt vor ihr liegt. Und der Ausruf, mit dem sie sich in dieser Nacht in das Schlafwagenbett legt, klingt wie ein Schlachtruf: »Morgen: Hollywood.«

In Pasadena wartet ein grüner Rolls-Royce auf den neuen Star, dazu Blumen, Blumen, Blumen – und in Berverley Hills, wohin der pompöse Wagen mit Marlene, Resi und Jo fährt, ein hübsches kleines Haus, das Jo für sie gemietet hat. Mit den zwei Dienstmädchen, die die Koffer der Diva auspacken, kann Resi, die Garderobiere, zunächst einmal nicht reden – sie spricht kein Wort Englisch. Jo hat auch ein Bankkonto mit 10 000 Dollar für Marlene eröffnet. Sie lernt von ihm als erstes, wie sie ihre Schecks ausschreibt. Der erste geht natürlich nach Berlin, an Rudi, Tami und die Tochter, mit der Aufforderung an Rudi: »Rahme ihn nicht ein. Benütze ihn. Mit so etwas hat man gar nicht das Gefühl, daß es richtiges Geld ist.« Zunächst müssen – unter Aufsicht des Schöpfers Jo – Photos gemacht werden, die sein Geschöpf amerikaweit und dann weltweit bekannt machen sollen, dazu ein Trailer – eine Art kurzer Werbefilm – für die Vertriebsabteilung.

Jo dreht mit ihr eine Szene, in der sie einen Frack trägt – einen richtigen maßgeschneiderten Herrenfrack. So hat er sie in Berlin im »Eldorado« oder einem ähnlichen Ort der Schwulen-und-Lesbenszene gesehen. Der Frack, das hat er damals bemerkt, betonte Marlenes erotische Ausstrahlung und gab ihr einen raffiniert perversen Beigeschmack. Zugleich reizt es ihn, die Frau, deren schöne Beine jetzt schon legendär sind, so daß sich alle Erwartungen auf sie richten, zuerst in Hosen zu präsentieren, die genau diese Beine verhüllen. Die Reaktion des Studios kommt wie erwartet. Die Bosse sind außer sich. Es gibt einen echten Skandal. Jo läßt die gesamte Presse daran teilhaben. Noch nie hat es eine Frau gewagt, in der Öffentlichkeit in Herrenhosen zu erscheinen. Es erscheint bis zu diesem Zeitpunkt im konservativen Amerika unvorstellbar, daß eine Frau Hosen trägt, nicht einmal im privaten Kreis, und nun gar in aller Öffentlichkeit und von einem Star, der strenggenommen noch gar keiner ist, aber als Muster weiblicher Verführung eingeführt werden soll.

Jo erreicht, was er will. Der Skandal bewirkt, daß überall und ständig über Marlene gesprochen wird, daß sich Männer und Frauen über sie in die Haare kriegen, daß sie von vornherein als Frau ohne Vorurteile, ohne überholte Moralvorstellungen erscheint. Wer Frack und Zylinder für eine Frau ablehnt, erregt sich doch wenigstens über die, die sich so frech damit ausstellt, und wer ihre Partei ergreift, wird auf jeden Fall für sie ins Kino gehen – und den mitschleppen, der sie verurteilt hat. Eine einmalige Publicity-Aktion. Und noch mehr als das. Es ist auch eine Kriegserklärung an die Rolle der Frau als untergeordnetes Wesen, das in jene männlichen Bereiche nicht vordringen darf, für die der Frack vorbehalten ist. Ein neues Bild von Weiblichkeit wird vorgeführt, das von nun an das Bewußtsein des 20. Jahrhunderts bestimmen soll: die Frau, die sich alle männlichen Privilegien einfach nimmt, ohne zu fragen – bis hin zu dem, eine Frau küssen zu dürfen. Denn das wird Marlene im Frack in dem neuen Film tun, den Jo vorbereitet. Jo weiß, daß ein Bild tiefer wirkt als die ausgefeilteste Formulierung. Und nun gar ein Filmbild, das um die ganze Welt geht. Die Kämpfe um Gleichberechtigung – hier erhalten sie einen entscheidenden Impuls. Die Welt kann nicht mehr hinter dieses Bild zurück. Jo hat mit Marlene Bastionen männlicher Selbstherrlichkeit geschliffen, die für uneinnehmbar galten. Jo schafft einen Weltstar – und verändert gleichzeitig die Welt.

Außer dem berühmt-berüchtigten Trailer im Frack, der die Wogen hochgehen läßt, gibt es natürlich auch Bilder, die Marlene in Kleidern zeigen. Aber der Frack bleibt den Leuten im Gedächtnis. Und – neben der Rüschenhose, die sie auf der Tonne im *Blauen Engel* trägt – ist er das Markenzeichen von Marlene Dietrich geblieben. Immer noch kann man die schwarzweißen Postkarten kaufen, die die Paramount damals auflegte und die zu Hunderttausenden nachgedruckt wurden. Keine Macht kann die Welt so verändern wie die Vision eines Künstlers. Dies war Jos Vision, die er mit Marlene umsetzte – sie wirkt bis heute.

Hollywood fängt mit H an, wie Hunger. Zumindest für Marlene, die sich auf ihre neue Rolle vorbereitet, zu der der Gang vom Schiff auf den neuen Kontinent und der Auftritt im Frack wichtige Etappen waren. Marlene hungert, um abzunehmen. Der Berliner Babyspeck muß runter. Das geht nur mit konsequenter Nahrungsverweigerung – und mit schwarzer Kleidung, die die Silhouette schmaler erscheinen läßt.

Schwarz ist schwer zu photographieren. Es schluckt das Licht wie die Schatten. Es bildet große Flächen, die kompakt wirken, außer, wenn es die Farbe schimmernder Seide oder weichen Samtes ist, Materialien, die das Licht liebt, weil es auf ihnen Reflexe bilden kann.

116

An den Photos, die er mit ihr macht, probiert Jo das Licht aus, das er für *Morocco* setzen lassen will. Licht, das ihre blonden Haare mit einem Strahlenkranz versieht, wie ihn von hinten auf sie gerichtete Scheinwerfer erzeugen. Aber diese Lichtquellen dürfen sich nicht auf die Ausleuchtung ihres Gesichtes auswirken. Das key light, der Hauptscheinwerfer, muß für sie von schräg oben kommen, um ihre großen Augen und die hohen Wangenknochen zu betonen. Dazu kleinere Aufhellungen. Und sanftes Vorderlicht für die Augen. Marlene lernt, wie sie sich vor der Kamera bewegen muß. Damit die Wirkung auch der kleinsten Bewegung Bedeutung erhält, muß sie ruhig und langsam ausgeführt werden. Sich dehnen, wie mit einer unsichtbaren Zeitlupe. Die langsame Bewegung wirkt geheimnisvoll, sinnlich, sie deutet auf Selbstbewußtsein und Souveränität hin, wogegen das Schnelle hektisch, kleinlich, ängstlich wirkt. Eine Königin der Leinwand tut alles mit Verzögerung, besonders in der Großaufnahme. Ein Augenaufschlag, der Ansatz eines Lächelns wollen zelebriert sein.

Es wird ihr bewußt, daß sie, wenn sie nur ein wenig das Kinn senkt oder hebt, wenn sie auch nur um Millimeter nach links oder rechts rückt, andere Schatten und Lichter auf ihrem Gesicht erzeugt. Und daß das Gesicht sich dadurch verwandelt – fast mehr noch, als wenn sie den Ausdruck darin verändert. Ja, je glatter und ausdrucksloser das Gesicht bleibt, desto intensiver formt die Veränderung durch das Licht es um, täuscht sogar Gefühle darin vor.

Hilfreich bei dieser Metamorphose sind Kleidungsstücke, Schleier und Spitzen, Kragen und Hüte, die dem Spiel von Licht und Schatten neue Mittel hinzufügen. Das Aufregende daran ist, daß diese Stufen des Helldunkel dramatische Abläufe möglich machen, zum Beispiel, wenn Federn oder Spitzen Schatten auf das Gesicht malen, die es halb unsichtbar machen, aus denen sie es dann durch einfaches Heben des Kopfes in die enthüllende Helligkeit hervorholen kann. So ein Vorgang kann erregender sein als das Ausziehen eines Kleidungsstückes.

Sie hat sich immer gewählt und oft ausgefallen angezogen – von jetzt an ist jedes Kleidungsstück, das sie vor der Kamera zum ersten Mal trägt, auch ein Test für das, was darin an Ausdrucksmöglichkeiten für das Lichtschattenspiel steckt, nach dem sie bald ebenso süchtig ist wie Joe.

Jo ist in sie verliebt, aber diese Leidenschaft meint mehr die Möglichkeiten des Kinos, die ihr Gesicht und ihr Körper ihm bieten, als die Frau, die dahintersteht. Marlene ist ein formbares Bild für ihn, das er in immer neuen Varianten verhüllt und enthüllt. Marlene ist auch in Jo verliebt – wie Narziß in seinen Spiegel. Sie liebt in Jo die Möglichkeiten des Spiels mit den Wirkungen, die seine prüfenden Augen inspirieren. Das heißt, sie liebt in diesen Augen das immer neue Bild von sich selbst, das sie darin findet. Dabei geht es nicht um die Wahrheit eines Gefühls, sondern um die Schaffung einer Vision von Frau, die in den Köpfen derjenigen, die sie auf der Leinwand sehen werden, Gefühle erregen kann – und zwar möglichst viele, möglichst widersprüchliche, möglichst rätselhafte, weil nur das der Phantasie Nahrung gibt und wie eine Drogenprobe den Wunsch nach mehr erzeugt. Wenn Marlene Jo ansieht, denkt Jo an das, was dieser Blick auf der Leinwand bewirken kann. Er fragt sich nicht, ob er ihm gilt und was er für ihn ausdrückt. Wenn Jo Marlene ansieht, sucht Marlene dem gerecht zu werden, was seine Augen suchen: nicht Zuneigung zu ihm selbst, sondern das vollkommene, verlockende Geheimnis des Leinwandgesichtes, das für alle da ist und doch für alle unerreichbar.

Es gibt in diesem eigenartigen Verhältnis, das der Schaffung immer neuer Kunstfiguren aus einer lebendigen Frau gilt, eine ganze Reihe von Helfern: Die Beleuchter und der Kameramann, die unter Sternbergs Diktat stöhnen und ihn doch bewundern, die Maskenbildnerin, die sich Marlenes wie Jos Perfektionismus bei der Erschaffung ihrer »Masken« anzupassen hat – und der Kostümbildner, der in diesen Schöpfungsprozeß durch Materialien wie Stoffe, Pelze und Federn eingreifen kann, der durch Hüte, Kragen, Handschuhe, Schuhe mitformt an den Varianten der Figur, zu der Marlene werden soll.

Marlene preist in ihrer Autobiographie das Glück, das sie in dieser ersten Zeit in Hollywood mit dem Kostümbildner Travis Banton zusammenführt, der für Jo wie für sie der ideale Mitarbeiter wird. Sie versteht sich auf Anhieb mit dem eleganten Gentleman englischer Herkunft, der ihr die unerschöpflichen Schätze seiner Kostümabteilung und seine einfühlsame Begabung buchstäblich zu Füßen legt. Sie ist beeindruckt davon, ihn genauso unermüdlich und perfektionsbesessen zu finden wie sich selbst.

Wochenlang steht sie in seinem Atelier zur Anprobe, ohne auch nur die geringsten Ermüdungserscheinungen zu zeigen – und ohne das menschliche Bedürfnis, Nahrung aufzunehmen oder ein gewisses Örtchen aufzusuchen. Solche Regungen sind dem preußischen Import Marlene Dietrich fremd. Die um sie beschäftigten Näherinnen, die ihr die Kleider abstecken, werden von dem geschickten Banton unmerklich ausgewechselt, so daß Marlene gar nicht auf die Idee kommt, daß schichtweise an ihr gearbeitet wird, daß die, die gerade noch an ihrem Rocksaum beschäftigt war, durch eine andere ersetzt wird, die schon der Spätschicht angehört. Die deutsche Diva macht sich mit ihrer grenzenlosen Disziplin, die sie ja vor allem sich selbst abverlangt, nicht nur Freunde. Heimlich beschweren sich die Abhängigen darüber, wie gleichgültig sie allen menschlichen Bedürfnissen gegenüber ist. Sie haben sich zu fügen, denn die Arbeitslosigkeit zwingt sie zum geduldigen Einverständnis. Unter sich aber finden sie kaum ein gutes Wort für die hartherzige Dame aus Berlin. Ihren bitteren Worten muß allerdings entgegengehalten werden, daß Marlenes eigene Disziplin die der um sie bemühten Arbeitskräfte weit überstieg. Sie aß während der stundenlangen, ja tagelangen Anproben überhaupt nichts, sie stand bewegungslos, während an ihr abgesteckt wurde, so daß man sie immer erst aus den fertig abgesteckten Stoffgebilden mit all ihren pikenden Nadeln schälte, die nach dem Abstecken gleich genäht werden konnten.

Stoffe, Hüte, Schuhe und alles Beiwerk, das zu der Gestalt der Amy Jolly gehörte, wählt sie zusammen mit Banton aus, führt es dann Josef von Sternberg vor, in der Hoffnung, seine Billigung zu finden, ändert weiter, prüft erneut – bis für jede Szene jedes Detail ihrer Kleidung feststeht.

Amy Jolly trägt die kleinen runden Hütchen, die in der Folgezeit weltweit von den Frauen getragen werden sollten. Bei ihrem ersten Auftritt im Nachtklub wird sie in dem Frack erscheinen, der die Vertriebsabteilung der Paramount so schockiert hat, daß der Schock jetzt weltweit verkaufsfördernd eingesetzt werden konnte. In der zweiten Nachtklubszene führt sie eine Art Badeanzug aus schwarzem Samt vor, der die berühmten Beine endlich in voller Pracht sehen läßt – damit aber die immer noch allzu runden Schenkel nicht so auffallen, trägt sie dazu eine schwarze Federboa, deren Enden genau vor den gefährlich runden Stellen baumeln und sie teilweise abdecken.

Am Ende des Films ist sie in weißer Hemdbluse zu sehen, über der sie – ebenfalls eine schockierende Neuerung – einen Trenchcoat trägt. Die Umwälzungen für die Kleidung der neuen unabhängigen, berufstätigen Frauen, die durch diesen Film verursacht werden, sind gewaltig. Vor Marlenes Erscheinen in Hollywood war eine Frau in Hosen oder in einem Trenchcoat undenkbar. Beide Kleidungsstücke werden, nachdem Marlene sie so selbstsicher getragen hat, für alle Frauen ihres Typs salonfähig, mehr noch, selbstverständlich. Damit hat sie die Mode dieses Jahrhunderts gründlicher beeinflußt als irgendeiner der großen Pariser Couturiers. Als Yves Saint-Laurent in den siebziger Jahren den Hosenanzug als Outfit für Karrierefrauen kreierte, kam er Marlene mit vierzigjähriger Verspätung nach.

Jo hat eine ergebene und talentierte Mitarbeiterin in Marlene, was die Arbeit mit Licht, Kostüm, Bewegung angeht. Schwieriger ist es, die größte Hürde zu überwinden, die vor ihrem Starruhm steht: ihr miserables Englisch. Die berühmte New Yorker Pressekonferenz hat Jo als Schweigemarsch der schönen Göttin inszeniert, damit sie kein englisches Wort sprechen muß.

Für einen ganzen Film ist das nicht möglich. Sie muß an sich arbeiten. Der Drehbeginn von *Morocco* wird zur Katastrophe.

Jo nimmt seinen Platz hinter der Kamera ein. Sein Assistent ruft: »Szene eins, Klappe eins.« Die Szene spielt an Bord des Schiffes, das sich der marokkanischen Küste nähert – die natürlich aus Studiowänden besteht. Adolphe Menjou, der alternde Mann von Welt, schlendert an Arabern und Levantinern vorbei, die an Deck liegen, und nähert sich einer unergründlichen Frau mit einem runden Hütchen auf dem Kopf und verschleiertem Blick darunter, den sie auf eine Tafel richtet, auf der mit Kreide geschrieben »Nordafrika« steht. Der Herr zieht seinen Hut, erklärt höflich, daß er das Land, das vor ihnen liegt, kennt, und fragt, ob er ihr bei der Ankunft helfen könne. Dann verlangt die Szene, daß die Frau ihn von Kopf bis Fuß mustert, während ein Nebelhorn ertönt. Sie lehnt sein freundliches Angebot ab und sagt, sie brauche keine Hilfe. Ihr Text lautet: »I don't need any help.« Das hatte sie auswendig gelernt, aber das kommt nicht über ihre Lippen. Das Wort help klingt plötzlich wie hellub ... Auf dem Set herrscht inzwischen helle Aufregung. Mehrere Zuschauer verschwinden, Boten eilen in alle Abteilungen der Filmstudios und verbreiten die Nachricht, eine Katastrophe stünde bevor. Marlene versucht es noch ein paarmal. An dem Ergebnis ändert sich nichts. Durch die Anspannung kommen nur noch mehr zusätzliche Silben. Der Stab machte hilfreiche Vorschläge. Man könne doch die Szene durchgehen lassen und das Wort zu einem späteren Zeitpunkt, wenn Miß Dietrich es richtig aussprechen könnte, aufnehmen und in die Tonspur mischen. Das wäre eine ganz normale Prozedur, aber in diesem Fall kommt es nicht in Frage. Jo weiß, wenn die Studiogewaltigen das Material für den nächsten Tag begutachten, werden sie die deutsche Verführerin sofort aus diesem Projekt herausnehmen. Nein, das ist der Härtetest!
Es geht für ihn nicht darum, etwas Perfektes zu erreichen, auch nicht darum, einen brauchbaren Satz aufzunehmen, denn er konnte im kritischen Augenblick immer das Nebelhorn ertönen lassen. Es geht um die Frage, ob er sie inszenieren kann oder nicht. Als Erscheinung ist sie äußerst attraktiv, und sie will sich ganz seiner Führung anvertrauen. Ihre Haltung verrät nicht die leiseste Ungeduld, aber wie soll sie spielen, wenn jedesmal das Nebelhorn ertönt,

sobald sie den Mund aufmacht? Und Jo gibt den Versuch nicht auf, ihr beizubringen, wie man das fatale Wort ausspricht. Inzwischen sind alle Gesichter im Studio blaß geworden, aber Marlenes eiserne Disziplin siegt. Sie weiß, daß etwas nicht stimmt. Ähnliches hat sie bei den Dreharbeiten des ersten Films mit Jo auch schon erlebt. Auch damals hat Jo bei ihr und den anderen Aussprache und Tonfall korrigiert – sowohl im Deutschen wie im Englischen. Eine Stunde nach der anderen vergeht. Da Jo mit ihr deutsch sprechen muß, wird alles noch schlimmer, denn niemand versteht, was Jo versucht, um die Lage zu verbessern. Plötzlich hat Jo eine Idee. Er schlägt Marlene vor, die Buchstaben h-e-l-p deutsch auszusprechen und zu vergessen, daß es ein englisches Wort ist. Sofort spricht sie das Wort fehlerlos aus. Die Szene wird ohne einen weiteren Zwischenfall gedreht, und Marlene ist nun wirklich in Hollywood angekommen. Die Herren der Paramount haben, als sie am nächsten Tag die Muster sehen, nichts an dem neuen Star zu beanstanden. Alles ist perfekt.

Marlene hat sich später gefragt, warum sie von all den Problemen, mit denen Jo sich herumschlug, nichts ahnte. Sie glaubt, daß sie mit ihm verständnisvoller umgegangen wäre. Sie beklagt sich, daß er sie nur selten ins Vertrauen zog, wenn er sie vor der direkten Auseinandersetzung mit den Direktoren der Produktionsgesellschaft bewahren wollte. Was sie in jener ersten Zeit in Hollywood am meisten an ihm fürchtete, war seine Verachtung. Eine schockierende Erfahrung. Nachdem er deutsch mit ihr geredet hatte, drehte er sich zu den Technikern um und kündigte auf englisch eine Zigarettenpause an, denn »Miß Dietrich hat ihren Weinkrampf«. In Tränen aufgelöst, flüchtete Marlene dann mit ihrer Maskenbildnerin und mit ihrer Friseuse in die Garderobe.

Das klingt hart. Andererseits: Wer in Hollywood ein Star werden will, hat normalerweise eine wesentlich längere und härtere Vorbereitungszeit. Fast alle haben eine Bühnenlaufbahn in New York hinter sich, zumeist als Entertainer oder als Komiker in Varietés, wo sie schon aufgefallen sind, und brauchen dann trotzdem noch die

Protektion eines Mächtigen, der sie auf Partys herumreicht, sie mit einflußreichen Leuten bekannt macht, sich für sie verbürgt. Und Stars, die von Europa nach Hollywood kommen, müssen sich dort noch einmal ganz von unten hocharbeiten, ehe sie auch nur beachtet werden. Dabei haben sie oft bereits bedeutende Karrieren in ihren Heimatländern hinter sich. Aber Hollywood läßt nur das als Erfolg gelten, was dort am Ort selbst als solcher anerkannt wird – besonders im Filmbusineß. Triumphe, die im Ausland erzielt wurden, verblassen zu reinen Behauptungen.

Damals gab es ja nicht einmal Videokassetten, die sich zum Beweis früherer Leistungen vorführen ließen. Drehbücher blieben so lange inexistent, wie sie nicht in Englisch abgefaßt waren, und auch dann mußte der Autor sehen, wie er es schaffte, daß sie gelesen wurden – und zwar nicht auf den unteren Etagen, sondern oben, wo die Entscheidungen gefällt werden.

Marlene hatte ihren Leidensweg auf der Suche nach Rollen und Anerkennung über ein Jahrzehnt lang in Berlin hinter sich gebracht. Die Tränen, die sie auf dem Set von Josef von Sternbergs *Morocco* vergoß, waren im Vergleich dazu schnell getrocknet. Vor allem aber wogen sie leicht gegen das, was alle anderen Aspiranten auf eine Hollywood-Karriere hinter sich zu bringen haben und was ihr dank Josef von Sternberg erspart blieb. Das Warten in Vorzimmern, das Verschicken von immer neuen Bewerbungen mit Photos, die Eignungstests, das endlose Warten auf Antwort, dazu Geldprobleme, deretwegen die Garderobe schäbiger wird und damit auch die Reaktion der Verantwortlichen auf unterer Ebene harscher. Und wieder das Warten auf den erlösenden Telephonanruf: »Ja, Sie haben die Rolle!« Und die Gewißheit nach Tagen, die neben dem Apparat verbracht wurden, wenn der Anruf nicht kommt: Es hat eben wieder nicht geklappt.

Drei Jahre später, als die Emigration bedeutender Theater- und Filmregisseure, gefeierter Stars und berühmter Autoren aus Hitler-Deutschland einsetzte, mußten diese alle beschriebenen Prozeduren in der Welt-Filmhauptstadt durchlaufen – und viele hielten ihnen nicht stand. Schmerzlich mußten sie erfahren, daß selbst Nobelpreise hier wertlos waren. Sie mußten ihre Karriere praktisch von vorn anfangen, auch wenn sie Max Reinhardt, Fritz Kortner, Fritz Lang, Bertolt Brecht, Peter Lorre oder Conrad Veidt hießen. Wer dazu nicht die Kraft und den Anpassungswillen aufbrachte, blieb auf der Strecke.

Nur Marlene brauchte sich nicht in die Warteschlangen vor den Schaltern der Besetzungsbüros einzureihen, wie Jo sie in seinem Film *The Last Command* so eindrucksvoll dargestellt hat. Dafür mußte sie als fertiger Star auf der Leinwand fehlerlos erscheinen. Wäre Jo auch nur das kleinste Detail entgangen, das die hochgespannten Erwartungen enttäuscht hätte, sie wäre der weitaus gnadenloseren Prozedur einer schnellen Auswechslung während des Drehs ausgeliefert worden. Eine andere hätte sie ersetzt, der Vertrag wäre annulliert und sie nach Europa zurückgeschickt worden.

Jo hatte seine Karriere in Hollywood gemacht, aber seine Wurzeln verbanden ihn mit Europa. Er kannte die Gesetze der einen wie der anderen Seite. Marlene hatte gerade mit ihrem unbarmherzigen Lehrmeister ein unglaubliches Glück. Indem er so scheinbar gnadenlos mit ihr umging, sie zu Weinkrämpfen und anderen Zusammenbrüchen brachte, bewahrte er sie vor dem Absturz, den sie sonst unweigerlich erlebt hätte.

Er hatte ihr eine hinreißende Rolle geschrieben, ebenjene Amy Jolly, die am Anfang aus Übersee kommt und am Ende barfuß durch die Wüste geht, und er hatte obendrein dafür gesorgt, daß sie nicht neben jemandem spielen mußte, der einen Schatten über ihre aufgehende Sonne werfen konnte, sondern einem, der selbst am Anfang einer großen Karriere stand. Die Besetzung der männlichen Hauptrolle – des Mannes, für den Amy Jolly schließlich die Schuhe mit den hohen Absätzen abstreift, um der Karawane der Legionäre zu folgen – war ein genialer Griff. Auch hierbei setzte Jo auf Risiko, und vom ersten Drehtag an rollte für ihn die Kugel wie bei einem Roulette, in dem es nur den Sieg oder die Niederlage geben würde. Jo gewann sein Spiel, soweit es um den Film ging.

Der junge Schauspieler, der hier zum ersten Mal in einem großen Film vor der Kamera stand, wurde – wie Marlene – eine der mythischen Figuren Hollywoods. Ein gutaussehender Bursche, groß, schlank, ein wenig schlaksig, zumeist von verschlossenem Ernst, aber mit einem überwältigenden Lächeln voller Charme und Menschenliebe, einer, der einen Cowboy oder Hasardeur ebenso überzeugend darstellen konnte wie einen Salonlöwen. Das lag an der Delikatesse und der Glaubwürdigkeit seines Spiels. Aber er war mehr als nur ein hinreißender Schauspieler. Er war eine der Persönlichkeiten, die den amerikanischen Traum von Männlichkeit verkörpern. Hemingway identifizierte sich mit ihm. Ein kleiner Windzug von Freiheit schien ihm immer um die Nase zu wehen: Gary Cooper.

Auch er war als Leinwandstar eine Erfindung des Magiers Jo, der ihn im richtigen Augenblick aus dem Hut zauberte. In einem früheren Film hatte er ihn bereits einmal erfolgreich eingesetzt. Oder vielleicht waren einfach nur die höheren Mächte Marlene und ihm günstig? Denn gewiß wäre der weltweite Erfolg von *Morocco*, in dem Gary Cooper und Marlene Dietrich das Liebespaar sind, mit einem anderen Darsteller nicht so überwältigend ausgefallen. Ohne die lässige Selbstverständlichkeit Coopers, ohne den Glanz von Freiheitsdurst, den er ausstrahlte, wäre es kaum glaubhaft gewesen, daß Amy Jolly Reichtum und Sicherheit im Palast des wichtigsten Mannes von Marokko hinter sich läßt, um dem Legionär in die Wüste zu folgen.

Le Bessière, dem halb Marokko gehört, aber eben nicht das Herz von Amy Jolly, wird gespielt von Adolphe Menjou. Der Star aus Frankreich war damals so populär, daß der von ihm getragene schmale Oberlippenbart in die Geschichte des Friseurhandwerks als »Menjou-Bärtchen« eingegangen ist. Von den drei Hauptdarstellern dieses Films war Menjou damals die einzige Besetzung mit einem internationalen Namen, der auch in Hollywood einen guten Klang hatte. Aber als der Film herauskam, sah Menjou sich in der Gunst des Publikums schnell von dem jüngeren Cooper in den Schatten gestellt.

Sternberg spiegelt sich in der Figur des jungen Fremdenlegionärs, auch wenn er als Regisseur seine Schlachten im Aufnahmestudio statt in der Wüste schlägt – immer bereit zu neuen Kämpfen, das heißt zu einem neuen Film. Die schöne Europäerin, die von fernen Ufern über das Meer gekommen ist, folgt ihm ja schließlich aus freiem Entschluß wie die büßende Maria Magdalene ins Unbekannte und gesellt sich den Huren zu, die mit Sack und Pack und ihren Ziegen dem Troß der Armee folgen. Ihre Entscheidung gegen alle Konventionen und für die Leidenschaft, die Liebe – und den Mann, der die Erfüllung davon ist – läßt die versteckte Sehnsucht erkennen, die Jo aus sich herausholt und zum Motor des Films macht.

Jo spiegelt sich aber gleichzeitig auch in dem alternden Noblen La Bessière, der über ein märchenhaftes Reich von Schlössern, Palästen, Dienern und Limousinen verfügt und der doch mit all diesem Glanz die geliebte Frau nur kaufen, aber nicht zur Gegenliebe bringen kann. Der erste Film mit Marlene, *Der Blaue Engel,* zeigte mit dem von Jannings dargestellten Professor Unrat eine andere Variante des Mannes, der hilflos der schönen Frau verfällt und ihr alles gibt, was er besitzt, bis hin zu seiner Würde. Und der letzte der Filme, die Sternberg mit Marlene machen wird, *The Devil is a Woman*, hat als männliche Hauptfigur wieder einen diesem La Bessière ähnlichen Grandseigneur jenseits der Fünfzig, der aus selbstloser Hingabe zu der schönen Frau zu allem bereit ist, auch zur eigenen Erniedrigung. Josef von Sternberg zeigt im Schicksal dieser alternden Verehrer der Schönheit, die seinen eigenen wehmütigen Blick und seinen Oberlippenbart tragen, daß seine Beziehung zu der von ihm selbst geschaffenen Göttin in ihrem innersten Kern tragisch ist. Aus den immer kostbareren Rahmen, die er seinem Geschöpf gibt, wird es eines Tages mit Sicherheit auf einen Weg hinaustreten, der sie anderen Regisseuren – und anderen Liebhabern – zuführt. In diesen Figuren der alternden Bewunderer steckt eine Warnung, die er sich selbst gibt. Er darf ihr nicht verfallen, weil er sonst eines Tages zu einem Spielzeug in den Händen der von ihm geschaffenen Figur wird.

126

Marlene läßt sich hingebungsvoll von Sternberg formen zu der Schönen, die die Leidenschaft der Männer stimuliert, gerade weil sie sie nicht erwidert – und die da, wo sie selbst liebt, in die Leere einer Wüste geht.

Sie formt sich aber auch selbst. Sie ist eine gelehrige Schülerin. Und der Spiegel, in dem sie jede Bewegung nach Lichteffekten und emotionalen Wirkungen überprüfen kann, wird im Studio ihr Begleiter. Er ist eine Spezialanfertigung, größer als sie selbst, auf Rollen wird er ihr nachgefahren, dahin, wo sie sich im Licht sehen kann, das Jo nun um sie baut. Den »Leonardo da Vinci der Kamera« wird ihn die Kritik in Zukunft nennen. Wie Leonardo da Vinci als Maler die Leinwand beherrscht, so beherrscht Josef von Sternberg mit Hilfe von Licht und Schatten die Filmleinwand und holt mehr aus ihr heraus als nur ein schönes Bild: die Beschwörung eines nicht zu lösenden weiblichen und doch auch androgynen Geheimnisses, dessen Trägerin Marlene ist. Beide Leonardos, der der Filmleinwand wie der der Gemälde, haben gemeinsam, daß ihre Modelle – Mona Lisa wie Marlene – den Zuschauer durch das sphinxhafte Geheimnis ihres von Licht und Schatten modellierten Gesichts faszinieren, aber auch durch das zwischen Mann und Frau Oszillierende, geschlechtlich nicht genau zu Bestimmende, das immer neue Fragen provoziert.

Marlene ist in *Morocco* vieldeutiger, vielschichtiger als im *Blauen Engel*. Von ihrem ersten Auftritt an wirkt sie ruhiger, weniger aufgekratzt, Melancholie ist um sie, aber auch eine reife Selbstsicherheit, die die kesse Lolalola so nicht hatte. Durch die sanfte Ruhe, die jeder ihrer Auftritte hat, wirkt sie unvergleichlich schöner. Sphinxhafter, hätte Josef von Sternberg gesagt. Und erklärt, daß das Wesen der Sphinx ihr Rätsel ist. Die nicht zu lösende Frage, ob sie Tier ist, Mann oder Frau. Lolalola ist ein rundes volles Weibchen, aber nicht mehr als das. Amy Jollys Reiz ist schwerer faßbar. Sie erscheint als Frau, aber sie hat manchmal etwas von einem Knaben oder von einem heranwachsenden jungen Mann. Und gerade das macht sie so aufregend.

Sternberg hat, was die Benutzung des Lichts angeht, große Schritte getan – es liegt eine außerordentliche handwerkliche wie künstlerische Entwicklung zwischen dem expressiven Helldunkel des *Blauen Engels* und der flimmernden Lichtwelt dieses mediterranen Traumlandes, das sich Marokko nennt, aber ebensogut einen Phantasienamen tragen könnte, denn es gibt kein einziges Bild aus dem wirklichen Marokko. Alles ist Studio. Alles ist künstlich, kunstvoll. Alles ist Bild, Vision, Vorstellung. Trotzdem hat es auf einen hohen marokkanischen Würdenträger so überzeugend gewirkt, daß er Josef von Sternberg bei dessen Besuch in Marokko fragte, warum man ihn denn über den Dreh nicht informiert habe – er hätte doch die Dreherlaubnis erteilen müssen! Der Marokkaner konnte es nicht glauben, daß die gefilmte Wüste aus ein paar Sanddünen nicht weit von Los Angeles besteht und die Gassen aus ein paar Häusern in der Nähe von San Fernando Valley mit darüber gebreiteten Schilfhalmen und Palmblättern und alles Übrige aus Holzlatten, Papier und Jutestoff, wie bei Studio-Produktionen in Hollywood üblich. Dabei setzt sich Jos Hollywood-Marokko nur aus wenigen Andeutungen zusammen, und der wesentliche Teil des Films spielt in Innenräumen – trotzdem ist die Atmosphäre so dicht und überzeugend, die flimmernde Hitze so spürbar, die schatten- und lichterreiche Nacht so geheimnisvoll, daß der Zuschauer von der ersten Szene an in Nordafrika ist. Und daß selbst ein Nordafrikaner an der Authentizität des gefilmten Ortes keinen Zweifel hat.

Die geschilderte Szene um die Korrektur von Marlenes falscher Aussprache des Wortes »help« an ihrem ersten Drehtag ist ein glänzendes Beispiel für Jos gnadenlose Perfektionsbesessenheit. Sie zeigt auch die Disziplin, mit der Marlene sich ihm unterwarf. Aber weder die beiden männlichen Darsteller Gary Cooper und Adolphe Menjou noch das Team im Studio waren von diesem Arbeitsstil begeistert. Menjou und Cooper waren eifersüchtig auf die Zeit, die Jo seinem deutschen Import widmete. Schauspieler neigen zur Eifersucht, wenn der Partner oder die Partnerin vom Regisseur intensiver beachtet wird – sie werden dann aufsässig wie Kinder, die sich vernachlässigt fühlen. Menjou war zu höflich, um sein Mißfallen auszudrücken, Cooper dagegen artikulierte seine verletzten Gefühle mit großer Heftigkeit. Dabei hatte er, wie der fertige Film zeigt, keinen Grund zur Klage. Von einem mäßig bekannten Western-Darsteller hatte Josef von Sternberg ihn mit diesem einen Film zu einem Star erster Ordnung gemacht, einfach, indem er ihn genau die Dinge tun ließ, die seine besten Qualitäten zeigten. Cooper hätte sogar jeden Grund gehabt, Josef von Sternberg dankbar zu sein – denn kein anderer hatte bisher erkannt, was sein darstellerisches Kapital war, mit dem er von Film zu Film eine Identifikationsfigur der Amerikaner werden sollte. Aber Cooper war nicht dankbar. Cooper schimpfte auf Jo, hetzte die Studio-Mannschaft gegen ihn auf und ließ kein gutes Haar an ihm.

Hauptgrund von Coopers Wut war: Josef von Sternberg sprach mit der Deutschen fast ausschließlich deutsch. So verstand sie ihn besser und schneller. Und außerdem blieben die Korrekturen unter ihnen beiden, Marlene und Jo, und konnten nicht zu den Bossen dringen. Hätte Jo mit ihr englisch gesprochen, so wäre über jeden Schnitzer des neuen Stars gleich die ganze Paramount in Aufruhr gewesen. Andererseits gab es viel zu korrigieren an Marlene. Ihre englische Aussprache, aber auch darstellerische Unarten, die er ihr abgewöhnen mußte. Die Auseinandersetzungen waren oft heftig. Studiobesatzung wie Darsteller bekamen aber nur das Endergebnis mit: die weinende Frau, von ihrem Regisseur zur Verzweiflung getrieben. Genau darüber aber geriet Gary Cooper außer sich. Und noch mehr regte er sich über die weihevolle Stimmung auf, die Jo durch seine außerordentliche Konzentrationsfähigkeit um sich schuf. Die erboste ihn derart, daß er eines Tages den erheblich kleineren Jo einfach am Kragen packte und in die Höhe hob. Jo baumelte an der Faust seines wesentlich größeren Darstellers und machte plötzlich eine äußerst lächerliche Figur. Und dazu rief Cooper aus: »Du verdammter Kraut, wenn du in diesem Land arbeiten willst, red in der Sprache, die wir hier verstehen.« Und sprach damit der ganzen Studiobesatzung aus der Seele, die ihm heftig applaudierte.

Trotzdem feilte Jo weiter auf deutsch an Marlene, er hatte noch zu viel an ihr zu formen, was den Bossen nicht zugetragen werden sollte. Und Marlene hatte weitere Weinkrämpfe. Sie gefiel sich in der Rolle der Gequälten, die von allen bedauert wurde. Und auch in der der Verständnisvollen, die als einzige Jo zu trösten und aufzurichten bereit war. Coopers Haß wuchs, aber das beeindruckte Jo nicht, und auch nicht die üble Nachrede, die sich im Studio verbreitete. Es gab Wichtigeres.

Jo zwang Marlene, ihre Stimme um eine Oktave tiefer anzusetzen. Er verordnete ihr einen Coach, der mit ihr wieder und wieder die englische Aussprache übte, bis wirklich jeder Hauch eines deutschen Akzents verschwunden war. Vor allem aber übte er selbst mit ihr Englisch, sobald er mit ihr allein war und keine Gefahr bestand, daß die Menschen auf dem Set ihre Fehler in Aussprache, Grammatik und Wortschatz mitbekamen.

Sie mußte weiterhin strenge Diät halten, um auch das letzte überflüssige Gramm Fett loszuwerden, sie hatte ein intensives Gymnastikprogramm und empfing täglich in der Garderobe die berühmte Masseuse Sylvia of Hollywood, die nicht nur körperliche, sondern auch seelische Verdickungen und Verkrampfungen wegmassieren konnte.

Eine Make-up-Spezialistin nahm sich unter Jos Aufsicht einmal wöchentlich Marlenes Gesicht vor: Die Augenbrauen wurden gezupft und nachgezogen, bis sie höher erschienen, die Augen durch einen hellen Strich am unteren Lid vergrößert, die Wimpern verlängert und dunkler gemacht. Das Gesicht des Weltstars Dietrich wurde auf diese Weise geformt und nach immer neuen Photositzungen mit Jo der Paramount-Publicity-Abteilung zur Verbreitung freigegeben.

Nicht nur Gary Cooper erregte sich über die Ausschließlichkeit, mit der Geschöpf und Schöpfer miteinander umgingen. Von Sternberg schuf sich Feinde damit, zum Teil unversöhnliche, die gegen ihn intrigierten, wo sie konnten. Trotz der Intensität und Schnelligkeit, mit der er arbeitete, trotz der Ergebnisse, die ja von Tag zu Tag bei den

Vorführungen zu sehen waren, hielt sich die Anerkennung dessen, was er leistete, in Grenzen – und schlug bei jeder Kleinigkeit in harte Ablehnung um.

Und es überrascht daher nicht, daß Gary Cooper trotz seines überwältigenden Erfolges in *Morocco* eine weitere Zusammenarbeit mit Jo ablehnte. Für *A Farewell to Arms* nach Hemingways Bestseller, Coopers nächstem Film, mit dem der junge Star seinen Ruf festigen und ausbauen sollte, schlug die Paramount selbstverständlich Jo als Regisseur vor, und Jo interessierte sich für das Projekt. Ein Film über den Unsinn und die Schrecken des ersten Weltkrieges – das hätte ihn, den Wanderer zwischen Europa und Hollywood, ganz besonders interessiert.

Auf Coopers Wunsch hin wurde die Regie ihm dann doch nicht übertragen, und die weibliche Hauptrolle wurde nicht mit Marlene besetzt. So wurde Marlene erst Jahre später mit dem Autor der Romanvorlage, Ernest Hemingway, bekannt, der einer ihrer größten Bewunderer und engsten Freunde werden sollte. Die Verfilmung von *A Farewell to Arms* mit Gary Cooper war zwar ein Kassenerfolg – aber immer noch bedauern Filmfreaks auf der ganzen Welt, daß sie kein Josef-von-Sternberg-Film wurde. Was hätte Jo aus dem Stoff gemacht!

Von Sternberg litt unter diesen Ablehnungen, die sich häufen sollten, je länger die Zusammenarbeit mit Marlene dauerte. Durch sein intensives Formen an ihrem Gesicht, ihrer Erscheinung, ihrer Aussprache, ihrer Ausstrahlung machte er aus ihr tatsächlich den Superstar, als den er sie angekündigt hatte. Aber gleichzeitig isolierte er sich mehr und mehr von seinem Team, von Schauspielern und Mitarbeitern. Sein Ruf als genialer Regisseur nahm Schaden. Jetzt galt er mehr und mehr als besessenes sadistisches Monster, das eine hilflose Frau quält und alle Mitarbeiter herablassend behandelt. Die allgemeine Bewunderung für Marlene nahm dagegen ständig zu. Alle Regisseure in Hollywood wollten mit ihr arbeiten. Sie sahen abends im Vorführstudio die Ergebnisse von Jos Arbeit und nicht den harten Weg, der tagsüber dahin geführt hatte. Marlene, die sehr wohl wußte, daß sie ohne Jo verloren war, hatte begreiflicherweise Angst vor der Arbeit mit anderen. Die würden sie ihre Fehler ohne Korrektur machen lassen. Die Schar der potentiellen Marlene-Regisseure vergrößerte noch die Gruppe von Jos Feinden – allen voran ein früherer Import aus Berlin, der große Komödienregisseur Ernst Lubitsch, der schon seit den zwanziger Jahren da war und bei der Paramount langsam in entscheidende Positionen aufrückte. Lubitsch juckte es in den Fingern, mit der schönen Marlene zu arbeiten und sie dem arroganten Jo wegzunehmen. Er würde schon ohne Weinkrämpfe mit ihr fertig. Aber sie versagte sich ihm. Dafür haßte Lubitsch Jo um so mehr.

Als *Morocco* noch in der Endfertigung war, gab es bereits Vorschußlorbeeren für Marlene. Bevor der Film herauskam, brachte die »New York Times« einen Artikel mit dem Aufmacher: »Marlene Dietrich wird der Filmstar der Zukunft«. Jo hatte der Presse genaue Anweisungen gegeben, was über sie zu berichten war und wie man ihren Namen auszusprechen hatte. Und er hatte ihre Life-story je nach Geschmack des betreffenden Blattes mit ganz verschiedenen Details ausgestattet. Einmal war sie im anrüchigen Berlin, einmal in Goethes edlem Weimar und einmal in der Porzellanmetropole Dresden geboren (Meißner Porzellan heißt in den USA »Dresden China«). Sie hatte ein Kind, das für die eine Zeitung noch Säugling, für die andere bereits vier Jahre alt war (und damit immer noch jünger als Marlenes Tochter). Ihr Ehemann war abwechselnd Produzent, Regisseur oder hoher Staatsbeamter. Ihr wirklicher Name, so hieß es, sei von Losch, und ihr Vater sei ein preußisch-französischer Kriegsheld gewesen (die Journalisten ließen sich wirklich solche monströsen Bären aufbinden!) oder als Major der Armee des deutschen Kaisers im Kampf gegen die Russen gefallen. Den Namen Dietrich habe sie angenommen, um ihrer Mutter Peinlichkeiten zu ersparen, denn die sei eigentliche Erbin der Juwelen des Kaiserhofes. Und Marlene sei von so adliger Abkunft, daß sie wegen ihrer Vornehmheit an der Max-Reinhardt-Schule offiziell nicht hätte angenommen werden können. Und außerdem sei sie Soloviolinistin

gewesen und habe große Konzerte gegeben, sich jedoch am Handgelenk verletzt und daher die Karriere als Virtuosin aufgeben müssen. Dann habe sie aus Kummer geheiratet und ein Kind bekommen, weshalb sie auf allen Ruhm im Rampenlicht verzichtete – und so sei sie von Josef von Sternberg entdeckt worden, der in ihr den größten Star aller Zeiten erkannte. Unter diesen Geschichten, die alle ein bißchen Wahrheit und viel Erfindung enthalten, macht besonders die des preußisch-französischen Kriegshelden staunen – vor allem darüber, daß die Presse in Los Angeles die historische Absurdität nicht sofort entlarvte und lächerlich machte. Josef von Sternberg erzählte seine Halb- und Viertelwahrheiten ganz ungeniert und schmückte sie je nach Stimmung aus. Er war sich sicher, daß nicht weiter nachgefragt werden würde. Die Hollywood-Presse muß keine wahren Geschichten verbreiten, sondern der Sehnsucht nach Erfüllung von Kinderträumen gerecht werden, die sich an eine so geheimnisvolle Gestalt wie Marlene knüpfen. Legenden mußten gebildet werden – in diesem Fall von einem großen Geschichtenerzähler, dem es Spaß machte, seine begierigen Zuhörer bei der Pressekonferenz mit viel Traum und wenig Realität zu begeistern. Und seine Erzählungen, zusammen mit den hinreißenden Photos, waren doch erstklassiges Material für die Frontpage. Was fragt die arbeitslose Schuhverkäuferin, die sich die Zeitung kauft, ob es preußisch-französische Kriegshelden geben kann? Für sie ist Europa weit, eine ferne Märchenwelt, in der Paris und Berlin und Dresden und Venedig und Weimar zu einem flimmernden Traum verschwimmen, in dem es klapprige Adelige, edles Porzellan, schöne Musik und unzureichende sanitäre Anlagen gibt. Und das von Europa her gesehen so ferne und geheimnisvolle Marokko ist für sie ein besonders fremdartiger vorgelagerter Teil davon.
Der Film wurde ein Welterfolg. Er rettete die Paramount, die während der Dreharbeiten in Zahlungsschwierigkeiten steckte und kurz vor dem Bankrott stand.
Er machte Marlene Dietrich und Gary Cooper über Nacht und zugleich für alle Zeiten zu Fixsternen am Himmel des Films, und er

bestätigte von Sternbergs Ruf als brillantester Filmregisseur seiner Zeit.

Die Frage nach dem Privatleben, das sich im Hintergrund dieser grandiosen Erfolgsgeschichte abspielte, darf nunmehr endlich gestellt werden. Den Journalisten, die in den Pressekonferenzen danach fragten, wurde schlicht und einfach geantwortet, es gäbe keines. Das traf nicht ganz zu. Das kleine Haus in Beverley Hills, das so klein nicht war, barg unter anderem auch einen Arbeitsraum für Jo, von wo aus er Tag und Nacht, selbst in den drehfreien Stunden, an seinem Geschöpf arbeiten konnte. In der Nacht ließ Marlene ihn »drüber«, wie sie das nannte, und das muß nicht selten gewesen sein, denn sie beklagt sich später bei Rudi mehrfach darüber, daß Jo »davon« nicht habe genug kriegen können. Mehr erfahren wir nicht, denn in den Autobiographien des Regisseurs wie seines Stars herrscht über diesen Teil der Beziehung eisernes Schweigen. Die Tochter, die als Erwachsene mit der alternden Mutter über diese Vorgänge sprach, läßt ein eigenartiges Bild ahnen. Marlene zog das Dunkel beim Liebesakt vor, erfahren wir da, ihre Auftritte mitsamt den zugehörigen Gewandungen wurden von ihr sorgfältig inszeniert. Ihre makellose Schönheit hatte einen Fleck, der sie tief schmerzte und den sie stets zu verbergen suchte. Durch die lange Stillzeit waren ihre Brüste aus der Form geraten, weshalb sie sich schämte, ihrem Liebhaber bei Licht und unbekleidet zu begegnen. Sie kam also in sorgfältig ausgebauten Schleiergewändern in ein Gemach, in dem mattrosiges Dämmerlicht herrschte. Sie ließ sich lieben und vergaß in keinem Augenblick, daß sie mehr als eine Frau war, die ein Mann in den Arm nahm. Sie war die Göttin, die dem Sterblichen eine Gunst gewährte. Hinterher stürzte sie sofort ins Bad. Aus Furcht vor Schwangerschaft vollzog sie dort jedesmal intensive Waschungen mit einer besonders konstruierten Dusche, auf die sie sich offenbar zu Recht völlig verließ. Ihre wirklich außerordentliche Disziplin erlaubte davon in vielen Jahren der erotischen Abenteuer nicht eine einzige Ausnahme, und schon gewiß nicht bei Jo. Quälte er sie im Studio und trieb sie dort zu verzweifelten Tränenausbrüchen, dann war ihr Schlafzimmer der Ort, wo sie es ihm heimzahlen konnte. Auf Jo, der während ihrer Waschungen allein blieb mit dem Bewußtsein, daß sie sich sozusagen von seiner Berührung reinigte, wirkte das wie eine ständige Zurückweisung. Aber dabei verfiel er immer neu der Hoffnung, daß er eines Tages ihre völlige Hingabe erreichen würde.

Jo wollte während der Dreharbeiten vor allem ihre schauspielerische Hingabe im Studio, die der Frau war dagegen zweitrangig. Er versuchte, seinen Kopf freizuhalten von anderen Wünschen an Miß Dietrich – obwohl alle Welt, besonders seine Frau Riza Royce, überzeugt war, daß es diese anderen Wünsche gab und daß sie von Frau Dietrich, wenn auch auf die unbefriedigendste Weise, erfüllt wurden –, so, daß es Jo nach mehr und immer mehr verlangte. Aber mehr gab es nicht. Unter allen Umständen wollte Marlene keinen Bruch mit ihrer Familie riskieren. Die war zwar durch einen Ozean von ihr getrennt, aber mit täglichen Telephonaten doch immer in Reichweite – mitsamt Tami und ihrer eigenartigen Geschichte mit Rudi. Tami und Rudi hatte Marlene dazu gebracht, sich in der Öffentlichkeit und sogar zu Hause so zu verhalten, als verbände sie weiter nichts als Freundschaft und ein undefiniertes Arbeitsverhältnis. So sollte es auch mit ihrem Verhältnis zu Jo sein. Wenigstens, solange die Nachttischlampe nicht gelöscht war – und sobald sie wieder angeknipst wurde, um den Weg ins Bad zu erleuchten, wo die reine Göttin den Schmutz der körperlichen Liebe von sich abwusch. Selbst für das Hauspersonal sollte der Anschein gewahrt bleiben.

Sogar der latente Zug zum Antisemitismus, den sie im preußischen Kleinadel und im kaiserlichen Beamtentum kennengelernt hatte, drückte sich mitunter aus. »Diese Juden wollen ja andauernd«, hört man sie später zu ihrer Tochter sagen. Wahrscheinlich hat sie sich Jo gegenüber so nicht geäußert, aber der sensible Mann hat diese Haltung gespürt. Der latente Masochismus, der in seinen Filmen ein Motor der Leidenschaft ist, bekam hier ständig neue Nahrung. Die schöne große unberührbare blonde Frau, der gequälte sexgierige kleine Jude mit den traurigen Augen – in seinen Filmen kostet er das

135

Klischee aus, dem er offenbar auch in seinem Leben mit Marlene zu dienen hatte.

Dabei hatte Jo Sehnsucht nach einer Familie. Sein Leben nach der Trennung von Marlene zeigt das ganz klar. Marlene wußte von diesen Wünschen und fand – neben dem von Schönheitskult und hygienischen Vorsichtsmaßnahmen geprägten Sexprogramm – auch für diesen Teil seiner Seele ein Placebo. Sie kochte für ihn. Gulasch, Sauerkraut, Hühnchen, Suppen. Die Gerichte seiner österreichischen Kindheit, die ihm das Gefühl vermittelten, Wärme, Geborgenheit der frühen Jahre wiederzufinden. Das hatte er seit seiner Pubertät nicht mehr erlebt, daß eine Frau für ihn kochte. Er hatte sich als Heranwachsender in New York und dann in Los Angeles auf der Suche nach Arbeit irgendwie ernährt, aus Kantinen oder Garküchen, mit Sandwiches oder anderen Billiggerichten. Sobald er erfolgreich wurde, speiste er in den eleganten Restaurants von Beverley Hills. Aber daß in Hollywood eine Frau die Küchenschürze umband und Zwiebeln hackte und Fleischbrühe abschäumte – und zudem noch diese Göttin –, das war etwas Unerhörtes, das hatte einen Reiz, dem er für lange Zeit immer wieder erlag.

Was konnte er tun, um diesen Zustand, unter dem er litt und den er doch suchte, so lange wie möglich zu erhalten?

Das, was auch das Studio von ihm wünschte: einen neuen Film mit ihr zu drehen. Und während er noch an *Morocco* schnitt, schrieb er schon an einem neuen Drehbuch – für einen Film, der hauptsächlich in der Stadt seiner Kindheit spielen sollte, in Wien. Um eine Soldatentochter sollte es gehen, wie Marlene eine war – in diesem Fall sollte sie jedoch vor allem die Witwe eines Soldaten sein. Marlene war keine Witwe, und schon gar nicht die eines Soldaten. Wenn man es nicht allzu genau nahm, war sie die Tochter eines Soldaten – obwohl der Offiziersrang ihres Vaters eigentlich nur der preußischen Polizei zu danken war. Marlene war verheiratet, mit einem seltsamen Mann, wie Jo fand, wenn sie von Rudi erzählte, nachdem sie – was sie täglich tat – mit Berlin telephoniert hatte. Rudi besaß wirklich eigenartige Seiten, und es ist die Frage, ob Marlene davor ganz bewußt geflohen war, als sie Jo zu neuen Ufern folgte. Seltsam an Rudi war nicht nur die Beziehung zu der so sorgsam verborgen gehaltenen Tami, sondern auch die Phantasien, die er im geheimen auslebte. Dies jedoch nur nachts. Die Tagseite Rudi Siebers war makellos.

Das Kind beschreibt in seiner Autobiographie den Tag, an dem es zum ersten Mal das sonst stets verschlossene Zimmer seines Vaters kennenlernt – ausgestattet mit dunklen Klostermöbeln, blutrot geflammten Wänden und schweren religiösen Kultgegenständen. Auch ohne etwas über die spanische Inquisition zu wissen, spürt es einen unheimlichen Schauder. Über dem Bett in einer Nische verläuft ein Regal mit Apothekergläsern. Sie enthalten jedes eine weiche Masse in einer hellen Flüssigkeit und sind von innen beleuchtet. Rudi sieht sich als verhinderten Chirurgen und hat die in Formaldehyd eingelegten menschlichen Organe nach seiner Aussage von einem Medizinstudenten erstanden – ein Herz, eine gut erhaltene Leber, ein Stückchen Hirn und eine halbe Niere. Diese im Licht schimmernden Organe sind aufregender und interessanter als alles, was das kleine Mädchen bisher gesehen hat. Hierhin also huscht Tami nachts, wenn alle im Bett sind, nachdem tagsüber auf protestantische Moral und gute Sitte geachtet wurde. Das Kind starrt auf die schlanken Wachskerzen in ihren schmiedeeisernen Leuchtern, atmet den Weihrauch ein, der aus silbernen Schalen aufsteigt, sitzt still mit einem Rosenkranz in den Händen und bemüht sich um Heiligkeit. Diesen seltsamen Vater und Ehemann mit seinem ekstatisch-sadistischen Inquisitionskatholizismus hat Marlene in Berlin, der Hauptstadt des preußischen Protestantismus, zurückgelassen. Neben der Schreckensvision eines mit chirurgischen Präparaten durchsetzten geheimen religiösen Folterkabinetts nehmen sich Jos Bilderwelten geradezu brav aus, so phantastisch sie dem Kinopublikum der Welt auch erscheinen mögen.

10. Illusionen aus Hollywood-Österreich

Jos zweiter Hollywood-Film mit der Schönheit aus Berlin soll von Spionage handeln. Aber der Spion ist kein Mann, sondern eine Frau, eben Marlene. Weibliche Spione sind eine Erfindung des ersten Weltkriegs. Neben Flugzeugen, Raketen und Gas waren sie die neue Waffe, die zur Aufklärung eingesetzt werden konnte, um das gegnerische Lager mit den Mitteln der Erotik zu Fall zu bringen. Weibliche Spione, wenn sie gefaßt wurden, wurden ebenso gnadenlos hingerichtet wie ihre männlichen Kollegen – bis dahin undenkbar in den Regeln der Kriegskunst, solange sie als ureigene Domäne der Männer galt. Natürlich faszinierte Jo dieses Thema, in dem es um Gefahr und Heldentum in erotischen Begegnungen zum Zweck des Geheimnisverrats geht. Und auch das Studio interessierte sich dafür.

Der erste Weltkrieg war ja erst seit etwas mehr als zwölf Jahren beendet. Berichte über die Spioninnen des ersten Weltkriegs erregten die Leserschaft der Yellow Press, allen voran die Kultfigur Mata Hari, die schönste und tragischste Erscheinung unter den modernen Amazonen, die ihre Schlachten im Schlafzimmer gewinnen und deren kriegerische Chance in der Verletzlichkeit des männlichen Herzens besteht. MGM bereitete einen Film mit der Garbo als Mata Hari vor. Die Garbo war die einzige, die Marlene auch jetzt noch an Weltruhm und Glamour übertrumpfte. Sie galt weltweit als die »Göttliche«, und MGM verdiente Umsummen mit ihr. Paramount wollte das gegnerische Studio mit dem neuen Star aus Deutschland in einer eigenen Spionagegeschichte schlagen. Auch die Garbo war ja ein europäischer Import, und zwar aus Schweden. Sie hatte Jos gnadenlose Sprachschule nicht durchlaufen müssen, ganz einfach, weil sie noch mit dem Stummfilm nach Hollywood gekommen war, dessen Ablösung durch den Tonfilm erst zwei Jahre zurücklag. John Gilbert war der designierte Partner der Garbo, er galt auch als ihr Lebensgefährte, obwohl ihre lesbische Neigung unter den Eingeweihten kein Geheimnis war. Daß Marlene auch Frauen zu lieben bereit war, zeigte sie in *Morocco*, wo sie in aller Öffentlichkeit im Frack ein Mädchen küßt. Es würde auf ein Duell zwischen den Diven hinauslaufen.

Marlene wußte, sie hatte den besseren Regisseur. Sie war jünger, moderner, aufregender. Dafür hatte die Garbo bereits etwas Zeitlos-Klassisches. MGM würde sich die Superproduktion etwas kosten lassen. Die Geschichte der Mata Hari war so, daß jeder dafür ins Kino rennen würde. Was Marlene brauchte, war die noch bessere Geschichte – und einen ebenso attraktiven Partner wie John Gilbert. Oder John Gilbert selbst.

Jo schreibt ein vorzügliches Buch, auf das sein großes Vorbild Schnitzler sicher mit Wohlwollen geblickt haben würde, wenn er es hätte lesen können.

Marlene ist die Witwe eines gefallenen K.-u.-k.-Offiziers, die sich vom Geheimdienst anwerben läßt, um den Kampf, für den ihr Mann gestorben ist, auf ihre Weise weiterzuführen. Durch die Liebe zu einem gegnerischen Kriegshelden wird sie von der Sinnlosigkeit jeden Krieges überzeugt. Für ihn stirbt sie einen grandiosen Tod, dessen filmische Umsetzung zu Sternbergs eindrucksvollsten Szenen gehört. In dem blanken Spiegel eines gezogenen Säbels schminkt sich die Spionin ein letztes Mal die schönen Lippen – der Sache des Vaterlandes ist sie untreu geworden, aber ihrer Liebe treu geblieben –, ehe sie als verurteilte Verräterin von einer Salve niedergestreckt wird. Ein junger Soldat aber hat sich so sehr in sie verliebt, daß er ihretwegen die Mitwirkung an ihrer Erschießung verweigert. Er schreit seinen Zorn über die Sinnlosigkeit des Krieges als Botschaft des Filmes heraus.

»Soldatentochter«, diese Bezeichnung spielt in Jos Telegrammen und Briefen an Marlene eine wesentliche Rolle. Und dieser dritte Film nimmt Marlene als Frau in ihren Ambitionen und Reflexionen ernster als *Morocco* oder *Der Blaue Engel*. Jenseits des überwältigenden Glamours seiner blonden Entdeckung, den er wieder mit aller Pracht entfaltet, zeigt Jo hier zum ersten Mal seit *The last Command*, seinem großen Hollywoodfilm mit Emil Jannings, ein wirkliches Anliegen. So wie er dort vor dem Schrecken der entfesselten Revolution warnt, so enthüllt er hier die Absurdität der Kriegsmaschinerie, die menschliche Ambitionen benutzt und vernichtet. Spürbar ist, wie stark er als Heranwachsender unter dem ersten Weltkrieg gelitten hat, der seine beiden Heimatländer, Österreich und die USA, zu Kriegsgegnern machte.

Obwohl *Morocco* die Paramount von ihren Schulden befreite und zum weltweiten Kassenerfolg wurde, der rund um den Globus einen üppigen Gewinn einspielte – obwohl nun auch *Der Blaue Engel* glänzend lief und die zuvor am Rande des Bankrotts hinschliddernde Gesellschaft gänzlich sanierte –, wurden Jo für seine neue Arbeit die Geldmittel knappgehalten.

Es war schon beleidigend genug, daß bei der Verfilmung des Hemingway-Romans *A Farewell to Arms* die Entscheidung des Studios gegen Jo und für Gary Cooper gefallen war, der mit dem verhaßten kleinen Studio-Diktator nicht mehr arbeiten wollte. Hatte Jo ihm nicht zum Durchbruch verholfen? War er nicht der einzige Regisseur, der dem Schmerz und der Leidenschaft der Hemingway-Vorlage gerecht geworden wäre? Aber *A Farewell to Arms* fand ohne Marlene und ohne Jo statt. Dies war eine Kränkung, die sich nur über einer neuen Herausforderung vergessen ließ.

Beide vertieften sich also in den Stoff von der schönen Spionin X 27. Erster Weltkrieg, wie in der Hemingway-Geschichte. In Österreich, Jos alter Heimat, nicht in Norditalien. Und im Zentrum nicht die liebende Krankenschwester, die sich dem angeschossenen Helden hingibt, sondern die moderne Amazone, der die Liebe ebenso tödlich wird wie Kleists »Penthesilea« – sie darf nicht lieben, wo es um Krieg geht. Krieg innen und außen und sein Konflikt mit der Erotik. Das alte Thema von Venus und Ares. Liebe und Kampf. Sieg und Unterliegen.

Der Krieg, den das Studio seinem Starregisseur vor und während der Dreharbeiten lieferte, war unverständlich, unnütz und schädlich. Einer der Nebenschauplätze dieses Krieges war der Titel *Dishonored*, den das Studio dem Film verpaßte. Jo weist in seinen Memoiren verbittert und unversöhnt darauf hin, daß dieser Titel irreführend ist, denn die Agentin X 27 wird nicht entehrt, sondern erschossen. Der Hauptkampfplatz, auf dem Jo manche Verwundung einsteckte, war der um die Finanzierung des Drehs. Das Studio hielt den Geldhahn zugedreht, um jeden einzelnen Statisten mußte Jo feilschen. Nach den zwei vorangegangenen Welterfolgen waren die Demütigungen kaum begreifbar. Die Paramount verlangte von ihm, eine der wichtigsten Szenen des Films – die, in der Marlene zum ersten Mal einen Geheimnisträger der Gegenseite für sich gewinnt – zu streichen, mit der einfachen Begründung, sie sei zu aufwendig. Die Szene spielt in einem Ballsaal, in dem sich Tausende von kostümierten Menschen drängen sollten, bis hinauf in die Balkonlogen, die sich an den Wänden hinziehen. Marlenes Partner würde als Clown in einer oberen Balkonloge sitzen, sie selbst ihn von einer darunterliegenden aus in einem wirklichen Amazonenkostüm mit griechischem Helm und Wams anlocken. Jo konnte auf diese Szene aus dramaturgischen Gründen nicht verzichten. Also beschloß er, sie mit einem Minimum an Aufwand zu inszenieren, der so gering ausfallen mußte, daß die Studiobosse ihn gar nicht bemerken würden. Er ließ also keine Bauten aufziehen, außer zwei etwas erhöhten, aufeinandergestellten Theaterlogen, in die man über eine Leiter gelangte. Marlene saß in der unteren Loge. Unter sie und vor ihr gruppierte er ein paar Männer und Frauen mit Konfetti und Beuteln voller Silvesterartikel. Hinter Marlene, ebenfalls etwas erhöht, ließ er einen großen Spiegel anbringen. Sechs Paare tanzten vor ihr in einem winzigen Kreis, der mit Kreide auf den Boden gezeichnet war. Ihr Bild war auch im Spiegel zu sehen und wurde von einem weiteren Spiegel nochmals vervielfältigt. So verdoppelte und verdreifachte es sich für die Kamera. Unzählige Tänzer und Tänzerinnen schienen sich durch diese mehrfachen Spiegelungen weniger Menschen nun dicht an dicht in einem Ballsaal zu drängen. Konfetti fiel nieder, die Musik setzte ein, und mit diesen einfachen Mitteln beschwor Jo ein riesiges Fest. Er hatte die gewünschte Wirkung erzielt, trotz der Einsparungen, die die Produktionsgesellschaft ihm auferlegte. Und so überrumpelte er nicht nur die Studiobosse, sondern begeisterte auch die schöne Marlene, die in ihm mehr denn je den »Beschwörer der tausendköpfigen Schlange namens Film« sah. Der »Magier« Josef von Sternberg inszeniert hier wirkungsvoll mit wenigen Statisten die Wiener Karnevalsnacht, wie er sie als kleiner österreichischer Jude in seiner Kindheit hinter den erleuchteten Fenstern des Opernhauses wahrgenommen hat. Marlene tritt in einem knappen Panzer mit Helm auf. Den hat sie vor Jahren in der Berliner Reinhardt-Inszenierung der Kleistschen »Penthesilea« als junge Amazonenführerin getragen. Sicher hat sie den Kostümbildner Travis Benton mit ihren Erinnerungen an diese aufreizend knappe Rüstung inspiriert, mit der sie seinerzeit sogar der strengen Berliner Kritik aufgefallen war – durch Schönheit, nicht durch Schauspielkunst. Ihr im Anklang an griechische Streitpanzer gefertigtes schwarzes glattes Wams reicht nur knapp über die Hüfte und läßt die schönen Beine bis ganz oben frei. Auf dem Kopf glänzt ein griechischer Helm mit einem langen schwarzen Federschwanz, nicht unähnlich der schlangenartigen Federboa aus *Morocco*.

Ihr männlicher Widerpart, als dummer August verkleidet, erinnert an Emil Jannings in den Schlußsequenzen des *Blauen Engel*. Marlene verführt ihn als schöne Amazone zu tödlicher Unvorsichtigkeit. Die Agentin X 27 gehört zu den androgynen Erscheinungen, in die Sternberg seinen Star so gern verwandelt. Bezaubert von ihrer doppeldeutigen Schönheit, vergißt der dumme August jede Vorsichtsmaßnahme und wird von der aufregenden Mannfrau überlistet, die ihm das kriegswichtige politische Geheimnis entlockt, das er auf keinen Fall preisgeben darf. Er muß diesen Fehler aus Liebe mit dem Tod büßen – wie sie den ihren am Ende des Films. Hingabe kostet

das Leben in Kriegszeiten, in denen man berechnend und kalt über-
legend den strategischen Vorteil im Auge behalten muß.

Der Publikumserfolg von *Dishonored* alias X 27 blieb hinter *Morocco* zurück. Das hatte nicht nur ästhetische Gründe. Es lag auch
nicht an dem unbekannten Rechtsanwalt Victor Mc Laglen, den
Svengali Jo mit der männlichen Hauptrolle besetzte. Dank der Spar-
maßnahmen des Studios, das seinem großen Erfolgsregisseur keinen
männlichen Star bezahlen wollte, blieb ihm nichts anderes übrig, als
einen Unbekannten zu entdecken. Der Klatsch allerdings behauptete, er habe sich Mc Laglen ausgesucht, weil er in diesem dun-
keläugigen, bleichen und düsteren Mannsbild, das gar kein Darsteller war und auch keiner sein wollte, keinen Grund zur Eifersucht
auf Marlene hätte sehen können. Das war üble Nachrede. So abhängig Jo von Marlene war – er hätte ihretwegen gewiß nicht den
schlechteren einem besseren Darsteller vorgezogen, dazu war sein
Film ihm viel zu wichtig.

Nach über sechzig Jahren wirkt die Wahl Victor Mc Laglens über-
zeugender als zu der Zeit des Drehs. Er strahlt mit intensiv leuchtenden Augen eine Faszination aus, die an Mick Jagger oder Keith
Richards erinnert. Und als junger russischer Offizier, für den Marlene als kämpfende Amazone ihr Leben läßt, wirkt er auf uns Heu-
tige glaubwürdiger als zum Beispiel der fade Garbo-Partner John
Gilbert. Für den Publikumsgeschmack von 1930 war er allerdings
eine kühne Besetzung. Immerhin: Svengali Jo konnte mit ihm seiner Trilby vorführen, wie er sogar aus einem Laien, der weder Theater gespielt noch ein Filmstudio von innen gesehen hatte, einen
glaubwürdigen Schauspieler machte. Er sparte damit noch einmal
Geld, wie es die Bosse von ihm verlangten.

Wir erinnern uns daran, daß Marlene in ihrem ersten, von ihr selbst
bezahlten Kameratest in Berlin wie ein Dorftrottel herumham-
pelte. Der unsensible Kameramann, dem sie sich und ihr schwer ver-
dientes Geld anvertraute, feuerte sie dazu an.

In diesem ihrem zweiten Hollywoodfilm, der ihr dritter mit Jo ist,
wird das Dorftrottel-Trauma positiv verarbeitet: Die schöne Spionin

verkleidet sich als dümmliches Mädchen vom Lande, das scheinbar nichtsahnend den Fußboden schrubbt – gerade da, wo geheime Papiere gestohlen und geheime Botschaften abgelauscht werden können. Noch in zwei anderen Filmen ihrer ersten Hollywood-Triumphe wird Marlene so auftreten: in Rouben Mamoulians *Song of Songs* und in Jos und ihrem vorletzten gemeinsamen Meisterwerk *The Scarlet Empress*. In allen drei Filmen ist das Kostüm nahezu identisch: Die Haare sind über dem Kopf zu einer Zopfkrone geflochten, dazu trägt Marlene eine weite, gezogene Bluse mit ellenbogenlangen Ärmeln und einen vielfach gefalteten Bauernrock mit zahlreichen Unterröcken. Die Raffinesse der verschleierten Blicke ist durch weit aufgerissene Augen ersetzt, der skeptisch geschwungene Mund in ein staunendes O gerundet.

Neben dem Amazonenkostüm und der Herkunft als Soldatentochter ist dies die dritte Anregung aus Marlenes Biographie, die Jo in den Film hineinnimmt. Er ergänzt sie noch dadurch, daß er Marlene im Film Klavier spielen läßt und damit an die einstmals geplante Virtuosinnenkarriere anknüpft. Sie spielt ein von Jo komponiertes Stück. Ja, Jo komponiert. Er schreibt, er malt, er kennt jede Lampe, die die Beleuchter verwenden, jedes Objektiv der Kamera, das der Kameramann im Koffer hat, er kann schminken, frisieren, weiß Bescheid mit Bändern, Spitzen, Bordüren – in Kunstgeschichte, in Geographie und Geschichte ist er bewandert. Er ist seinem Vorbild, dem Universalgenie der Renaissance, Leonardo da Vinci, nicht nur in der Beleuchtung eines schönen Modells verwandt, sondern auch in der Universalität seiner Bildung und seiner Fähigkeiten.

Josef von Sternberg hat zweifellos recht, wenn er sagt, daß der Film, mit reicheren Mitteln ausgestattet, ein größerer Erfolg hätte werden können. Er hätte mehr Mittel gebraucht, um das Wien seiner Kinderzeit im Film wiedererstehen zu lassen – als den ebenso morbiden wie schönheitstrunkenen Ort, der in ihm weiterwirkte – mit seiner Musik, seinen Bildern, seinen Festen, seinen Gassen und Palästen. Aber die finanziellen Möglichkeiten erlaubten das Schwelgen nicht, und also ist nur in der Schlußsequenz endlich einmal etwas mehr

Raum um die Figuren als der trotz der Spiegeltricks allzu verengte, den das knappe Budget für die vorhergehenden erlaubte.

Und hier fährt der Film denn auch zu der grandiosen Form auf, die er insgesamt hätte haben sollen. Diese letzten Szenen um die Erschießung der Agentin, die sich aus Liebe opfert, sind so komplex, so tragisch, ironisch, verführerisch und beklemmend zugleich, daß in hundert Jahren Kino wenig Vergleichbares geschaffen wurde.

Was war das Problem des Films, das die Studiobosse so unwillig und unkooperativ reagieren ließ – zu ihrem eigenen Schaden?

Sie kritisierten, daß der Film vom durchschnittlichen Publikum zuviel verlange. Da war einmal der Doppelverrat am kämpfenden Vaterland und am gefallenen Ehemann zugunsten der Liebe zu einem Feind, der außer seiner erotischen Attraktivität für die weibliche Hauptfigur nichts erkennbar Positives hat. Für die amerikanischen Kinogänger kommt erschwerend hinzu, daß sie sich mit Österreich als Vaterland identifizieren müssen – gegen das doch gerade vor nicht allzulanger Zeit die USA im ersten Weltkrieg gekämpft hatten. Zwar wird mit dem Verrat Marlenes an ihrem Spionageauftrag eben auch dieses kämpfende Österreich verraten, aber doch erst, nachdem Marlene für seine Sache von der Kriegerwitwe zur Femme fatale abgestiegen ist. Und auch das geschieht nicht für die USA, sondern für das den Amerikanern dubiose Rußland – und eigentlich nicht einmal dafür. Im Grunde ist der Film gegen die Kriege der Nationen überhaupt gerichtet und ersehnt eine allgemeine Verbrüderung der Menschheit. Ist das ein Standpunkt? Und wenn, klingt er nicht anarchistisch und vaterlandslos? Ist er überhaupt erlaubt?

Gewiß, Marlene war hinreißend, auch in diesem Film. Aber an die *Mata Hari* der Garbo kam sie nicht heran, wenigstens nicht für den Geschmack der Zeit.

Mata Hari machte Kasse – *Dishonored* blieb in den Einnahmen dahinter zurück. Die Bosse fragten nicht viel danach, ob es nicht ihr eigener Geiz gewesen war, der den großen Erfolg verhindert hatte. MGMs *Mata Hari* jedenfalls glänzte durch pompöse Ausstattung, die Garbo war mit Geglitzer behängt wie ein Christbaum, und sie schlug Marlene und ihren Svengali Jo genau auf dem Sektor, der eigentlich deren Spezialität war: Flitter und Glamour, durch die das Geheimnis der Frau zwischen den Fronten sich verlockender präsentierte – und ihre Übertretung der moralischen Normen verzeihlicher. In der Studiogeschichte ging diese Runde also an die Garbo und die MGM, deren *Mata Hari* die Kinos füllte. Allerdings gab es für *Dishonored* eine Nominierung zum Academy Award und dann auch tatsächlich einen »Oscar«, wenn auch nicht für Marlene oder für Jo, sondern für die Tonarbeit.

Aus heutiger Sicht ist *Dishonored* zweifellos der bessere Film, und selbst die mangelnden Mittel für Szenen mit großer Statisterie und teurem Dekor wirken im Vergleich zu *Mata Hari* positiv. Die Garbo erscheint schwerfällig in Ausdruck und Bewegung. Die Juwelen, mit denen sie behängt ist, unterstreichen noch die Wuchtigkeit der Auftritte. Und die Tatsache, daß die Diva einfach keine Miene verzieht, sondern allenfalls die schweren Lider hebt und senkt, wirkt ermüdend. Zu den Gefühlen dieses glitzernden Standbildes der Kinoschönheit finden wir heute schwer Zugang. Hinzu kommt, daß ihre Kostüme aus heutiger Sicht oft antiquiert, überladen und geschmacklos wirken. Dagegen erscheint Marlene wie eine lebendige Frau von jetzt – ihre Kostüme, selbst die verrückteren, würden sich immer noch eignen, von den Schönen unserer Tage nachgeahmt zu werden. Die Geschichte, die der Film erzählt, wirkt anrührend, und die Gefühle, an denen er teilnehmen läßt, wahrhaftig und glaubwürdig. Sein grandioser Schluß hat den großen Kinozauber, der die Botschaft verdaulich macht.

Jo läßt sein Geschöpf den Leinwandtod sterben. Nach drei Filmen sollte auch die Zusammenarbeit Dietrich/Sternberg ein zumindest vorläufiges Ende haben. Das schien Jo mehr als nötig. Er begann, Marlene sattzukriegen. Ihm fiel zu ihr nichts mehr ein.

Das Idyll im kleinen Haus in Beverley Hills mitsamt Hühnerbrühe und nächtlichen Waschungen nach zögernd gewährtem Liebesakt verlor seinen Zauber. Als Heimstätte war es allzu trügerisch. Als Ort der Inspiration hatte es ausgedient, und die Göttin aus Deutschland als deren Quelle. Er hatte drei Filme mit ihr gemacht, sie dreimal ganz verschieden und doch als die eine, unverwechselbare Schönheit herausgebracht, sie war geworden, was er versprochen hatte: die größte Kino-Diva neben der Garbo. Der Sieg über die »Göttliche« war zwar nicht gelungen, aber immerhin stand sie unangefochten neben der Schwedin mit den schweren Lidern als das andere mythische Bild weiblicher Schönheit.

Jo hatte sich nach diesen Leistungen dagegen nicht unbedingt verbessert, weder beruflich noch privat. Er sah sie täglich mit Rudi am Telephon plaudern, als wäre nichts geschehen. Seine Leidenschaft für sie wurde auf Sparflamme gekocht. Er begann schon selbst, auf Sparflamme zu schalten.

Nein, Marlene würde sich nicht von Rudi trennen. Wozu auch? Jo hatte doch alles, was Rudi nicht haben konnte. Ihre Anwesenheit hier in Hollywood. Ihre bedingungslose Treue. Ihre demütige Bewunderung.

Marlene bewunderte Jo – Rudi bewunderte sie nicht. Sie liebte Rudi auch nicht. Er war aber der Vater ihres einzigen Kindes und würde es immer bleiben, und ein zweites Kind wollte sie nicht. Weshalb also sollte sie sich mit Jo enger verbinden, als sie ohnedies schon mit ihm verbunden war?

Sicher, es gab eine Beziehung zu Rudi – keine körperliche, aber eine der Freundschaft, eine wie von Geschwistern, die sie nicht aufzulösen gedachte. Es gab Gemeinsamkeiten mit Rudi außer dem Kind. Eben diese täglichen Telephonate mit dem zugehörigen Gelächter. Gespräche über Kleinkram, Klamotten, Tratsch. Für Jo etwas, das ihn gnadenlos ausschloß. Den Grübler, den Künstler, den Tüftler. Den Schöpfer. Der auf sein Geschöpf nicht eifersüchtig sein durfte. Das verbot er sich schließlich selbst.

Und er zog sich in freien Stunden in den Garten zurück und malte. Warum sollte Marlene nicht mit ihrem Ehemann ihre Art von Spaß am Telephon haben? Warum sollte sie mit ihm nicht über das gemeinsame Kind plaudern, das Rudis Geliebte spazierenführte? Warum sollte sie Rudi nicht die Liebeserklärungen abschreiben und zuschicken, die sie für ihren Jo verfaßte? Warum sollte sie Rudi nicht auch die vorlesen, die Jo ihr schrieb? Jo regte sich doch ganz unsinnig darüber auf, daß Marlenes Ehemann sich täglich über die Telephonleitung nach Berlin anhören durfte, was er, Josef von Sternberg, der Frau, die er liebte, über seine Gefühle sagte und schrieb. Aber vielleicht hatte Marlene ja recht: Wer war für Jo schon Rudi? Ein Niemand. Ungeeignet für Eifersuchtsszenen.

Für das, was Jo allen anderen voraushatte, war Rudi ohnedies nicht geschaffen. Rudi hatte kein Talent außer dem, auf Kosten seiner Frau zu leben. Er hatte nie etwas Eigenes geschaffen, sondern anderen Leuten assistiert, mittelmäßigen Regisseuren, die eine Weile auf dem Kamm einer Modewelle des Kinos geschwommen und dann wieder abgestürzt waren – woraufhin sich Rudi neue Jobs ähnlicher Art gesucht hatte. Immerhin hatte er Geschmack, er kannte sich im Filmgeschäft aus. Und er hatte eine Vorliebe für Teures und Edles beweisen, bei seiner Frau, bei seinem Auto, bei seinen Anzügen, bei seinen Schuhen wie bei seinen Hemden.

Rudi war ein Assistent, ein Organisierer und Helfer, und er würde es sein Leben lang bleiben. Er vertrieb sich die Zeit gern in guten Lokalen mit seinen vielen Freunden und Bekannten. Er war kein Langweiler. Er hatte Witz und Charme. Er war ein Kumpel, er sah gut aus und hatte ein mitreißendes Lachen. Und jedenfalls war er kein masochistischer Jude wie Josef von Sternberg, dem das falsche »von« bei jeder Gelegenheit unter die Nase gerieben werden konnte. Strenggenommen hatte auch Marlene keine wirklich adlige Abkunft. Die war eigentlich nur durch ihre Mutter in zweiter Ehe angeheiratet. Trotzdem legte sie Wert darauf, für adlig zu gelten. Sie legte Wert auf gesellschaftlichen Schein, auch wenn die Figuren, die sie spielte, das nicht taten. Und sie wollte sich nicht scheiden lassen, nicht für Jo und nicht wegen Tami. Funktionierte die Ehe zu viert nicht beinahe vollkommen?

Tami beschwerte sich nicht, Rudi beschwerte sich nicht, nur Jo quengelte, wenn er schlechter Laune war. Jo wollte sich von seiner Frau scheiden lassen. Er fürchtete nur eines bei Riza Royce: ihre

Geldgier. Marlene beruhigte ihn. Bleib doch verheiratet, genau wie ich. Das spart dir Geld und Probleme.

Aber so konnte Jo nicht denken. Jo mußte da heraus.

Er hatte die Paramount vom Bankrott gerettet und sich zum Dank dafür von den Bossen gängeln lassen, zu deren eigenem Schaden. Er wollte es Bud Schulberg und dessen Nachfolger Zukor zeigen, was in ihm steckte. Er durfte jedenfalls nicht zum Anhängsel von Miß Dietrich werden. Er war der größte Filmregisseur seiner Zeit. Wie kein anderer konnte er die große Leinwand verzaubern, wie kein anderer konnte er Schauspieler entdecken, führen, zum Weltruhm bringen.

Das wußten die Herren der Paramount. Und sie fanden seinen Entschluß, einen Film ohne Marlene zu machen, lobenswert.

Nur, daß Miß Dietrich sich weigerte, unter einem anderen Regisseur als ihrem Jo zu arbeiten. Daß er ein Filmkünstler wie kein anderer war, blieb im Studio wie bei den Bossen unbestritten – er hatte genügend Beweise seines Talents erbracht, und seine Filme hatten fast immer die Kassen gefüllt. Aber wenn er mit seiner Peitsche herumknallte und die Schauspieler wie Bestien behandelte, die nur er zu zähmen verstand, wenn er alle warten ließ, weil er mit den Scheinwerfern experimentierte und am Licht herumtüftelte, so daß die Beleuchter, die doch weiß Gott ihren Job gelernt hatten, wie dumme Jungen zusehen mußten – wenn er zu allem Überfluß auch noch selbst komponierte und dirigierte, so daß auch die Musiker durch ihn arbeitslos wurden –, dann brachte er auch den letzten im Studio gegen sich auf. Sein Perfektionsdrang war einfach unerträglich, ebenso wie seine Besserwisserei auf allen Gebieten. Keine Haarlocke, an der er nicht herumgefummelt hätte. Kein Spitzenbesatz, den er nicht begutachtet hätte. Alles wußte er besser. Alles konnte er besser. Und seit er Miß Dietrich aus Berlin mitgebracht hatte, war alles noch schlimmer geworden. Möglich, daß ein großer Künstler so sein muß. Aber Hollywood ist nicht für Kunst da, sondern zur Unterhaltung der Massen, und die Produktion eines Films ist eine kollektive Angelegenheit und nicht ein Hirnfurz eines einzelnen, dem sich alle unterordnen müssen. So sahen es die Leute im Studio, das trugen sie den Bossen vor. Bevor die Dietrich aufgetaucht war, hatte es sich mit Jo ja noch umgehen lassen. Aber diese Deutsche lag vor Jo buchstäblich anbetend auf den Knien und ließ sich von ihm malträtieren – in einer Weise, wie sich das im freien Amerika kein Mensch gefallen ließ. Letzten Endes waren beide sadomasochistische Europäer und keine richtigen Amerikaner. Man durfte ihnen das nicht durchgehen lassen.

Daß Jo nun selbst vorschlug, einen Film ohne sie zu machen, war eine glückliche Lösung. Dann würde sie auch einen Film ohne ihn machen, und beide würden sie von ihrem hohen Roß herunterkommen und von ihrer albernen Vorstellung, nur in Europa gäbe es Kultur, und Hollywood besäße keinen Sinn dafür – wenigstens, was Filme anging.

Daß auch die Paramount etwas von Kultur verstand, wollte sie mit ihrem Angebot an Jo unter Beweis stellen, Theodore Dreisers Roman *An American Tragedy* zu verfilmen. Die Rechte dafür hatte sie erst vor kurzem für den Russen Sergej Eisenstein erworben. Aber Eisenstein hatte sich nach kurzer Überlegung von dem Projekt getrennt und war inzwischen in Mexiko. Das Geld, das man für den Roman bezahlen mußte, sollte aber nicht umsonst ausgegeben sein. Zwar war es nicht eigentlich für Jo oder auf Jos Wunsch ausgegeben worden, aber hatte er nicht Eisenstein gegenüber erklärt, Dreisers Buch sei einer seiner Lieblingsromane?

Jo war nicht abgeneigt. Der Stoff reizte ihn. Es reizte ihn noch mehr, Marlene endlich hinter sich zu lassen mitsamt dem ganzen Schönheits- und Verführungskult, den sie ihm auferlegte, mitsamt Hühnerbrühe, Rudi-Telephonaten und Duschzeremonien nach erfolgter Liebeshandlung.

Sylvia Sydney war ein aufstrebendes junges Talent, an ihr würde er noch einmal unter Beweis stellen können, wie er aus einer Unbekannten einen Weltstar machen konnte. Die männliche Hauptrolle sollte mit Clyde Griffiths besetzt werden, einem Darsteller, der trotz Peitschenschwingerei und Reitstiefeln durch Jos harte Schule zu gehen bereit war – die viele, die durch Jo berühmt geworden waren, inzwischen als die reine Hölle beschrieben.

Und Miß Dietrich? Was sagte sie dazu? Sie saß in all ihrer atemberaubenden Schönheit, ihrer faszinierenden Persönlichkeit den Bossen der Paramount gegenüber, die ihr mittlerweile eine Gage bezahlten, wie sie außer ihr in Hollywood nur noch die Garbo bekam – sie saß da und schlug die berühmten Beine übereinander und ließ sich von ihnen auseinandersetzen, warum sie den Vertrag, in dem sie sich nur mit einem Regisseur ihrer Wahl zu arbeiten verpflichtete, auch so auslegen konnte, daß dieser Regisseur nicht unbedingt Jo sein mußte.

Warum denn nicht Ernst Lubitsch? Der kam auch aus Berlin und auch von Max Reinhardt, wie Marlene, er war Jude wie Jo, er hatte – wie Jo – eine Diva des deutschen Kinos zum Hollywoodstar gemacht, nämlich Pola Negri, er hatte ein Händchen für exzentrische Klamotten und Ausstattung – schließlich kam er aus der Bekleidungsbranche. Das war doch was für sie, die am liebsten in der Kostümschneiderei gewohnt hätte! Lubitsch würde Marlene um etwas bereichern, das Jo mit seiner Verbohrtheit ins Tragisch-Dekadente ihr nicht geben konnte: Witz, Leichtigkeit. Hatte Marlene denn nie einen seiner Filme gesehen – etwa seine geniale *Madame Dubarry* mit Pola Negri? Doch, doch – Marlene kannte seine Komödie *Kohlhiesls Töchter* mit Henny Porten. Die hatte sie sogar in ihrer Darstellung des Bauerntrampels beflügelt. Schulberg hielt den Fall an dieser Stelle für gewonnen. Lubitsch und Marlene. Die kühle blonde Göttin, inszeniert von Hollywoods aufsteigendem Regiestar der sophisticated comedy. Mit Lubitsch würde sie tatsächlich die Garbo weit in den Schatten stellen.

Marlene lächelte ihr unergründliches Lächeln, das dank Jos Bemühungen auch die Chefs der Paramount an die Mona Lisa erinnerte, und sie gab ihnen eine Antwort, die die großen Bosse nicht erwartet hatten. Jo sei der Regisseur ihrer Wahl, mit einem anderen wolle sie nicht arbeiten. Mit Lubitsch, Jos ärgstem Feind, schon gar nicht, aber auch sonst mit keinem anderen. Da also Jo zur Zeit mit ihr nicht arbeiten wolle, sondern vorhabe, die *American Tragedy* zu drehen, in der nicht sie, sondern Sylvia Sydney besetzt sei, wolle sie die Zeit nutzen und zu ihrer Familie nach Deutschland zurückkehren, bis Jo wieder Verwendung für sie habe.

Weitere Überredungskünste seitens ihrer Geldgeber fruchteten nichts. Die deutsche Schönheit blieb kühl, wohlerzogen und unbeugsam. Das flößte Respekt ein. Welch eine Frau! Welch eine Treue! Und ausgerechnet zu dem Ekel Jo, den sonst keiner ausstehen konnte! Hatte man das schon erlebt? Sie brauche übrigens, so ließ sie wissen, nach drei Filmen in wenig mehr als einem Jahr, Erholung. Das war zu verstehen, das sahen selbst die Bosse ein. Man ließ sie ziehen. Sie schrieb eine Botschaft an Jo, die ihr selbst so gut gefiel, daß sie sie kopierte und das Doppel an Rudi zur Begutachtung schickte. »Du – nur Du – der Meister – der Gebende – Grund meines Daseins – der Lehrer – der Geliebte, dem mein Herz und mein Verstand folgen müssen.«

Sie telegraphierte nach Berlin, daß sie zum 6. Geburtstag ihrer Tochter dort sein würde, und packte ihre vielen Koffer. Das kleine Haus in Beverley Hills wurde zur Weitervermietung freigegeben. Der schöne grüne Rolls-Royce, mit dem sie seit ihrer Ankunft herumkutschiert worden war und der auch in *Morocco* mitgespielt hatte, wurde ganz einfach verkauft. Und sie ließ sich die Suite erster Klasse auf dem Luxusliner buchen, der sie zurück nach Bremerhaven bringen sollte, und Abteile für den Zug, der sie von Los Angeles nach New York, und für den, der sie von Bremerhaven wieder in die Heimatstadt Berlin führen sollte.

Der Abschied von Svengali Jo war schließlich gar nicht so schwer. Er geschah in dem deutlichen Bewußtsein, daß sie einander bald wiedersehen würden. Es wurde schon von dem Haus gesprochen, das sie bei ihrer Rückkehr nach Hollywood beziehen wollte – mit Swimmingpool. Davon, daß sie dann ihre Tochter mitbringen wollte. Jo war alles recht, es war ihm alles gleichgültig, Hauptsache, sie ließ ihn für eine Weile allein. Jo hatte andere Sorgen als die, die die schönste der Frauen bereiten kann.

Jo hatte seinen neuen Film im Kopf. Die Vertreibung aus dem eigenartigen Paradies, das das kleine Haus in Beverley Hills gewesen war, ließ sich deshalb durchaus verschmerzen. Ebenso die Fleischbrühe, die ihn ohne Marlene nicht mehr in seinem Büro erwarten würde, um ihn für seine Regie-Arbeit zu stärken. Der Schöpfer nabelte sich von seinem Geschöpf ab. Und fühlte sich befreit.

Als er sich auf der California Station von ihr verabschiedete, steckte er ihr seine Abschiedsbotschaft zu. Sie klingt ziemlich leidenschaftlich – und ziemlich erleichtert.

»Meine Geliebte, Geliebteste aller Geliebten.

Ich danke Dir für Deine wunderbare Botschaft und für alles Gute oder Böse – es war schön. Vergib mir, daß ich bin, wie ich bin, ich möchte, könnte nicht anders sein. Auf Wiedersehen, mein Liebling, mögest du schöne Tage erleben, Dein Jo«

Marlene fuhr mit dem Zug nach New York – er trug, wie wir schon wissen, den bedeutungsvollen Namen »Twentieth Century« – und sie schiffte sich wieder auf die »Bremen« ein – in dem Bewußtsein, das Richtige zu tun. Für ihn – wie für sich selbst. Und für ihre Familie, versteht sich. Rudi, Tochter, Tami, die Mutter Josephine mitsamt all ihrer preußischen Strenge und Disziplin. Sie sehnte sich nach den Ihren. Und natürlich auch danach, den Verwandten, den Freunden und Bekannten ihrer Heimatstadt zu zeigen, was Jo und Hollywood in wenigen Monaten aus ihr gemacht hatten. Und danach, sich für die Jahre der Demütigung schadlos zu halten. Wie würde sie jetzt dastehen vor all den Zweiflern, den Ungläubigen, den Neidischen!

Also: Berlin. Ihr Auftauchen dort hatte etwas derart Sensationelles, daß die, die es miterlebten, es wie einen Schock empfanden. Ein Stern flammte über ihnen auf und ließ sich zu ihnen herab. Es kündigte sich bei Rudi, Tami und der Tochter durch die Ankunft ihrer neuen Überseekoffer an, die sie nach eigenen Vorstellungen in Amerika hatte anfertigen lassen: In zwei Grautönen gehalten, mit Messingknöpfen beschlagen und mit M und D in großen Buchstaben geschmückt, kann man sie heute noch in der Marlene-Dietrich-

Collection bewundern. Damals waren es nur sechs, aber sämtlich so groß wie Schränke. Später wurden es noch mehr. Der Korridor der Berliner Wohnung sah aus wie ein monogrammverziertes Stonehenge – so emfand es die Tochter, die die Koffer, sobald sie offen waren, mit ihren grauen, damastgepolsterten Innenräumen als Spielhäuser benutzte.

Stellen wir sie uns noch geschlossen vor – es klingelt an der Tür, Absätze klappern die Treppe hoch, und der strahlende Stern steht mitten zwischen den abgenutzten Möbeln in Berlin, Kaiserallee 54, strahlt und flammt und macht alle stumm. Wie hat sie sich verändert! Das Kind wagt kaum, sie zu umarmen. Tami verkriecht sich ängstlich. Rudi behält als einziger den Kopf oben. Und wonach verlangt die Göttin? Was will sie als erstes, während die kostbaren Handschuhe von den noch kostbareren Fingern gezogen werden? Eine Kohlroulade, Leberwurst, Sauerkraut, Salzgurken. Tami bringt eilig alles herbei, und die Göttin läßt sich am Tisch nieder, nimmt das Hütchen vom Kopf und beginnt, heißhungrig in sich hineinzuschlingen, was Hollywood mit all seinen Schätzen ihr nicht bieten konnte. Seh'n Sie, das ist Berlin. Wenigstens für Marlene – wenigstens in diesem Augenblick. Erst, als sie alles verspeist hat, sieht sie auf und den Wartenden, die ihr beim Essen zugesehen haben, ins Gesicht. Hunger nach Heimat.

Das Jahr 1930, in dem *Der Blaue Engel* ihr den großen Erfolg brachte, in dem sie mit *Morocco* Hollywood eroberte und in dem sie mit *Dishonored* noch einen dritten großen Film machte, ist fast zu Ende.

Prüfend sieht sie die an, die sie seit sieben, acht Monaten nicht gesehen hat. Rudi, Tami, das Kind – alles beim alten geblieben. Das Kind hustet wie bei ihrer Abreise. War es die ganze Zeit erkältet? Es hat Mühe, die Mutter in der fremden, eleganten Dame zu erkennen. Den vorausgeschickten Indianeranzug hat es zur Ankunft angezogen. Marlene küßt die Tochter, bis die keine Luft mehr kriegt, weil der Husten zu heftig wird. Alle sind verkrampft, auch Marlene selbst. Das Berliner Zuhause kommt ihr enger vor, als sie es in Erinnerung hatte. Und die Blicke, die auf ihr ruhen, die sie mustern, sind soviel weniger offen als die der Leute in Hollywood.

Morocco ist in Berlin noch nicht herausgekommen, von *Dishonored* gar nicht zu reden, aber auch ohne diese Filme ist Marlene durch den Erfolg des *Blauen Engels* jetzt auch in ihrer Heimatstadt ein Superstar. Es spricht sich wie ein Lauffeuer herum, daß sie angekommen ist. Und jeder, der sie früher gekannt hat, will sie sehen. Schon am Abend dieses Tages drängen sich in der Wohnung die alten Freunde und Freundinnen, die Neider und Bewunderer zwischen den großen grauen Koffern, um die Heimgekehrte zu feiern.

Für das Kind ist Weihnachten das wichtigere Ereignis. Und Weihnachten wird durch den Reichtum aus Übersee zu einem gewaltigen Fest. In diesem Jahr stellt die Familie Sieber den größten Baum auf, den sie je hatte. Für die Wohnung ist er zu groß. Seine Zweige waren so dicht mit flackernden roten Kerzen besteckt, daß die Hitze das ganze Zimmer erwärmt. Die Tochter bekommt einen Kaufladen mit einer Theke, die ihr bis an die Taille reicht und auf der eine Messingwaage mit kleinen Gewichten steht. Auf Tabletts sind verschiedene Wurstsorten aus Marzipan angeordnet. Die Wurst sieht so echt aus, daß man glaubt, das geräucherte Schweinfleisch zu riechen. Stundenlang schneidet das Kind mit einem kleinen Messer Scheiben ab und verkauft Wurst und gibt aus einer kleinen, silbrig glänzenden Registrierkasse Wechselgeld heraus. Tami ist der geduldigste Kunde. Das ist das letzte Weihnachtsfest, das Marlenes Tochter in Deutschland verlebt. Und auch Marlene soll so schnell nicht wiederkommen.

Inzwischen sitzt Josef von Sternberg im warmen Kalifornien, wo es weder Frost noch Schnee noch Weihnachten im deutschen oder österreichischen Sinne gibt, und arbeitet an der Verfilmung des Dreiser-Romans. Und dazu sagt er sich, daß er bereits vor Marlene Dietrich Welterfolge geschaffen hat und daß er dies auch weiterhin ohne Marlene Dietrich kann, wenn es ihm beliebt. In Clyde Griffiths und Sylvia Sydney hat er eine überzeugende, wenn auch nicht überwältigende Besetzung.

Aber die vorgestellte Befreiung von Marlene ist nicht so einfach. Das Meisterwerk, mit dem er sich und der Welt beweisen kann, daß er – wie vor der Entdeckung des Stars aus Deutschland – immer noch und vor allem ohne sie der größte Filmregisseur seiner Zeit ist, will nicht zustande kommen. Liegt es an der Energie, die er nach drei Filmen mit Marlene einfach nicht mehr in sich finden kann? War es falsch, sich den Dreiser-Roman als Film-Vorlage aufdrängen zu lassen, obwohl ihm doch klar ist, daß Literatur und Filme ganz verschiedenen Gesetzen unterliegen? Bald kann er das Gefühl nicht mehr loswerden, daß er dabei ist, sich die Finger zu verbrennen. Weshalb ist Eisenstein nach Mexiko gegangen? Vergeblich versucht er, dessen Drehbuch zu finden, das es doch geben muß. Existiert es nicht? Oder hat die Paramount es vernichtet? Oder Eisenstein? Ist Eisenstein gefeuert worden, oder ist er von selbst gegangen? Dann plötzlich taucht Theodore Dreiser auf, der Autor des Buches, der immerhin 150 000 Dollar für die Filmrechte kassiert hat, eine für die Zeit schwindelerregende Summe. Er erklärt sich nicht damit einverstanden, daß Josef von Sternberg Eisensteins Nachfolge antreten soll. Filmen steht er im allgemeinen mißtrauisch gegenüber und Jo als dem neuen Regisseur seines Werkes ganz besonders. Er stellt Jo zur Rede, der ihn fragt, weshalb er Einwände dagegen habe, daß er seinen Roman verfilmt. Dreiser zieht eine Kopie des Drehbuchs aus der Tasche, das Jo inzwischen in Zusammenarbeit mit Samuel Hoffenstein geschrieben hat, und deutet anklagend auf folgende Stelle: Clyde steht wegen Mordes vor Gericht. Mit einem Blick auf den vollbesetzten Gerichtssaal sagt er zu seinem Anwalt: »Volles Haus, nicht wahr?« Dreiser besteht darauf, daß dieser Satz nicht im Sinne des Buches sei. Jo zeigt ihm den Satz, der so wortwörtlich in seinem Roman steht und von den Drehbuchautoren ohne Korrektur übernommen wurde. Dreiser hatte noch mehr Einwände gegen Dinge, die im Wortlaut seinem Buch entnommen waren. Dann wählt er eine andere Strategie und behauptet, daß große Teile seines Romans übergangen wurden. Jo erinnert ihn daran, daß Länge und Etat des Films von der Filmgesellschaft festgelegt worden waren und nur die Auswahl der zu verfilmenden Szenen bei ihm liege, und fügt hinzu, daß Dreisers Buch zu seinen Lieblingswerken gehöre. Unter Wutausbrüchen verschwindet Dreiser, und die Dreharbeiten können beginnen. Als der Autor jedoch den fertigen Film sieht, geht er zu seinem Anwalt und behauptet, sein Roman sei verfälscht worden. Der Fall wird dem Gericht in White Plains, New York, überantwortet. Das entscheidet, der Film sei eine genaue Verfilmung des Romans. Jo sagt dazu, daß Dreisers Anwalt einen Fehler beging, als er ihn nicht als Zeugen für Mr. Dreiser aussagen ließ, denn er hätte dem Autor zugestimmt. Jo ist eigentlich mit Dreiser einer Meinung: Literatur kann nicht ohne Verlust auf die Leinwand gebracht werden. Die visuellen Elemente bedeuten eine völlige Umwertung des geschriebenen Wortes.

Auch wenn sich an *Dishonored* die Erschöpfung ablesen läßt, die Svengali Jo angesichts des dritten Films mit Marlene Dietrich gespürt hat, ist er doch gegenüber der Dreiser-Verfilmung der überzeugendere Film. Seine Schlußsequenz gräbt sich tief in das Gedächtnis des Zuschauers ein, bleibt als ein großer Moment des Kinos haften, während *An American Tragedy* daneben seltsam blaß und matt erscheint. Es fehlt dem Film das Stück atemberaubende Vision, jene Mischung aus Zynismus und versteckter Leidenschaft, mit der Jo den Zuschauer zu überwältigen vermag.

Leider war die *American Tragedy* auch kein Kassenerfolg. Für das große Publikum hatte die Geschichte nicht genug von jener süffigen Mischung aus Gefühligkeit und Show-Werten, die *Morocco* so faszinierend macht und die auch *Dishonored* besitzt. Die Geschichte, die der Film erzählt, bleibt in einem matten Realismus haften, und zu Sylvia Sidney und Clyde Griffiths findet Jo nicht jene intensive Beziehung, die zwischen Marlene und ihm bestand und als elektrische Spannung das Studio auflud und sich auch auf Marlenes Partner übertrug.

An American Tragedy ist ein guter, ein interessanter Film, und als

Verfilmung des Dreiser-Buches respektabel. Eine kongeniale Verfilmung, ja Steigerung des Buches, wie sie Jo beim *Blauen Engel* mit Heinrich Manns »Professor Unrat« gelungen war, ist dieses Werk nicht.

Svengali Jo kam eben doch nicht so leicht über die Haß-Liebes-Beziehung zu seiner Trilby hinweg. Und offenbar hatte sie sich auch nicht so negativ ausgewirkt, wie er zunächst angenommen hatte.

Diese Erkenntnis muß schwer für ihn gewesen sein, vergleichbar mit der eines Drogenabhängigen, dem klar wird, daß er aus eigener Kraft nicht von einem Gift loskommt, das ihm Bewußtsein und Körper zerstört. Das Geschöpf brauchte nicht nur seinen Schöpfer – auch der Schöpfer war von seinem Geschöpf abhängig. Noch gestand er sich diese Tatsache nicht in ihrer vollen Tragweite ein.

Während er mit Berlin telephonierte und anfragte, wann denn seine Königin des Films nach Hollywood zurückzukehren gedachte, war er sich immer noch sicher, daß die Zusammenarbeit mit ihr nicht fortgesetzt werden sollte. Wäre es nicht besser, sie bliebe bei Mann und Kind in Berlin?

Ihr Ruhm hatte legendäre Ausmaße angenommen. Nur für Jo war sie keine Legende. Jo war entschlossen, die Lilie nicht noch mehr zu verschönern, und das sagte er ihr auch. Aber er hatte nicht mit ihrer Reaktion auf seine Absicht gerechnet, sie nicht mehr einzusetzen. Sie warf ihm vor, er sei entschlossen, aller Welt zu zeigen, daß sie nichts tauge. Er wolle sich selbst verherrlichen, indem er sie zwang, auf eigenen Füßen zu stehen. Sie sei nichts und könne ohne ihn nichts tun. Mit allem, was er aus ihr gemacht habe, habe er nur sein Genie demonstrieren wollen. Sie weigerte sich standhaft, unter einem anderen Regisseur zu spielen. Die Paramount, die beide unter Vertrag hatte, meldete sich und verlangte, daß Jo einen weiteren Film mit ihr drehte. Der neue Boß, Emanuel Cohen, warf sich buchstäblich vor Jo auf die Knie und flehte ihn an, den wertvollen Star nicht im Stich zu lassen.

Und Marlene?

Sie war von Berlin enttäuscht, alles war ihr kleiner und schäbiger erschienen, als sie es in Erinnerung hatte. Die freizügige Berliner Lebensart, von der sie in Hollywood soviel Wesens gemacht hatte, kam ihr jetzt aufgesetzt und übertrieben vor. Vor allem angesichts der politischen Situation, die sich ständig zuspitzte, ohne daß ernsthafte Anstrengungen unternommen wurden, die sichere Katastrophe zu verhindern. Armut und Arbeitslosigkeit beherrschten die Straßen, und die Reaktionen der Politiker darauf waren hilflos. Die Auseinandersetzungen zwischen den Roten und den Anhängern des Zeterers Hitler auf den Straßen nahmen zu, wobei sich die Polizei fast immer auf die Seite der Nazis zu schlagen schien. Es gab täglich Tote bei den Straßenkämpfen, und ihre alten Freunde und Freundinnen verhehlten nicht ihre Angst. Claire Waldoff, Marlenes Förderin, mußte als erklärte Lesbe Arbeitsverbot befürchten, sollten die braunen Horden an die Macht kommen. Mit ihren frechen Liedern, durch die die rote Claire seit Jahrzehnten Liebling der Berliner war, konnten die Hitlergefolgsleute nichts anfangen, außer sie so schnell wie möglich verbieten.

Verbieten würden sie auch eine Reihe von Büchern, Bildern, Filmen, darunter die, die sie selbst mit Josef von Sternberg gemacht hatte. Jo war Jude, das wurde Marlene plötzlich auf eine ganz neue Weise klar.

Seine Filme waren in den Augen der Nazis Ausdruck der zersetzenden jüdischen Geisteshaltung, die es auszumerzen galt, zumindest in Deutschland und dann, nach dem großen germanischen Endsieg, in der ganzen Welt.

Es müsse Marlene Dietrich als deutsche Frau doch stören, immer nur Prostituierte zu spielen … so äußerte sich Hitlers Mann für Kultur, Josef Goebbels, der sie im übrigen sehr bewunderte und ihr diese Bewunderung mitteilen ließ. War sie nicht das Musterbild einer schönen Arierin? Gewiß hätte sie im zukünftigen Berlin unter einer Nazi-Regierung alle Chancen, Superstar des neuen großdeutschen Films zu werden. Hitlers Großmachtabsichten zielten auch gegen Hollywood. Die deutsche Filmkunst würde dieses Judennest eines Tages überrollen, und dann würden MGM und Paramount und die ganze Ansammlung jüdischer Produzenten und Regisseure vor die Hunde gehen. Vorerst müsse man, sobald Hitler an die Macht gelangt sei, die deutsche Kultur, vor allem aber das deutsche Kino, gründlich von Juden reinigen. Und nicht nur das Kino, auch das Theater. Max Reinhardt – ja, auch er sei Jude, habe allerdings viel für das deutsche Wesen getan. Reinhardt könne man vielleicht eine Ehren-Arierschaft anbieten. Abgesehen von dieser Ausnahme seien Juden jedoch allesamt Schädlinge, die die arische Rasse unterwühlten. Sie müßten raus aus Deutschland, und darüber hinaus raus aus der Welt. Erst wenn es sie gar nicht mehr gäbe, könnten sie auch keinen Schaden mehr anrichten.

So berichtete Rudi, der die Nase im Wind hatte. Rudi mochte die Nazis nicht. Seine Arbeitgeber waren Juden gewesen. Wer sollte an ihre Stelle treten?

Marlene erschrak. So hatte sie sich Berlin nicht vorgestellt. Sie war mit dem latenten Antisemitismus in der kaiserlichen Armee und der Beamtenschaft groß geworden. Sie kannte die Sprüche. Aber früher hatte niemand sie wirklich ernst genommen. Und jetzt? Sogar Marlenes Mutter Josephine von Losch fand nun, daß mit den Juden etwas geschehen müsse, wenn sie auch die Vehemenz, mit der die Nazis Deutschland und die Welt zu »säubern« gedachten, verurteilte. Schließlich seien es doch die Juden, die die miserable wirtschaftliche Lage verursachten. Marlenes Schwester Liesel war noch verängstigter. Gegen die Nazis könne man nichts tun, sie seien wie eine Naturkatastrophe – ja, und vielleicht würden sie ja wirklich Deutschland reinigen und zu einem neuen Glanz führen. Daß Hitlers Leute keine Scheu hatten, auch zu den schlimmsten Mitteln zu greifen, wenn es gegen politische Gegner oder Juden ging, war unschön, aber möglicherweise notwendig. Mit dem gegenwärtigen Chaos könne es doch nicht weitergehen. Und wenn es zur Zusammenarbeit zwischen Goebbels und Marlene käme, könnte Marlene doch ihren ganzen Einfluß geltend machen. Sie müßte sich ja nicht in allen Fragen vor Hitlers Karren spannen lassen. Sondern sie könnte im Gegenteil vielleicht vieles verhindern.

Die Vorstellung, in der geplanten neuen Filmindustrie die Nummer eins zu werden, war verlockend. Vorstellbar war, daß Rudi dann die organisatorische Leitung des deutschen Filmwesens übernehmen würde. Das hätte der sieberschen Ehe Glanz und Macht verliehen und den schiefen Status, der durch Marlenes Weltruhm eingetreten war, ausgeglichen. Josephine von Losch, Marlenes Mutter, konnte sich so etwas vorstellen. Sie war beileibe nicht in jeder Hinsicht für die Nazis. Die waren ihr zu vulgär, zu aufdringlich, zu laut. Soweit sie noch Kontakt zu Offizieren der ehemaligen kaiserlichen Armee hatte, bekam sie auch von dortiger Seite eher Abfälliges über den ehemaligen Gefreiten Hitler zu hören. Konservative konnten über diesen Emporkömmling und seine zukünftige Regierungsmannschaft mit den Verbrechergesichtern nur lachen. Nie würde beispielsweise Hindenburg sich herablassen, sich mit diesen Leuten auch nur an einen Tisch zu setzen, so glaubte man noch in der Armee. Aber falls doch: Warum sollte Marlene ihrem Vaterland nicht auf ihre Weise dienen? Warum sollte sie nicht mit ihrem Mann zusammen nutzen, was sich ihnen an Möglichkeiten bot? Hier, in Berlin, wo sie hingehörten, wo ihr Kind bis jetzt behütet aufgewachsen war?

Marlene jedenfalls muß mit Rudi darüber nachgedacht haben.

Bleiben – fahren – …

Wenn sie fuhr, würde sie möglicherweise nicht so leicht zurückkommen können. Ein erneutes Engagement für Josef von Sternberg würde man ihr von Nazi-Seite aus übelnehmen. Immer vorausgesetzt, daß die Nazis überhaupt eine Rolle spielen würden.

So viele Zeugnisse es über ihre Entdeckung durch Josef von Sternberg gibt, es gibt nur wenige Aussagen darüber, wie intensiv sich Marlene in den knapp vier Monaten ihres Aufenthaltes in Berlin – von Dezember 1930 bis April 1931 – mit diesen Fragen auseinandersetzte. Ihre Entscheidung würde so oder so ihre ganze Zukunft bestimmen. Und hatte Jo nicht genug von ihr? Wenn sie sich für Hollywood und ihn entschiede, könnte das nicht auch ein schwerer Fehler sein, den ihr die zukünftige deutsche Regierung nie verzeihen würde? Marlene schreibt in ihren Erinnerungen, Rudi habe sie in ihrer Haltung bestärkt, wieder nach Hollywood zurückzukehren. Wenn dem so ist, soll ihm heute noch dafür ein Kranz geflochten sein. Er hätte dann dazu beigetragen, daß die weltweit berühmteste Deutsche – und die anerkannt schönste – zum Symbol eines Deutschlands wurde, das es vor den Nazis gegeben hatte und das das Dritte Reich überlebte.

Vielleicht aber geschah das alles eher zufällig, aus unbestimmten Überlegungen heraus, die sich erst später verdichteten. Vielleicht spielte auch Liebe mit – neben der Bewunderung, die Trilby für ihren Svengali Jo empfand. Jedenfalls entschied sie sich für die Treue zu ihrem Regisseur – der eigentlich nichts mehr mit ihr zu tun haben wollte und angeblich nur unter dem Zwang der Paramount zu einem neuen Film mit ihr bereit war.

Für sie war dies eine folgenschwerere Entscheidung als selbst ihre erste, ihm über den Ozean zu folgen. Kein Eheversprechen hätte sie lebenslänger binden können. Als sie sich entschloß, mit ihrem Kind Deutschland zu verlassen und nach Hollywood überzusiedeln, entschied sie sich, wie nicht nur die Nazis es sahen, »gegen Deutschland«. Und machte sich zur zukünftigen Freundin derjenigen, die in ihrer alten Heimat bald zu den Verfolgten gehören würden. Ob ihr Regisseur sich inzwischen klarmachte, mit welcher Unbedingtheit sie zu ihm stand und was sie für ihn hinter sich ließ?

Hemingway rühmt an Marlene vor allen ihren anderen Schönheiten ihre Loyalität. Hier zeigt sie sich auf die beeindruckendste Weise. So sehr, daß auch Jo Vorfreude auf ihre Rückkehr empfand – und auf den neuen Film, den er mit Miß Dietrich machen sollte.

Und als er erst diese Bedenken hinter sich gelassen hatte, traute er sich wieder, mit zärtlicheren Gefühlen an »die Dame« zu denken. Und er suchte nun tatsächlich nach dem neuen Haus für ein neues Glück, an dem diesmal auch Marlenes Kind teilhaben würde. Mit viel Platz, damit die Kleine nach dem düsteren Berlin im sonnigen Kalifornien so richtig herumtollen könnte.

Er suchte nach einem neuen Auto. Diesmal würde es kein vornehmer

Rolls sein, sondern ein mondäner Cadillac, ein selbst für Hollywood überaus großes Modell, das für jeden erkennen ließ: Hier kommt die herrschende Königin der käuflichen Träume.

Und er suchte nach einer Idee für seine »Lilie«. »Lily« würde sie in dem neuen Film heißen, und der würde sehr weit weg spielen, in China. Denn diesmal wollte er wieder im Exotischen schwelgen, das ihm so sehr lag.

Und während die ersten Zeilen des Drehbuchs entstanden, gewann Jo sein altes Selbstvertrauen zurück, das in seiner sensiblen Seele so leicht zu erschüttern war. Er wußte, der Thron, den er seiner Göttin errichtete, mußte diesmal noch höher ausfallen. Selbst die Herren von Paramount behandelten ihn respektvoller und waren zu höheren Investitionen bereit. Für drei, vier wichtige Szenen würde Jo Geld haben, so daß er sich diesmal austoben konnte in großer Statisterie, in gewaltigen Kamerabewegungen, wie er es sich so oft gewünscht hatte.

Die Abfahrt von Deutschland, die sie an der Seite ihrer Mutter machte, war für Marlenes Tochter Maria ein Abschied für immer. Nur noch zu Besuch sollte sie nach Berlin zurückkehren.

Riesengroß ragt das Schiff vor dem kleinen Mädchen auf. Selbst wenn es sich weit nach hinten beugt, kann es den oberen Rand der hohen Schornsteine kaum sehen. Wie kann etwas so Großes und so Schweres bis nach Amerika schwimmen? Es muß dem Vater Lebewohl sagen, während die Reporter wie eine Meute von Jagdhunden ihre Mutter umlagern. Marlene nimmt das Hausmädchen Becky mit in die Neue Welt, die Garderobiere Resi ist auch wieder dabei. Die »Bremen« ist ein Luxusliner, im Art-déco-Stil ausgestattet, mit riesigen Sälen, in denen Lampen und Möbel viereckig, scharfkantig und kahl wirken, eine Welt aus blitzendem Chrom, kalkweißer und pechschwarzer Eleganz. Das Kind empfindet diese kalte Pracht »wie Eis«. Und es sieht seiner Mutter zu, wie sie ihren Vater küßt, dann Willi Forst, dann Tami, dann noch unzählige andere, und alle küssen Marlene. Das kleine Mädchen küßt den Vater und klammert sich an Tami. Dann müssen alle von Bord gehen, die nicht mitfahren. Und dann winkt es der entschwindenden Küste von Bremerhaven nach mit den fernen Armen, die darauf Taschentücher schwenken. In der Suite ist Marlene Dietrich mit ihren Begleiterinnen bereits beim Unternehmen »Sterilisierung«, das als festes Ritual zu ihrem Leben gehört.

Sie muß mit einer an Phobie grenzenden Manie jedes Badezimmer, das sie benutzt – und vor allem die Toiletten – gründlich desinfizieren. Der »widerliche Schmutz, den Männer an sich haben und auf den Toilettensitzen hinterlassen«, wie sie sich ausdrückt, muß beseitigt werden, ehe sie auch nur ihre Koffer auspacken und die Karten von den Blumengebinden lesen kann.

11. Im Expreßzug durch den Tod

Die »Bremen« landete in New York, und von dort sollte Marlene mit ihrem Kind, ihrer Resi und dem Dienstmädchen Becky wieder den »Twentieth Century« nach Westen nehmen. Aber zuvor gab es noch im New Yorker Hotel »Ambassador« eine Fahrtunterbrechung. Die Presse wollte sich auf Marlene stürzen. Diesmal allerdings ging es nicht um die einzigartige Schönheit des Stars. Vielmehr hatte Riza Royce, Jos wütende Ehefrau, Marlene des Ehebruchs bezichtigt, weniger aus verletzten Gefühlen Jo gegenüber, sondern vor allem, um aus der Scheidung mehr Geld herauszuschlagen.
Noch auf der Gangway wurde Marlene eine Gerichtsvorladung präsentiert. Sie sollte im Scheidungsprozeß über ihre Beziehungen zu Jo aussagen.
Dazu war sie unter keinen Umständen bereit.
Die »Bremen« lag noch im Hafen. Das »Fußvolk«, wie Resi und Becky von Marlene genannt wurden, stand neben gepackten Koffern. Keiner der grauen Elefanten mit »MD« darauf durfte geöffnet werden. Marlene rief Jo aus dem Hotel an und drohte ihm, sofort wieder an Bord zu gehen.
Zurück nach Deutschland – oder vorwärts nach Hollywood? Die Presse wartete. Und natürlich die Vertreter der Publicity-Abteilung der Paramount. Von Jo hing wieder einmal alles ab. Die Gerichtsvorladung für Marlene war nicht sein einziges Problem. Er mußte die Auseinandersetzung mit seiner Frau, von der er längst getrennt lebte, offenbar allein durchstehen. Da seine Diva nicht vor Gericht erscheinen wollte, würde man ihn womöglich als Alleinverantwortlichen ins Gefängnis stecken.

In jedem Fall würde ihn die ganze Sache ein Vermögen kosten. Darüber durfte er gar nicht nachdenken.

Es gab nämlich noch ein zweites Problem: Sein Star Marlene, der sich bisher durch die Darstellung männermordender Frauen hervorgetan hatte, stand plötzlich mit einer Tochter da, und zwar mit einer, die beim besten Willen nicht mehr als das Kleinkind zu bezeichnen war, als das er es bisher vor den Journalisten dargestellt hatte, sondern gut und gerne im schulpflichtigen Alter. Das bedeutete, daß von seiner Mutter nicht länger behauptet werden konnte, sie sei Anfang Zwanzig.

Die Sendboten der Paramount-Bosse, die die Göttin und ihr »Fußvolk« vom Schiff abholten, wußten nicht, wie sie diese Tatsachen der Presse vermitteln sollten. Und die Publicity-Abteilung in Los Angeles wußte es auch nicht. Kursierte nicht der Spruch der göttlichen Garbo: »Mütter und Mörderinnen – niemals!«? Und der bezog sich nicht nur auf Rollen im Drehbuch, sondern vor allem auf das Bild, das ein Star von sich zu geben hat!

Als Mörderin sollte Miß Dietrich den Photographen nicht gerade gegenübertreten, sondern als des Ehebruchs mit ihrem Regisseur Angeklagte, dabei gleichzeitig aber auch als Mutter eines sechsjährigen Kindes, dessen Vater sie in Deutschland zurückgelassen hatte.

Das wollte sie nicht. Sie hatte andere Pläne. Marlene wollte als glückliche Mutter präsentiert werden.

Steht nicht gegen die wütenden Anwürfe der verletzten Riza Royce, die ein außereheliches Verhältnis zwischen Jo und Marlene nachweisen will, die Mutter einer hübschen Tochter und glückliche Ehefrau eines in Berlin lebenden Kindsvaters untadelig da? Besonders, wenn es durchsichtigerweise im Scheidungsprozeß vor allem darum geht, die Anspruchssumme höherzutreiben? Wie dem auch sei – Marlene ging nicht zur Gerichtsverhandlung, dafür gingen rührende Photos von ihr mit ihrem gelockten Kind im Arm um die Welt, aus denen eindeutig klar wurde, daß sie die Femme fatale nur spielte, in Wirklichkeit aber moralisch so sauber war, wie es sich eine brave Kleinbürgerin aus dem Mittleren Westen der USA nur wünschen konnte.

Von der Garbo, die in ihren Filmen vorzugsweise die Reine und Unantastbare spielte, munkelte man, sie habe insgeheim die merkwürdigsten Vorlieben. Von Marlene, die sich in ihren Filmen so freizügig zeigte, wurde nun sinnfällig, daß sie in Wahrheit niemanden so liebte wie ihr Kind und ihren Gatten. Und das Gerede über ein Verhältnis zu ihrem Starregisseur mußte also der schiere Unsinn sein, wie auch immer das Gericht die Sache sehen würde.

Es handelte sich bei dem Verhältnis zwischen Marlene und Jo um eine reine Arbeitsbeziehung. Würde sie sonst ihr Kind mit in die Vereinigten Staaten bringen? Und nachdem die amerikanische Öffentlichkeit sich erst einmal daran gewöhnt hatte, Marlenes Rollen als Verführerin und ihre Lebensrealität als sorgende Mutter zu trennen, war die Begeisterung über die in die USA Heimgekehrte groß. Von jetzt an konnte man sich dem scheinbar amoralischen Zauber der Diva hingeben – und sich gleichzeitig sagen: Wenn sie nicht dreht, spielt sie mit ihrem Kind und telephoniert mit dem Kindsvater, ihrem angetrauten Ehemann, der im fernen Berlin auf beide wartet und sicher bald nachkommen wird, wenn es die Verhältnisse erlauben. Mit einem solchen Star ließ sich leben, auch im Mittleren Westen, der sich bisher dem Kino wegen des unzüchtigen Lebenswandels der Stars verschlossen hatte. Auch dort wurde klar: Miß Dietrich war nicht so verdorben, wie man angenommen hatte, sondern lebte ihr Leben in schlichter Mittelmäßigkeit – wie du und ich. Mehr noch, sie brachte tägliche Opfer, wie es jede Mutter tut. Alles in allem gesehen, erwies sich die Anwesenheit des Kindes als äußerst gelungene PR-Aktion. Entsprechend wurde Marlene gefeiert. Flugzeuge schrieben ihren Namen auf den Himmel. Es ließ sie kalt. So jedenfalls behauptet sie. Mit der Tochter betrachtet sie einen Augenblick lang das nächtliche Firmament und kehrt dann zu ihrer Lektüre zurück, während die Flugzeuge weiter ihre Buchstaben auf die Wolken malen. Die Tochter sagt: »Schau, die Sterne leuchten durch deinen Namen hindurch.« Und der Himmel ist voller Sterne.

Marlenes Beispiel machte Schule. Über Nacht wurde die Mutterschaft in Hollywood zu einem heißbegehrten Attribut, selbst für die Darstellerinnen der männermordenden Vamps. Ein Kind galt als ein notwendiges Schmuckstück. Adoptionsbüros wurden mit Nachfragen nach hübschen kleinen Mädchen überschwemmt. Kleine Jungen waren nicht gefragt. Sie eigneten sich nicht für Spitzenkragen und Organdy.

Beim Drehbuchschreiben, so erfährt man von den »Script Doctors«, jenen Spezialisten für das, was an Handlung, Figuren und Dialogen verbessert werden kann, sei es wichtig, daß die Filmfigur einer bestimmten Logik folge, damit der Zuschauer sich mit ihr identifizieren könne. Für das Kunstgebilde Film mag diese Forderung ihre Berechtigung haben – in der sogenannten Wirklichkeit jedoch hat, wie wir alle durch unsere gedanklichen Selbstgespräche wissen, ein Mensch die verschiedensten Antriebe, die oft nichts mit Logik zu tun haben. Shakespeares oder Dostojewskis Figuren sind aus dieser Erkenntnis und nicht nach den Ansprüchen der Script Doctors geformt – die ihren Autoren einen Hamlet, einen Macbeth, einen Raskolnikoff nicht hätten durchgehen lassen.

Diese verschiedenen Richtungen der Wünsche und Ziele dürfen wir auch Marlene und Svengali Jo unterstellen. Beide wollten miteinander Filme machen – und wollten es in anderen Augenblicken nicht. Beide hatten eine Liebesbeziehung zueinander – und wollten sich gleichzeitig nicht darin fangen lassen. Beide hatten Wünsche nach einem Familienleben, nach Geborgenheit, Entspannung, Stille – aber auch nach der Welt und ihrer Fülle, wie sie der Film gleich mehrfach schenkt, und ihrer Eroberung und Beherrschung.

Marlene sah sich als die Femme fatale, die sie in Jos Filmen spielte und zu der er das Material aus ihrem Leben holte. Aber sie sah sich auch als »Mutti« und wollte von ihm ebenfalls so gesehen werden. Familie sollte er bei ihr finden, ihr Kind sollte seines sein. Keinen Pfennig also für seine geschiedene Ehefrau, und wenn er dafür ins Gefängnis mußte. Er ging tatsächlich hinein, weil er sich weigerte, die hohen Unterhaltszahlungen für Riza Royce zu zahlen, und genoß angeblich die interessante Erfahrung. Er kam natürlich bald wieder heraus. Jemand zahlte die Kaution für ihn. Wer? Darüber schweigen wir.

Die sechsjährige Maria – damals »Kater« genannt – kam schließlich doch in das von Jo ausgewählte Haus, das nach der Wohnung in der Kaiserallee in Berlin ihr neues Zuhause werden sollte.

Sie fröstelte trotz der kalifornischen Wärme, denn Jo hatte kein Heim gefunden, sondern eine luxuriöse Dekoration. Das von ihm ausgewählte Haus lag hinter hohen Zypressen und Bananenstauden versteckt. Es wirkte auf das Kind so nüchtern und deplaziert, daß es sich wie an Bord der »Bremen« fühlte. Es war im Art-déco-Stil der dreißiger Jahre erbaut: elegant und kalt, wie eine Illustration von Erté; man konnte darin existieren, aber nicht leben. »Kater« war noch zu klein, um zu verstehen, warum sie sich von all dieser kühlen Vornehmheit so eingeschüchtert fühlte, doch sie spürte, wie sie ihr Unbehagen bereitete. Es gab unzählig viele Zimmer, und alle hatten festgelegte Namen und Funktionen. Marlene hielt ihre Tochter an der Hand und folgte Jo auf dem ersten Rundgang. Sie rauchte und reagierte nur gelangweilt auf seine Begeisterung. Mächtige Türen mit Glaseinsätzen wurden aufgestoßen. Die drei traten durch ein riesiges Empfangszimmer in den Garten hinaus. Das Kind ergriff von diesem blühenden und duftenden Gelände sofort Besitz, noch ehe Jo ihm verkündete: »Und hier ist der Garten für Kater mit ihrem Swimmingpool«. Das Becken war mit Mosaiken verziert und sah dem Bad in der »Bremen« ähnlich, in dem Kater geschwommen war. Aber es gab einen wichtigen Unterschied: Das Wasser in diesem Pool funkelte und glitzerte in der gleißenden kalifornischen Sonne. Kater beschloß: Meine Mutter kann das elegante Haus haben; ich will für mich den Swimmingpool. Ein Leben, um das viele Kinder im düsteren Berlin sie beneidet hätten. Aber auch eines, in dem das kleine Mädchen viel zuviel allein sein mußte.

Tagsüber arbeitete Marlene im Studio, nach der Arbeit kam sie nach Hause, kochte und las ihrer Tochter Gute-Nacht-Geschichten vor. Sie sah sich als perfekte Mutter. Mit Kater fuhr sie zum Pazifik. Gemeinsam schwammen Mutter und Kind im Meer und sahen dem Sonnenuntergang zu, gingen zur Mole, fuhren auf dem Jahrmarkt Achterbahn, aßen Krabben und spielten Fangen am Strand, bevor sie nach Hause zurückkehrten, müde, aber voller Freude bei dem Gedanken, nach Berlin zu telephonieren und dann schlafen zu gehen. Welch ein idyllisches Bild.

Daß sich Josef von Sternberg zur selben Zeit im selben Haus aufhielt, scheint keine Rolle zu spielen. Auch nicht, daß das Kind in diesem ausschließlich auf die Mutter bezogenen Leben keine Spielkameraden des eigenen Alters finden kann. Und auch nicht die eigenartige Rolle, die Jo angesichts der täglichen Telephonate mit Rudi weiter zu spielen hatte. Aus einem winzigen, leicht zu übersehenden Detail in dieser Beschreibung familiären Glückes ist zu erkennen, daß es wahrscheinlich doch nicht ganz so harmonisch gewesen sein kann. Wenn tatsächlich jeden Abend vor dem Schlafengehen des sechsjährigen Kindes mit Rudi telephoniert wurde, es also in Los Angeles zwischen acht und neun Uhr abends war, muß Rudi allnächtlich zwischen fünf und sechs Uhr früh aus dem Bett geklingelt worden sein – für einen Nachtschwärmer wie ihn schwerlich als Dauerfreude vorstellbar.

Maria – beziehungsweise Kater – erinnert sich denn auch kaum an dieses Idyll. Dafür um so genauer an die schlimme Einsamkeit in der Zeit der Sprachlosigkeit (sie mußte erst Englisch lernen) und der fehlenden Kinderfreundschaften. Die wurden weitgehend durch erlesenes Dekor ersetzt.

Meistens erschien von Sternberg in schneeweißen Flanellhosen, Seidenhemd und breitem Seidenschlips zum Frühstück im Garten. Marlene servierte ihm ihre berühmten Rühreier unter einem großen marineblauen Sonnenschirm mit weißen Fransen, der vorzüglich zu der prunkvollen Garnitur gepolsterter Armlehnstühle und dem Glastisch paßte. Das Sterlingsilber blitzte, das Porzellan glänzte, und das Kristall funkelte. Marlene trug einen cremefarbenen, seidenen Hausanzug und einen breitkrempigen Organzahut; der Wind ließ die Bananenblätter rascheln, im Pool spiegelte sich das strahlende Blau des wolkenlosen Himmels wider. Ein ganz gewöhnliches Hollywoodfrühstück. So stellen wir es uns vor.

Die Abende en famille hatten auch ihren Reiz.

Die drei verbrachten sie in dem riesigen Raum, den Marlene den »Salon« nannte, für Jo war es das »Wohnzimmer«, und im Inventarbuch war es als »Empfangshalle« aufgeführt. Marlene war damenhaft mit einer Stickerei beschäftigt, ihren Stramin straff auf einen Holzrahmen vor sich gespannt, Jo arbeitete an einem hohen Stoß Drehbücher, der sich auf dem Boden neben seinem Sessel türmte. Er las immer mehrere Skripts gleichzeitig und schüttelte oft mißbilligend den Kopf. Das Kind starrte dazu in die Flammen im Kamin und hoffte, einer von beiden würde das große hölzerne Radio einschalten, aus dem aufregendere Dinge tönten.

Und die Nachmittage?

Jeden Nachmittag hatte Kater sich bei Jo zu einer Stunde Konversation auf Alltagsenglisch einzufinden. Er war entsetzt über die Gleichgültigkeit, mit der Marlene Katers Ausbildung schleifen ließ. Ihre Haltung grenze schon an Vernachlässigung, und es sei unverantwortlich, ein Kind in einem fremden Land mit fremden Menschen und Sitten leben zu lassen, von denen es durch die Sprachbarriere abgeschnitten sei. So warf er ihr vor. Sie halte es für unnötig, daß Kater Englisch lerne, bekam er zu hören, da im Haus alle deutsch sprächen. Daraufhin verzichtete Jo auf weitere Kommentare und entwickelte sein eigenes Programm, um Kater zu helfen. Er brachte dem Kind bei, worüber er selbst gerade nachdachte. Schließlich bereitete er einen Film vor und hatte im Grunde andere Sorgen, als ein kleines deutsches Mädchen in der englischen Sprache zu unterrichten. Er tat es für Marlene, und er tat es in dem Gefühl, schließlich doch noch aus der künstlichen Familie eine richtige machen zu können.

Und er verstand Marlenes Tochter oft besser als die gute Mutter, als die Marlene sich so gerne stilisierte. Da Kater nicht zur Schule ging, hatte sie nur Erwachsene um sich, tagaus, tagein. Sie konnte nicht zur Schule gehen, weil sich dies für Marlene Dietrichs Tochter aus-

schloß. Sie lernte nur langsam Englisch, weil sie nur deutschspre-
chende Erwachsene um sich hatte. Im Studio schnappte sie von den
Maskenbildnern, Friseusen und Technikern englische Brocken auf.
Wie in Jos seltsamen Unterrichtsstunden bestand das Vokabular
hauptsächlich aus Begriffen des Films. Denn: Mehr als um alles andere ging es um den Film, der in Vorbereitung war. Und deshalb
wurde von ihr vor allem eines verlangt: daß sie nicht störte.
Jos Gespräche mit Marlene drehten sich immer um die gemeinsame
Arbeit. Er war viel zu besessen davon, als daß er auf das Kind, das
dazu still auf seinem Stuhl zu sitzen hatte, wenigstens ab und zu mit
kindgemäßeren Gesprächsthemen eingegangen wäre. Außerdem
hielt seine unglückliche Liebe an. Er hatte ein »Arbeitszimmer« in
dem neuen Haus, aber offiziell wohnte er dort nicht. Das heißt, daß
er, wenn er von Marlene in ihr Schlafzimmer zugelassen worden
war, dort so lange bei ihr bleiben durfte, bis sie ihre Reinigungs-
aktionen startete. Dann hatte er das Haus zu verlassen, wo er erst in
den Morgenstunden und völlig angezogen wieder eintreffen durfte.
Dies geschah zunächst, um den Anwälten seiner früheren Frau keinen Ansatz zu neuen Anwürfen zu geben, die ihn hätten teuer zu
stehen kommen können. Und dann wurde die für Marlene so prak-
tische Regelung einfach beibehalten. Die Scheinidylle des kleinen
Hauses war durch die Scheinidylle des größeren Hauses abgelöst
worden. Das Kind, das Jo wie sein eigenes hatte aufziehen wollen,
diente als Anstandswauwau, der sich zwischen Marlene und ihn
schob. Er ergab sich in diese Tatsachen, die er ohnedies nicht ändern
konnte, weil sein Film ihm wieder wichtiger als alles andere war.
Aus Katers Andeutungen lassen sich die Enttäuschungen des »traurigen kleinen Mannes« – womit von Sternberg gemeint ist – ermessen. Wir sehen ihn da an seiner Staffelei im Garten, wo er malte,
während das Kind im Pool seine Schwimmversuche machte und
Marlene ihren beauty sleep nahm, und bei Sportveranstaltungen,
die er gemeinsam mit dem Kind besuchte, in der Hoffnung, doch
noch als eine Art Vater zugelassen zu werden. Selbst mit seinen Ge-
schenken hatte er kein Glück:

In der Zeit, bevor die Filmarbeit an Shanghai Express begann, schenkte Jo Maria einen ausgewachsenen Papagei. Er tat das, um dem Kind einen Spielkameraden zu verschaffen. Marlene konnte Hunde oder Katzen und überhaupt Tiere im Hause nicht leiden. Der Papagei ließ sich mit einer Stange außerhalb des Hauses im Garten halten. Jo hatte an dem großen boshaften Vogel in Husarenblau und Karmesinrot offenbar mehr Gefallen als Kater, der das kreischende Geschöpf an seiner metallenen Kette Angst machte. Sie haßte diesen Papagei geradezu, mit seinen Schwanzfedern, die bis auf den Boden hingen, seinem gebogenen Schnabel, mit dem er töten konnte, und seinem durchdringenden Blick, der einen mörderischen Ausdruck hatte. Von der Studioabteilung für Metallbau ließ Jo ein großes kuppelförmiges Vogelhaus um den Papagei herum errichten, das er mit allen exotischen Vögeln bevölkerte, die nur aufzutreiben waren. Eines Morgens war der Boden des Vogelhauses übersät mit Vogelleichen. Der Papagei hatte seine farbenprächtigen Mitbewohner sämtlich umgebracht. Kater weinte und legte rund um die Blumenbeete Gräber für die toten Tiere an, was die japanischen Gärtner des Anwesens beinahe zum Selbstmord trieb. Jo ließ das Vogelhaus wieder abreißen, aber der Papagei blieb, »um Jos Gefühle nicht zu verletzen«, wie Marlene forderte. Sein neuer Standort war ein Platz außen neben der Tür in den Garten. Aber jeder machte einen Bogen um ihn, um dem Tier mit seinem scharfen Schnabel auszuweichen.

Inzwischen ist das Drehbuch geschrieben, und von Sternberg ist bei den letzten Vorbereitungen zum Dreh. Es geht dabei um eine Zugfahrt von Peking nach Shanghai. Ein China aus Pappmaché wird gebaut und mit schlitzäugigen Männern, Frauen und Kindern bevölkert, die das nachgemachte Studio-China chinesischer als das nachgemachte Real-China ihres China-Town finden und Tag und Nacht darin zubringen, so daß es dort bald wirklich ganz chinesisch aussieht. Jo läßt von der Santa-Fé-Bahn einen Zug leihen und ihm einen gepanzerten Wagen anhängen, in dem für den Dreh chinesische Soldaten mit aufgepflanzten Bajonetten sitzen sollen. Eine trächtige Kuh muß beschafft werden, die neben den Studio-Bahngleisen in dem dort herrschenden Lärm kalbt, damit sie später von dem durchdringenden Lärmen und Pfeifen nicht aufgeschreckt wird, wenn der Studio-Zug durch die bevölkerten Studio-Straßen fährt und dabei von einer Kuh gestoppt wird, die ihr Kalb säugt.

Bei der Paramount geht es drunter und drüber, und Jo dirigiert alles und übertrifft sich selbst an Einfallsreichtum, Phantasie und Verrücktheit.

Kater wird in diese herrliche Welt notgedrungen mitgenommen. Was sind alle Kinderspielzeuge der Erde gegen das Riesenspielzeug des entfesselten Studios, in dem Jo in Reithosen wie ein Zirkusdirektor die Peitsche schwingt? Für ihre Mutter Marlene begann die eigentliche Arbeit an dem Film mit einer Hungerkur, die sie im Studio und zu Hause konsequent durchführt. »Ich bin zu dick«, sagt sie, nachdem sie sich in Travis Bantons großem Spiegel gesehen hat, und von Stund an hört sie auf zu essen.

Marlene macht niemals eine Diät, sie weiß nicht einmal, was eine Kalorie ist. Und das Abspecken der aus Berliner Kohlrouladen und Gänseschmalz angefressenen Pfunde geschieht erst in allerletzter Minute. Dafür hat die Dietrich ein bewährtes Rezept. Sie trinkt Kaffee, Tee und literweise heißes Wasser mit großen Mengen Epsomer Bittersalz, sie raucht, aber sie ißt nicht mehr, sie nascht nur noch, das heißt, sie beißt, wenn der Hunger nicht mehr zu bremsen ist, in eine Dillgurke. Zur Abwechslung nippt sie auch rohes Sauerkraut, dazu hin und wieder ein kaltes Würstchen, einen eingelegten Hering oder ein paar Scheiben Salami. Vitamintabletten waren noch nicht erfunden, und Obst ißt sie auch nicht. Trotzdem kann sie sich wochenlang auf diese Weise ernähren, weshalb es Medizinern ein Rätsel ist, warum sie nicht Opfer von Skorbut, Beriberi oder einer anderen Mangelkrankheit wird. Eine solche extreme Hungerkur scheint ihre zentrale Rollenvorbereitung gewesen zu sein.

Im übrigen hält Marlene sich vor allem im Kostümatelier auf, was für das Abmagern ebenfalls förderlich ist, denn dort, wir wissen es bereits, steht sie stundenlang, tagelang ohne Speis und Trank, während die Näherinnen Stecknadeln in den Stoff piken, den sie um sie herumgewickelt haben. Sicher ist es eine Genugtuung für die Leinwandgöttin, wenn zwei Tage nach der letzten Anprobe die Nähte schon wieder enger gesteckt werden müssen. Die Näherinnen freut das natürlich nicht so sehr. Die Stunden mit Travis Banton und die Auswahl der Stoffe, des Schnittes und der übrigen Materialien sind für Marlene die wichtigste Rollenvorbereitung. Wesentlich ist, wie die neue Figur, die sie zu spielen hat, aussehen und was sie an Garderobe tragen soll. Dagegen verblaßt alles andere zur Nebensächlichkeit.

Kater wird täglich ins Kostümatelier mitgenommen, in einen Ohrensessel gesetzt und zu Schweigen und gutem Benehmen verurteilt. Sie wird natürlich auch Travis Banton vorgestellt, der so englisch und so vornehm aussieht, als käme er geradewegs von einer Jacht, und das Berliner Kind knickst höflich und macht sich für den Rest des Tages so unsichtbar wie möglich. Es hört dem Gespräch zwischen Travis Banton und Marlene zu, von dem es zunächst, da es in Englisch geführt wird, nichts versteht. Aber das Mädchen weiß, es geht darum, die Persönlichkeit der neuen Sternberg-Figur zu ergründen, die Marlene diesmal spielen soll. Und dabei wird klar, daß wenig über sie bekannt ist – eben nur, daß sie Shanghai Lily heißt und wieder sehr geheimnisvoll wirken muß. Und außerdem, daß ihr Partner Clive Brook sein wird, ein Brite mit dunklem glatten Haar und markantem Unterkiefer.

Marlene findet sich für die Rolle immer noch zu dick, deshalb müssen die Kostüme – wie bei *Morocco* – hauptsächlich in Schwarz gehalten sein. Und beim nächsten Besuch hat sie eine Idee für einen Hut, für d e n Hut des Films, der Shanghai Lilys ganzes aufregendes Geheimnis hüten soll – vielleicht haben die gefiederten Leichen der Bewohner des Vogelhauses im Garten sie dazu inspiriert.

»Federn!« ruft die Diva. »Welcher Vogel hat schwarze Federn, die sich photographieren lassen?« Travis Bantons Federsammlung befindet sich in einem Hinterraum des Kostümateliers. Dort liegen sie, geborgen in Hüllen von Seidenpapier, in großen quadratischen

Schachteln, in großen langen Schachteln, in großen tiefen Schachteln, in großen flachen Schachteln: Federn. Sie ringeln sich, kräuseln sich, piksen, zittern, hängen herab, schweben oder liegen nur da – schwarz, unheilvoll, bedrohlich. Marlene geht mit Banton zwischen diesen Regalen voller Schachteln hindurch, läßt diejenigen herunterholen und öffnen, die vielversprechend sind, taucht ihre Hände in Federn, läßt die Schätze durch die Finger gleiten, prüft Gewicht, Form und Fähigkeit, das Licht zu brechen. – Straußenfedern? Zu dick. – Silberreiher? Zu schwer in Form zu bringen. – Paradiesvogel? Zu bunt. – Reiher? Zu dünn und schütter. – Schwarzer Schwan? Zu leicht und matt. – Krähe? Zu steif. – Adler? Zu breit, und sowieso unmöglich, außer für Indianerfilme. – Marabu? Zu flaumig.

Travis Banton hat endlich die rettende Idee. »Kampfhähne – die Schwanzfedern echter mexikanischer Kampfhähne! Und wenn sie nicht genügend schillern, spülen wir sie mit Grün!« Die Hähne, die ihre Federn für den berühmten Anblick von Shanghai Lily opfern, müssen in bester Kampfesverfassung gewesen sein, denn ihre Schwanzfedern schillern so intensiv schwarzgrün, daß man ihre Farbe schon durch das Seidenpapier changieren sieht. Marlene ist entzückt. »Das ist ein Traum. Schwarz mit seinem eigenen Licht! Das wird die erste Szene des Films.« Kater geht an der Seite der Mutter, berührt nichts, darf nichts sagen, außer wenn sie gefragt wird. Aber mit den scharfen und klugen Augen der Kinder, denen nur das Unwichtige entgeht, sieht sie alles. Und natürlich war das alles, wenn es auch mit Kinderglück im normalen Sinne nichts zu tun hat, märchenhaft und überwältigend.

Nicht nur die Kostümabteilung, auch alle anderen Beschäftigten im Studio sind in jenem kreativen Fieber, das einem bedeutenden Film vorausgeht. Alle helfen mit, damit dieser Film Marlenes und Jos größter Erfolg wird, ein vollkommenes Werk, das um die ganze Erde gehen soll und selbst diejenigen befriedigt, denen der *Blaue Engel* zu sehr dem deutschen Mief verhaftet und *Morocco* zu schnulzig ist.

Lassen wir uns gefangennehmen von der ersten Sequenz des Films, wie er vor unseren Augen beginnt, wenn der Shanghai Express im Bahnhof auf die Abfahrt wartet und sich dann in Gang setzt.

Wir sehen zunächst einen Kanal in Peking und ein Dutzend halbnackter Kulis, die ein Rad anwerfen, um aus einer enormen Kanalisation Wasser nach oben zu pumpen. Dieses Wasser fließt in die große amerikanische Lokomotive des *Shanghai Express*. Kulis reinigen die Fenster der zweiten Wagenklasse, und eine Tafel sagt, wohin der Zug fährt: Peking, Tien Sin, Tsinan, Yenchou, Sutsien, Chinkiang, Pukou, Shanghai.

Kulis laden Gepäck in den Zug, Post wird abgeliefert, Nahrungsmittel und Eis werden in den Speisewagen gebracht. Eine verhangene Sänfte wird von Lastträgern bis an den Zug herangeschleppt, ihr entsteigt eine chinesische Schönheit von offensichtlich zweifelhaftem Ruf und verschwindet in der ersten Wagenklasse des Zuges. Alle Völker sind vertreten: Chinesen, Mandschuken, Tartaren, Russen, Mongolen. Ein gutes Dutzend von Sprachen vermischt sich. Die Kamera findet zwischen ihnen die ältliche Mrs. Haggerty, Besitzerin eines anständigen Boardinghauses. Sie ist völlig außer Atem, so sehr ist sie gelaufen. Sie erreicht den Schalter, stellt dort den Korb ab und fragt den Schalterbeamten, ob der Shanghai Express schon abgefahren sei. Nein? Dann möchte sie ein Ticket erster Klasse. Hinter ihr wartet Reverend Carmichael, daß die Reihe an ihn kommt, und sieht mit wachsender Ungeduld auf seine Uhr, während Mrs. Haggerty umständlich ihre Fahrkarte bezahlt, sich danach erkundigt, ob es einen Speisewagen gibt – worauf sie zur Antwort erhält, daß auf dem Shanghai Express alles zu finden sei außer türkischen Bädern. Ihr Wortschwall geht unter, als sich die Ungeduld des Pastors Carmichael schließlich Luft macht, so daß sie Paket und Korb an sich rafft und den Kontrolleur passiert. Keine Tiere in ihrem Korb – doch, ein kleiner Hund, der ihr weggenommen wird und gegen ihren Protest die Reise im Packwagen verbringen muß. Eine elegante Luxuslimousine fährt bis auf den Bahnsteig, in ihr ein seltsam schwarz gefiedertes Wesen: Marlene, umflattert von den gemeinsam mit Travis Banton so sorgsam ausgesuchten Hahnenfedern. Sie ringeln und plustern sich um sie herum, als wäre sie selbst ein geheimnisvoller Paradiesvogel. Und kurz sehen wir auch das Gesicht der Diva, weiß und zart zwischen all dem düsteren Federngewippe. Auch sie verschwindet da, wo vorher schon die Chinesin hinging, und im Abteil angekommen, zieht sie die Rollos herunter. Wir ahnen, die beiden Damen haben etwas gemeinsam.

Mrs. Haggerty hastet vorbei. Als sie endlich in ihrem Abteil ist, kauft sie sich eine Zeitung, die vier Jahre alt ist, von der der Zeitungsverkäufer jedoch behauptet, es sei die neueste Ausgabe. Hilfesuchend wendet sie sich an einen Mitreisenden, den französischen Oberst Lénard, der liebenswürdig bedauert, daß er kein Englisch spricht. Und erst jetzt begegnen wir der männlichen Hauptfigur des Films – auch Mrs. Haggerty, der Reverend Carmichael und der Oberst Lénard werden wichtige Rollen im Film spielen –, nämlich dem englischen Hauptmann Harvey, der von einem jungen Offizier zum Bahnhof gebracht worden ist.

Die Rede der beiden jungen Männer geht über die geheimnisvolle Shanghai Lily, die auch im Zug sein soll. Der Offizier bezeichnet sie im englischsprachigen Original als »coaster« und erklärt gleich, was er damit meint: Lily ist eine jener Frauen, die von Küste zu Küste reisen, um für sich gut zahlende Kundschaft zu finden.

Dampf steigt auf. Die Kamera fährt am Zug entlang. Zugführer und Personal springen auf und schließen hinter sich die Türen. Ein ganzer Waggon voller Soldaten fährt vorbei, über und über mit Tarnmustern bemalt. Die Soldaten sitzen auch auf dem Dach, die Gewehre stechen aus den dichtgedrängten Männern hervor. Jetzt sind wir im Zug, im Abteil von Sam Salt, einem Buchmacher aus Shanghai, und Henry Chang, einem eurasischen Händler. Chang ist erleichtert darüber, daß der Zug endlich abgefahren ist, was Sam Salt dazu veranlaßt, ihm sofort eine Wette anzubieten darüber, daß der Zug nicht pünktlich in Shanghai sein wird – China ist im Bürgerkrieg, und die Reisenden müssen froh sein, wenn sie überhaupt heil in Shanghai ankommen. Sam Salt zeigt unter dem Kragen die

Juwelen, mit denen er sich für den Ernstfall versorgt hat. Und er bedauert Chang dafür, daß er Chinese ist. An Changs Gesichtsausdruck ist zu sehen, daß Salt diese Bemerkung noch reuen wird.

Langsam bewegt sich der Shanghai Express vorwärts und stößt dabei dicke weiße Dampfwolken aus. Er verläßt das moderne China des Bahnhofs und taucht ein in ein China aus früherer Zeit: eine Straße, geschmückt mit Papierdrachen und Bändern voller chinesischer Zeichen. Wir nähern uns der Szene mit der Kuh, auf die Jo soviel Vorbereitungszeit verwendet hat.

Frauen keifen mit Händlern, Ladenbesitzer treten vor die Tür, um den Shanghai Express vorbeifahren zu sehen. Noch picken Hühner zwischen den Schwellen. Mütter holen schreiend ihre Kinder von den Gleisen. Die Kuh mit ihrem Kälbchen hat sich mitten auf dem Gleis niedergelassen und muß verscheucht werden. Die Lokomotive nähert sich mit quietschenden Bremsen und hält schließlich drei Meter vor der Kuh, die seelenruhig liegenbleibt und wiederkäut. Eisenbahner steigen ab, um sie zu verjagen.

Carmichael, der englische Reverend, will wissen, was los ist, und erhält vom Eurasier Chang zur Antwort: »Wir sind in China, wo weder die Zeit noch das Leben einen Wert haben.«

Eine Kamerafahrt zeigt den Hauptmann Harvey, der sich aus dem Fenster lehnt, und hinter ihm – Marlene, d. h. Shanghay Lily. Harvey wendet sich ihr zu und erkennt sie nach einer langen Pause des Zögerns. Er nennt ihren Namen – die französische Fassung ihres Geburtsnamens – »Madeleine«.

Und sie lächelt und antwortet, was Marlene Dietrich ihrem Jo geantwortet haben könnte, nachdem die vier Monate der Trennung hinter ihnen lagen:

»Schon eine ganze Weile her, seit wir uns gesehen haben, Doc.«

Denn Harvey ist Arzt. Dann sehen sich beide in die Augen.

Harvey: »Ich habe nicht geglaubt, daß ich dich je wiedersehen würde.«

Lily: »Hast du oft an mich gedacht, Doc?«

Harvey: »Wie lange ist das jetzt her?«

Lily: »Fünf Jahre und drei Monate.«

Harvey: »Dann habe ich seit fünf Jahren und drei Monaten an nichts anderes gedacht.«

Lily (lächelt): »Du warst immer galant, Doc. Du hast dich nicht verändert.«

Harvey (nach einer Pause): »Du hast dich sehr verändert.«

Lily (leicht beunruhigt): »Bin ich nicht mehr so attraktiv?«

Harvey: »Du bist schöner denn je.«

Lily: »Ich habe einen anderen Namen, Doc.«

Harvey: »Hast du geheiratet?«

Lily: »Es hat mehr als einen Mann gebraucht, bis ich Shanghai Lily wurde.«

Dieser Satz hat Filmgeschichte gemacht.

Marlenes Bild aus diesem Film hing in ihrem Sterbejahr als Plakat über ihrer letzten Heimatstadt Paris und über dem Festival von Cannes. Kein Zweifel, gegenüber den vorhergehenden Filmen ist sie noch schöner geworden, noch verwirrender. Dies ist nun wirklich ein Gesicht wie von Leonardo da Vinci gemalt. Wie es zur Zeit der Mona Lisa Mode war, hat Jo ihr die Augenbrauen nun gänzlich auszupfen und nur noch mit dünnem Strich nachmalen lassen. Nun ist seine Maria Magdalena völlig den gemalten Renaissance-Vorbildern angeglichen.

Im tiefen Innern des Films – im tiefen Innern Chinas – findet er auch eine Gelegenheit, sie die Hände falten und mit tränenerfüllten Augen gen Himmel richten zu lassen: als nämlich Harveys Leben bedroht ist und sie vor die Wahl gestellt, dieses Leben zu retten oder das, was in seinen Augen ihre Ehre ist.

Sie läßt die Ehre fahren, er wird gerettet und verachtet sie – bis er am Schluß des Films darüber belehrt wird, daß er ohne ihr Opfer tot wäre. Und damit ist der Weg frei, daß Shanghai Lily sich wieder und endgültig in Docs Madeleine verwandeln kann.

In die Filmgeschichte ist der Anfang von *Shanghai Express* als einer der komplexesten und zugleich dramaturgisch stringentesten eingegangen. Eine ungeheure Fülle von Bildern, Eindrücken, Szenen, die der Ausfahrt der großen Lokomotive aus dem Pekinger Bahnhof vorausgehen und sie begleiten – und doch haben alle eine Funktion im Gesamtgeschehen. Geichzeitig dienen sie alle dazu, Marlenes Auftritt zu zelebrieren.

Welch ein Aufwand wird entfaltet, während der Autor und Regisseur sein Juwel enthüllt! Alle Figuren des Films, alle künftigen Konflikte der Reise bis hin zu dem Überfall der Aufständischen und der um einen Tag verspäteten Ankunft in Shanghai sind vorhanden, als Shanghai Lily endlich auf ihren »Doc« trifft. Diese Gruppe zusammengewürfelter Menschen, die da mit den unterschiedlichsten Zielen und Absichten nach Shanghai reisen, das exotische Land, durch das sie fahren, mit all seinen Andersartigkeiten, dem Aufeinanderprallen des Alten mit der Moderne, dazu die chinesischen und europäischen Militärmächte in ihren verschiedenen Repräsentanzen – und das Pulverfaß dieses riesigen Landes im Bürgerkrieg. Der Zuschauer ahnt, ehe der Zug auch nur Peking verlassen hat, daß die Reisenden in einen Hinterhalt geraten werden, daß die mitreisenden Soldaten mit ihren Bajonetten sie nicht schützen, sondern bedrohen werden, daß der Spießigste, Selbstgefälligste unter ihnen am meisten Todesangst hat, daß er am Ende sogar als Verbrecher dingfest gemacht wird. Und daß Shanghai Lily, dies halbseidene Luxusgeschöpf, das verworfene, aber eigentlich so reine Mädchen, das zwar tief, aber auf feinste Daunen gefallen ist, sich für ihre Liebe opfern wird.

In der entscheidenden Szene ist sie in edelstem Schwarz mit weißem Schulmädchenkragen vor einer Anzahl aufgespießter Totenschädel zu sehen – büßend, wie sich das für eine Maria Magdalena gehört. Und auf dem Bahnhof, als alles vorüber ist und sie und ihr Doc wieder Abschied nehmen sollten, wird es klar, daß der großen Sünderin viel vergeben werden wird, denn sie hat viel geliebt. Ganz im biblischen Sinne.

Erinnern wir uns an die sechs Tage Zugreise, durch die Marlene von New York nach Hollywood gelangte. Josef von Sternberg, der sie dort erwartete, muß diese Reise viele Male gemacht haben, und offensichtlich hat sie diesen Filmstoff inspiriert. In diesem seinem erfolgreichsten und bekanntesten Film hat er sie nach China verlegt, und es ist nicht mehr sosehr eine Reise der Entdeckung als vielmehr eine Reise des Wiedersehens, des gegenseitigen Erkennens, Vergebens, des reifen Liebens. So mag Jo sich ein Leben mit Marlene gewünscht haben, bei dem es niemanden als ihn und sie gab – keinen Rudi in Berlin und keinen Maurice Chevalier in Hollywood und auch nicht die weiteren Liebhaber, die sich bereits ankündigten.

Maurice Chevalier – seit er in Hollywood aufgetaucht ist, erscheint auch er zu den berühmten Rühreiern zum Frühstück unter dem blauen Sonnenschirm. Auch er kommt in weißen Flanellhosen, wie Jo. Aber mit ihm sitzt Marlene nicht still und andächtig als schönste Hausfrau aller Zeiten da. Sie lacht mit ihm, sie singt mit ihm, was mit Jo nicht möglich ist. Maurice Chevalier kann steppen und mit seinem Stöckchen herumwirbeln, er kann ein Auge zukneifen und dabei die charmantesten oder die boshaftesten Dinge sagen, und er erinnert Marlene an ihre Kinderliebe zu der französischen Lehrerin, deren Sprache sie so gern gesprochen hat – jetzt kann sie sie mit ihm wieder aus der Erinnerung hervorholen. Was für eine Freude! Jo ebenso wie die Tochter sind von den Vergnügungen ausgeschlossen, denen der lockere Franzose mit der schönen Frankophilen frönt. Marlene beruhigt Jo. Nein, da ist nichts als Spielerei mit dem flotten Sänger und Tänzer – und sie geht eben gerne mit ihm in Lokale, wo man gut essen und zu schöner Musik tanzen kann, was Jo ja nun beides oberflächlich findet. Aber sie – sie muß eben ab und zu mal oberflächlich sein!

Immer nur Kunst und Rührei, da brennen einem ja die Birnen durch! Was die Freuden des Bettes der Göttin anbetrifft, so gibt es keinen Grund zur Eifersucht. Maurice Chevalier, so erklärt sie, sei durch eine Gonorrhöe, die er in Jugendjahren gehabt habe, impotent. Also keine Gefahr. Weder im Schlafzimmer noch in ihrem Herzen, und schon gar nicht in ihren Gedanken, die alle ihm, Jo, und der wunderbaren künstlerischen Arbeit mit ihm gelten.

Aber Jo kann sich nicht damit abfinden, daß die Familie, zu der er gehören soll, doch nicht seine ist, daß die Frau, der er sich so völlig untergeordnet hat, seinetwegen auf nichts verzichten will.

Immerhin: Es gibt wieder ein Weihnachtsfest – und sie verlebt es diesmal in Hollywood – bei ihm, mit ihm. Sie fährt nicht nach Berlin, wie im vorigen Jahr. Und auch das Kind feiert Weihnachten mit Jo und Marlene. Sie sind doch so etwas wie eine Familie. Sie haben auch einen Weihnachtsbaum, den riesigsten und pompösesten, den man sich vorstellen kann. Er hat in der Vorweihnachtszeit Bullocks Warenhaus geschmückt, und das Kind hat bewundernd und andächtig in seine gewaltige Höhe hinaufgeblickt, in das blaue Geglitzer, mit denen die ausladenden Zweige behängt sind. Und Marlene hat den Baum vom Fleck weg gekauft und zu sich ins Haus bringen lassen. Als Kater ihn dort wiedersieht, traut sie ihren Augen nicht. Es ist alles wie ein Traum. Ob ein guter oder ein böser, das ist dabei nicht immer ganz klar.

Rudi aus Berlin hat Strümpfe und ähnliches für Marlene geschickt. Und er, Jo, hat ihr geschenkt, was ihr gebührt. Mehrere Armbänder ganz aus Diamanten, die strahlen an ihren Handgelenken – und einen Ring mit einem wunderbaren, märchenhaft großen Saphir. Er hat ein Vermögen dafür bezahlt, sie so zu schmücken. Mit den glitzernden Bändern an ihren Armen und dem traumblauen Saphir steht sie unter dem Tannenbaum, der funkelt auch weiß und blau. Ist das das Glück? Ist das die Liebe? Ist das das Happy End seiner Sehnsüchte?

Sie lächelt. Und das Kind sieht ihn mit großen Augen an.

Er hat das Gefühl, ein Blinken von Mitleid zu sehen in diesem Blick. Und alles ist schon verdorben. Von Chevalier ist ein Camembert aus Frankreich da, über den macht sie fast mehr Wesens als über den märchenhaften Schmuck, den kein Maharadscha schöner und kostbarer hätte schenken können.

Ist es an diesem Weihnachtsfest, daß sie ihm die goldene Uhr mit seinen Initialen gibt? Die wird er viele lange Jahre durch Krieg und Nachkriegszeit und schließlich bis zu seinem Tode tragen. Ihr Ticken wird ihn wie ein zweites Herzklopfen begleiten. Kurz vor seinem Ende würde er sie noch bewundernden Filmkritikern zeigen und dazu erklären: »Selbst wenn ich verbrennen oder verwesen würde, nach einem Flugzeugabsturz zum Beispiel oder als Opfer aufständischer Freischärler in einem Zug zwischen Peking und Shanghai oder wo auch immer – durch diese Uhr würde, wer mich findet, erkennen, wer ich bin.« Denn sein Monogramm steht darauf. Sie wird aber auch den Eingeweihten zeigen, zu wem er gehört. Zu der Frau, die sie ihm geschenkt hat.

Film ist nicht das Leben, Film darf ausschließlicher, unerbittlicher und reiner sein. Er gehorcht den Sehnsüchten, die meist dauerhafter sind als die Zufälle der Realität. Solange *Shanghai Express* gedreht wird, solange die Endfertigung läuft, mag es Jo unwichtig gewesen sein, welche Rolle er gerade in Marlenes Leben spielt. Daß er dieses Leben entschieden hat, daß er es immer noch formt, daß sie als Star von ihm gemacht und weiter von ihm abhängig ist, versichert sie ihm täglich.

Aber wenn er sie mit Maurice Chevalier herumalbern sieht, kommt er sich schwerfällig, müde und alt vor. Der Abschluß der Arbeiten an *Shanghai Express* macht ihm erneut klar, daß seine Sehnsüchte sich letzten Endes nur auf der Leinwand, nicht in der Wirklichkeit erfüllen. Mit der Arroganz und dem Sarkasmus, der ihn auszeichnet, ist er darüber hinweggegangen.

Er wird einfach einen neuen Film mit ihr machen und sie dadurch auf eine neue Weise an sich binden. Jeder Film, den er bisher gemacht hatte, zeigt eine andere Facette ihres Wesens. Vielleicht liegt darin der Weg aus der Verstrickung und in die Befreiung. Wenn er allerdings zeitweilig die Kontrolle über sich verliert, gibt es schmerzhafte Auftritte der Eifersucht, unter denen er selbst am meisten leidet. Ihnen folgt zum Glück jedesmal eine Versöhnung, die für kurze Zeit das Gefühl jener erlösten Endgültigkeit gibt, das im Kino das Wort »Ende« bezeichnet – wenn die Liebenden sich gefunden haben und alles gut ist.

So ist es auch, als der Konflikt wegen Chevalier offen ausbricht. An dem flotten Maurice mit seiner mittelmeerischen Heiterkeit fasziniert Marlene, daß er so unamerikanisch ist. Für sie ist es ein Ausdruck von Heimweh nach Europa, wenn sie mit ihm plaudert, mit ihm tanzt, für ihn kocht. Und es ficht sie dabei nicht an, daß ja auch Jo mit seiner Herkunft in Wien bei der Paramount als Europäer gilt und man seine Neigung zu sadomasochistischem Verhalten seinen Stars gegenüber dieser Herkunft zuschreibt. Auch Chevalier ist bei der Paramount, die sein sprühendes Talent in einer Reihe von Komödien auszubeuten gedenkt, und ein Photo, das den arrivierten Paramount-Star Marlene beim engumschlungenen Tanzen in den Armen des neuen Paramount-Stars Chevalier zeigt, wird vom Studio an die Nachrichtenagenturen in aller Welt gegeben – ohne Jo zu fragen, der den photographischen Beweis der deutsch-französischen Zuneigung in einer Zeitung findet, woraufhin er nachts ins Paramount-Archiv geht, die Negative sucht und verbrennt.

Marlene regt sich über diesen Ausbruch seiner Eifersucht furchtbar auf und stellt Jo zur Rede, der seinerseits als Antwort kein Blatt vor den Mund nimmt. Seine Angebetete ruft daraufhin wieder einmal Rudi in Berlin an, um ihm ihr Herz auszuschütten. Rudi bekommt natürlich auch den Brief zu sehen, den ihr der verzweifelte Jo schreibt, um sich bei ihr zu entschuldigen, und der seine ganze verzweifelte Abhängigkeit von ihr erkennen läßt.

»Meine Liebste, die Frau, die ich wahrhaft liebe, ich bedaure bereits, was ich gesagt habe. Du hast solche Anschuldigungen nicht verdient, und meine Haltung war, wie üblich, unerfreulich und unverständlich. Irgendwie komme ich manchmal vom rechten Weg ab, verirre mich und kann den Weg zu mir zurück nicht finden. Ich habe nichts getan, was Deinen Respekt verdient, und wenig, was ihn erhalten könnte. Man kann Worte nicht auslöschen, und man muß die Strafe für jedes häßliche Wort bezahlen. Das tue ich auch. Jo«

Allerdings ist zu dieser Zeit Chevaliers Anwesenheit am Frühstückstisch und auf den Tanzflächen der Filmhauptstadt der einzige Schatten, der über Jos Glück liegt, neben dem bereits vertrauten des ewigen Rudi. Der Erfolg von *Shanghai Express* übertrifft noch den von *Morocco*. Das Publikum strömte in Massen hinein, und zwar auf dem ganzen Globus. Das von Sternberg im Studio künstlich erschaffene China überzeugte selbst die Chinesen, und als von Sternberg ein paar Jahre später mit dem wirklichen Shanghai Express reiste, findet er – so beschreibt er es in seiner Autobiographie – alles ganz ähnlich, wie er es für Hollywood erfunden hatte, einschließlich des bewaffneten Überfalls auf den Zug, in den er selbst verwickelt wird. Nur Shanghai Lily stand nicht auf der Plattform.

12. Venus als Mutter

Als Marlene nach ihrem ersten Berlin-Aufenthalt zusammen mit ihrer Tochter wieder in Hollywood auftauchte, hatte sie von ihrem Jo verlangt, daß er sie der Öffentlichkeit als liebende Mutter präsentierte.

Jo hatte damals ganze Arbeit geleistet, deren durchschlagender Erfolg das vierte gemeinsame Leinwandwerk der blonden Schönheit aus Berlin mit dem traurigen kleinen amerikanischen Juden aus Wien bestimmen sollte: *Blonde Venus*.

Deshalb wollen wir uns noch einmal an das Bild von Marlene mit Tochter erinnern, wie es im Paramount-Photostudio vor den Dreharbeiten von *Shanghai Express* entstand.

Zuerst wurden die Haare des Kindes von Marlenes Friseuse Nelly gewaschen und gelegt. Dann wurde das kleine Mädchen in einen Puppentraum von einem Kleid aus geblümtem Organdy mit kleinen Puffärmeln gesteckt. Marlene war züchtig in schwarzen Samt gekleidet, ihr einziger Schmuck war ein Kragen aus venezianischer Spitze.

Jo wollte aus ihr eine Ewige Madonna der Leinwand erschaffen, die das Doppelgesicht des androgynen Wesens im Frack sein sollte, die strahlende Frau mit strahlendem Kind – jenes nur scheinbar unschuldige Bild der erotischen Liebe, das die späte Antike wie die Renaissance begeisterte: Venus mit Kind.

Marlene verschickte Abzüge, an ihre Mutter, an Rudi, an alle, die sie haben wollten – vor allem aber wurde das rührende und dennoch aufreizende Bild von der Publicity-Abteilung der Paramount ausgeschlachtet, bis die ganze Welt verstanden hatte: Die Diva spielte zwar laszive Nachtklub-Schönheit mit zweifelhafter Vergangenheit, andererseits war sie aber auch Hausfrau und liebende Mutter, die nach Drehschluß an ihren Mann in der Ferne denkt. Sich und das Kind mußte sie mit der harten Arbeit im Showgeschäft ernähren, und das bedeutete, daß sie unter Umständen sogar mit entblößten Beinen auftreten mußte. Und in Jahren der Trennung von dem geliebten Mann konnte es auch dazu kommen, daß sie in einem schwachen Augenblick den schönen Augen nicht widerstehen konnte, die ihr ein attraktiver junger Mann machte. Aber eigentlich war sie treu wie Gold, eigentlich saß sie jeden Abend am Bett ihres geliebten Kindes und las ihm vor, und zwar, nachdem sie ihm sorgfältig Hände, Gesicht und Ohren gewaschen hatte, wie es jede Mutter in den USA bei ihren Sprößlingen tat.

Marlene, aber auch die Paramount sind durch dieses erfolgreiche Bild zu der Auffassung gelangt, hieraus müsse auch eine gute Kino-Geschichte zu machen sein. Es ist also schon beinahe eine Selbstverständlichkeit, daß seine Umsetzung in ein Leinwandwerk von eineinhalb Stunden Dauer gleich im Anschluß an *Shanghai Express* in Angriff genommen wird.

Ob Jo die Auffassung seines Studios und seines Stars provoziert, oder ob er sich, geschwächt von der Konkurrenz mit Maurice Chevalier, nur nach und nach dazu überreden läßt, seiner Göttin neben den Diamanten und dem Saphir nun noch einen weiteren Film zu Füßen zu legen, der mehr nach ihren Wünschen als nach seinem besseren Wissen gestaltet ist – wir können es nicht wissen. Marlenes Tochter erinnert sich jedenfalls, wie der kleine Mann eines Tages mit dem fertigen Konzept am Frühstückstisch erschien. Marlene habe ihn daraufhin beglückt umarmt und sich verstanden gefühlt. Und so rührend mag es sich ja wohl auch abgespielt haben. Jedenfalls ist es von der Konzeption der Photos zu der Filmidee um die Nachtklubsängerin als Mutter nur ein Schritt, und danach ist das Buch schnell geschrieben, mit dem das widersprüchliche Bild, das Marlene für die Öffentlichkeit abgibt, auf den Punkt gebracht werden soll.

In Josef von Sternbergs Memoiren wird das Werk nur beiläufig erwähnt. Es ist Svengali Jo wohl schon beim Schreiben klar, daß das Thema im Film nicht so rührend wirken würde. Es gibt einen Punkt, der ihn dabei fasziniert: der Kontrast zwischen der glanzlosen Hausfrau und dem überirdisch schönen und irdisch verführerischen Wesen, das im Nachtklub die Männer um den Verstand bringt. Deren bewundernde Anwesenheit würde den verruchten Reiz des hellen Fleisches vor dunklen Tischen noch steigern – ebenso, wie das frisch gewaschene Kind im Bettchen den der leidenden, jedoch tapferen Alleinerziehenden.

Die Studio-Bosse brauchen in diesem Falle nicht überzeugt zu werden. Die Sache leuchtet ihnen sofort ein. Das Duo von Sternberg/ Marlene mit *Shanghai Express* hat dem Studio mehr noch als mit *Morocco* glänzende Einnahmen beschert. Die Welt wartet auf den neuen Film von Svengali Jo und seiner Trilby.

Von Sternberg macht sich durchaus klar, daß trotz der Begeisterung um ihn herum die Story dieses Filmes nicht so tragfähig sein wird, wie Marlene und auch die Studio-Bosse sich das vorstellen. Beide Bilder nebeneinander führen zu einer Parallele, nicht zu einer Steigerung, wie sie eine Filmgeschichte braucht. Im Prinzip kann der Film sich eigentlich nur bis zu einem Höhepunkt entwickeln, der in der Enthüllung der Hausfrau als verführerischem Nachtfalter liegen wird. Aber wie sollte der Film sich steigern lassen? Schließlich, so erkennt Svengali Jo sehr schnell, wird gerade die Doppelgesichtigkeit problematisch wirken, weil der Zuschauer, der sich identifizieren möchte, zwischen den beiden Rollen von Mutter und Verführerin hin- und hergerissen wird, ohne zu wissen, welcher Erscheinung er wirklich trauen kann. Leicht könnte es dabei geschehen, daß die Szenen der Mütterlichkeit unglaubwürdig wirken.

Unbewußt wird der Zuschauer darin den Pferdefuß des Halbseidenen suchen. Für ein gebrochenes oder gar negatives Bild einer Mutter ist die Zeit aber durchaus noch nicht aufnahmebereit. Die zweite Gefahr ist genau die gegenteilige, daß nämlich die Nachtklubszene durch die Gefühle, die der Zuschauer für Mutter und Kind entwickelt, ihren erotischen Reiz einbüßt.

Die Lösung, die von Sternberg findet, ist genial: Er schiebt zwischen die Szenen von Madonna mit Kind einerseits und der entfesselten Sünderin im Nachtklub andererseits eine dritte Erscheinung der Göttin – die als Tier.

Damit lassen sich ihre beiden anderen Erscheinungsformen überhöhen und steigern. Denn das Tier kann unschuldig mütterlich und zugleich verführerisch und gewalttätig sein. Jo greift da auf Mythen zurück, die älter als selbst die Antike sind: auf die Tiergöttinnen des alten Babel und des alten Ägypten. Aber werden sie in einem modernen Film vor einem modernen Publikum wirken, das diese Bilder von Tiermenschen und Menschtieren allenfalls aus dem Museum kennt und auf das sie keine magische Wirkung mehr ausüben können, weil ihre Bedeutungen nur noch den Tiefenpsychologen erreichen?

Die Verwandlung Marlenes von der Frau zum Tier und schließlich zur Göttin vollzieht Jo mit der großen Nachtklubszene im Zentrum des Films.

Dunkelhäutige Wilde mit bemalten Fratzen, riesige Speere und Schilde in der Hand, brechen unter dem furchterregenden Dröhnen von Urwaldtrommeln ein – in einen matt beleuchteten Raum voller gepflegter, elegant gekleideter Herren –, und sie führen einen riesigen Menschenaffen mit sich, eine Art Orang-Utan oder Gorilla, der im gleichen Rhythmus mit ihnen mit den Gliedern zuckt und stampft. Die Szene erinnert an Bunuels wilde Bauern in *L'Age d'Òr*, die mitsamt Tieren und Wagen durch den Palast der Vornehmen ziehen und dort eine befreiende Verwüstung anrichten. Sie erinnert auch an *Kingkong*, den gewaltigen Gorilla auf einer fernen Insel im Ozean, für den die Wilden orgiastische Opferungstänze veranstalten, bis er sich die weiße Frau raubt und sie in seinen Dschungel verschleppt.

In Jos Szene erscheinen die Nachtklubbesucher im Angesicht des entfesselten Dschungeltanzes wie tote Schaufensterpuppen, die sich in einem unnatürlichen Licht in gezwungenen Stellungen auf ihren Sesseln halten, von denen die Urgewalt der Wildnis sie einfach hin-

190

*1932. Maria Magdalene, Marlenes Geburtsname, der Name der sündigen
Heiligen, führt Jo zu seiner Vision des an Renaissance-Bildern orientierten
unsterblichen Kinogesichts. Der »Leonardo da Vinci der Kamera« schafft
seinen Mythos: Marlene als Shanghai Lily.*

Shanghai Lily mit den Federn mexikanischer Kampfhähne. Rätsel, Verführung, Bedrohung. »Shanghai Express« wird Jos und Marlenes erfolgreichster Film

Jo bei den Dreharbeiten zu »Shanghai Express« – Cinema is battlefield, Film ist ein Schlachtfeld. Reitpeitsche und Stiefel weisen den Dompteur der Gefühle aus.

Auch die Renaissance zeigt Maria Magdalene mit Totenschädeln.
Und die deutsche Romantik singt von dem Tod und dem Mädchen.
In Europa arbeitet sich zu dieser Zeit (1932) der Faschismus vor.

»Blonde Venus«, ebenfalls 1932 gedreht, nimmt Ideen und Konflikte der sechziger Jahre vorweg. Die Frau ist alles in einem: Verführerin, Mutter, Mythos – und berufstätig …

1934. In Deutschland werden Juden verfolgt. Marlene ist Hitlers Werben nicht gefolgt, sondern dreht mit Jo »The Scarlet Empress.« Und Jo bastelt sich einen Heiligenschein.

Marlenes Apotheose als Kaiserin des Kinos, die ihre Armeen durch Verführung statt durch Waffengewalt befehligt.

Der Botschafter, der die deutsche Prinzessin an den Zarenhof holt,
um sie mit einem Idioten, dem Zarewitsch, vermählen zu müssen,
ist wieder eines von Jos zynischen Selbstporträts.

*Jo schafft ein imaginäres Rußland mit einem imaginären Zarenhof
im Hollywoodstudio –*

und legt alles einem Superstar zu Füßen. Kann es noch eine Steigerung geben?

Marlene triumphiert, aber Jo stürzt ab. Der Film hat nicht
den erwarteten Erfolg.

*1935. Der siebente und letzte der Sternberg-Filme mit Marlene:
»The Devil is a woman«. Marlene als spanische Tänzerin.*

*Das letzte der Selbstporträts von Jo. »Alles, was ich über Marlene Dietrich
zu sagen habe, habe ich in meinen Filmen mit ihr gesagt«.*

Jo schießt auf Marlenes Gesicht hinter den Luftballons –
und sie zuckt nicht mit der Wimper.

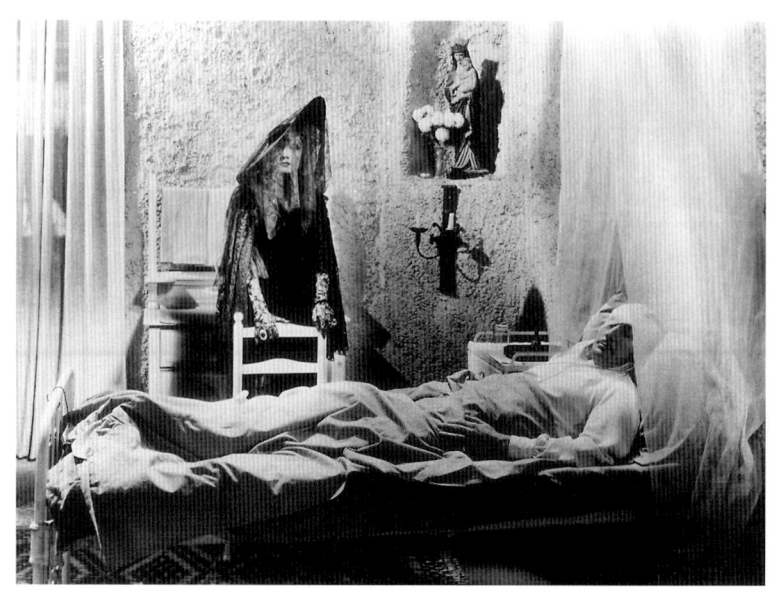

Der Tod im Kino, als wäre es der wirkliche. Der Mann auf dem Bett ist
nicht Jo, sondern ein Schauspieler (Lionel Atwill),
die Frau in Trauer ist Marlene. Die Kino-Marlene, die wirkliche Marlene.

wegzufegen droht. Um den Menschenaffen scharen sich die Tänzer und Trommler, und der Affe wiegt sich im Rhythmus des Dröhnens. Der riesige Gorilla feiert seinen eigenen Kult. Gleich wird er Menschenopfer fordern.

Aber es kommt ganz anders. Langsam öffnet das riesige Tier sein zottiges Fell. Eine schmale, sehr weiße Hand löst sich aus dem Gelenk der Pranke, schimmert hell vor den schwarzen Zotteln. Der Kopf des Großaffen hebt sich von den gewaltigen Schultern – und darunter kommt, weiß wie eine Mandel, die sich aus ihren dunklen Schalen befreit, Marlenes Gesicht in einem Strahlenkranz von hell flimmernden gekrausten Haaren hervor. Jahrzehnte später sollte dieser gekrauste Strahlenkopf als Afro-Look Mode werden. Der kreppgekräuselte blonde Heiligenschein ist – nur eben mit schwarzen Haaren auf schwarzer Haut – eine uralte Haartracht afrikanischer Eingeborenenstämme. Als letztes werden die berühmten Beine sichtbar und schälen sich leuchtend aus dem Tierfell, das als leblose Haut von der Schönheit abfällt. Sie steigt mit bloßen Armen und Beinen daraus hervor, durch den Kontrast zu ihrer vorhergehenden Erscheinung noch strahlender, noch schöner, und trägt nichts am Leib als ein kurzes Wams, das wieder ihre androgyne Seite betont. Die Göttin ist auch ein Gott, der beide Geschlechter in sich hat. Und so tanzt Marlene, so singt sie.

Der Kontrast könnte nicht größer, nicht faszinierender sein. Dunkles Fell und weiße Haut. Das Tierische und das Weibliche. Eine Wirkung, die Jo als Kind schon an Tizians sinnlichstem Bild studiert hatte – dem »Pelzchen«, dem Porträt einer pelztragenden Schönheit im Wiener Kunsthistorischen Museum, der das sie umhüllende Fell langsam von den Schultern zu rutschen scheint.

Jo steigert den Reiz mit dem »Black Voodoo« der Trommeln und der schwarzen Speerträger, durch die er zusätzliche Spannung erzeugt. Die erotische Urgewalt wird in ihrer primitiven wie ihrer verfeinerten Erscheinung sichtbar. Phantasien, die die Tiefenpsychologie unter dem Schutt der Ängste und Hemmungen in den Köpfen der Zivilisierten wieder lebendig gemacht hat, kommen im Dunkel des Nachtklubs in ein magisches Licht und tanzen und verschmelzen vor dem Auge des Zuschauers zu einer widersprüchlichen Vision.

Mit dieser Szene hebt Sternberg den Film mit seiner eigenartigen Problematik der sorgenden Mutter als Nachtklubtänzerin über das Anekdotische hinaus auf eine Ebene, wo die Verschmelzung des Erotischen mit dem Mütterlichen möglich wird, ja, wo sie sogar eine wunderbar befreiende Wirkung bekommt. Der Titel *Blonde Venus*, den die Paramount dem Werk verpaßte, ist zwar unsäglich, was Josef von Sternberg wieder und wieder betont. Aber er trifft, und zwar ganz besonders den Kern dieser Szene. Die Venus, wie wir sie im 20. Jahrhundert sehen – mit Darwins Vorstellungen von der Evolution und mit den Erfahrungen der Tiefenpsychologie im Kopf –, entsteigt eben nicht schaumgeboren dem Meer, sondern dem zottigen Fell der Tiere, die wir in der Urzeit waren, bevor wir zu zivilisierten Wesen mutierten. Josef von Sternberg projiziert den Dschungel, aus dem seine Venus sich hervorschält, in das Ambiente eines Nachtklubs, in dessen Kellerräume der moderne Mensch buchstäblich hinabsteigt wie Jahrtausende früher in die Höhlen, um seinen eigentlichen Wünschen nach Vergessen und Traum in der Erotik näher zu kommen, als er es in den großen Städten während der Arbeitszeit und bei Tageslicht darf.

Die Filmgeschichte feiert diese Szene als eine einmalige Verschmelzung der widersprüchlichsten Elemente. Es geschieht eigentlich nur, was in vielen Hollywood-Filmen geschieht: Ein weiblicher Star tritt in einem Nachtklub tanzend und singend vor Männern auf, und unter ihnen ist ein Mann, zu dem sie eine Liebesbeziehung hatte, und ein anderer, zu dem sie eine haben wird. Und doch ereignet sich hier etwas, das über die Banalität der Szene triumphiert. Der Konflikt zwischen dem Zivilisatorischen und dem Ursprünglichen führt in das Zentrum der Urgewalt, als die das Erotische in der modernen Welt erscheint.

Szenen im Film wie die, in der Marlene ihrem Sprößling die Ohren wäscht, verlieren durch diesen Zusammenhang das Spießig-Beschauliche. Und einmal mehr ist das Bild von Marlene, das Jo hier entwirft, ein Tabubruch mit gesellschaftlichen Konventionen, der auf die sich verändernde Frauenrolle im 20. Jahrhundert hinweist. Die alleinerziehende Mutter, die mit ihrer Arbeit nicht nur sich und ihr Kind, sondern auch ihren Mann am Leben erhält und für diese Leistung nicht etwa bewundert, sondern verachtet wird – die jedoch nicht in der Opferrolle verharren will, sondern ihren Anspruch auf erotische Erfüllung behauptet und sogar ihre Fähigkeit zur Verführung – hier ist sie bereits mit allen zugehörigen Aspekten vorhanden.

Der Film wurde zum Vorläufer einer ganzen Reihe von Werken, die in den frühen dreißiger und noch einmal in den vierziger Jahren die selbstbestimmte, unabhängige Frau zum Gegenstand hatten, wie sie tatsächlich in der Gesellschaft immer wichtiger wurde. In den turbulenten wirtschaftlichen Verhältnissen mit ihren Börsenkrächen und Arbeitslosenheeren konnten die Frauen nicht mehr zu Hause bleiben und sich auf den Mann als Verdiener verlassen. Zunehmend waren sie darauf angewiesen, selbst den Lebensunterhalt zu verdienen, unter Umständen auch allein ein Kind durchzubringen. Und die Zuschauer, vor allem die weiblichen, die ins Kino strömten, wollten solche Geschichten aus ihrer eigenen Erfahrungswelt auch auf der Leinwand sehen. Darstellerinnen wie Joan Crawford, Bette Davis, Barbara Stanwyck gingen auf dem Weg weiter, den Jo und die Dietrich mit der *Blonden Venus* geebnet hatten.

Marlene hatte in dieser Zeit eine kumpelhafte Freundschaft zu einem Hollywoodstar entwickelt, mit dem sie mehr als das übliche Kollegengeplänkel verband. Die Frau, um die es sich handelt, hatte einiges mit ihrer Berliner Freundin Claire Waldoff gemeinsam, besonders die Lust an der Provokation. Sie war nicht die größte Schönheit Hollywoods – das war ja, wenn nicht die Garbo, dann Marlene –, nein, aber dafür war sie intelligent, witzig, selbstbewußt, selbstironisch. Und lesbische Neigungen hatte sie auch.

Aber sie hatte nichts gegen gescheite junge Männer. Das war Mae West, die ihre unbestrittenen Erfolge auf der Leinwand durch ihren

Humor und ihre wogenden Formen errang – mit beiden geizte sie nicht. Bei der Paramount hatte sie ihre Garderobe neben der von Marlene. Gerne tratschten beide von Tür zu Tür. Mae West aber nährte an ihrem umfangreichen Busen – nein, keine Schlange, sondern einen vielversprechenden jungen Mann, der seine ersten Schritte ins Show-Busineß auf kleinen Varieté-Bühnen getan hatte, dabei glänzend aussah und eine fabelhafte Komödienbegabung besaß: Cary Grant. Den sah Jo bei seinen Besuchen im Reich der Damen und setzte ihn sofort in der zweiten männlichen Hauptrolle des Films ein – neben Herbert Marshall, der den aufrechten, aber etwas langweiligen Ehemann abgibt. Und so betritt Cary Grant die Filmgeschichte via Mae West zum ersten Mal in großem Stil als Verehrer Marlenes in *Blonde Venus*.

Wie immer, wenn Svengali Jo die Regiepeitsche schwang, war es nicht leicht für den Anfänger vor der Kamera. Aber es hat sich – wie im Falle Gary Cooper – gelohnt. Anders als Gary Cooper war der an die Härten des Varietés gewöhnte Cary Grant dankbar für die Anforderungen, die der kleine Mann an ihn stellte. Denn er wußte, was er an ihm hatte.

Etliche Jahre später, als Jo mit dem charmanten Cary durch Frankreich fuhr, wurde er an diese Zusammenarbeit erinnert. In einem vertraulichen Augenblick gestand Cary ihm in Rouen bei Gänsebraten und Beaujolais: »Wissen Sie, Jo, ich habe fünf Jahre gebraucht, um zu verstehen, was Sie mir beizubringen versuchten.«

Aus diesem Bekenntnis Grants geht hervor, wieviel Josef von Sternberg einem jungen Schauspieler zu geben vermochte, der bereit war, sich auf ihn und seine irritierende Arbeitsweise einzulassen. Es läßt sich daraus auch erkennen, daß es nicht nur schlichte Loyalität dem alten Freund und Anbeter gegenüber war, die Marlene dazu brachte, sich gegen jeden anderen Regisseur zu sträuben. Auch sie wußte, was sie an ihm hatte. Daß sein scharfes Auge ihr nichts durchgehen lassen würde, was auf der großen Leinwand nicht bestehen könnte – für alle Zukunft. Sie bewies dadurch den sicheren Instinkt, den sie zum Beispiel auch bei der Auswahl ihrer Kostüme besaß.

Trotz des überwältigenden Erfolges von *Shanghai Express*, der ein grenzenloses Vertrauen in die Fähigkeiten der Zusammenarbeit Dietrich/von Sternberg gerechtfertigt hätte, gingen die Konflikte, die schon den Dreh von *Dishonored* überschattet hatten, bei der *Blonden Venus* verstärkt weiter. Die Gesellschaft wollte den von Sternberg verfaßten Schluß des Drehbuches nicht akzeptieren und feuerte ihn kurzerhand – ohne Rücksicht darauf, was sie dem berühmten Regisseur verdankte. Marlene bestand daraufhin auf ihrem Vertrag, nach dem sie nur mit einem Regisseur ihrer Wahl zu arbeiten brauchte – und ihre Wahl hieß wie immer: Josef von Sternberg oder keiner. Da sollte sie durch Tallulah Bankhead ersetzt werden. Ob dies nun ernst gemeint war oder nur als Erpressung wirken sollte – Marlene ließ sich von ihrer Treue zu Jo nicht abbringen. Das gab den Ausschlag. Reumütig riefen die Paramount-Bosse die glorreichen zwei wieder in die Chefetage und erinnerten sie an die Verträge, die beide banden. Jo an die Paramount und Marlene an die Paramount und an Jo.

Aus vielen Aussagen über Josef von Sternberg geht hervor, daß er selbst die Auseinandersetzungen provozierte, daß er den Konflikt und den Krach brauchte, um in Fahrt für seine Arbeit zu kommen. Wollte er bewußt eine gewittrig aufgeladene Stimmung erzeugen, um daraus seine Inspiration zu holen? Seine Gegner im Studio behaupten es.

Seine erfolgreichsten Filme machte Jo allerdings, wenn er in – relativem – Frieden arbeiten konnte. Frieden hatte er bei *Morocco* und *Shanghai Express*. Und mit beiden Filmen hatte die Paramount Einnahmen gemacht, die ausgereicht hätten, Jo für alle Zukunft ein ruhiges Arbeiten zu ermöglichen und seinem besessenen Streben nach Volkommenheit gerecht zu werden. Und mit den Filmen, die dabei entstanden wären, hätte sich für die Paramount auf jeden Fall leben lassen – denn Svengali Jo arbeitete, er betont es zu Recht immer wieder, im Grunde sparsam. Er haßte es, Geld zu verschwenden. Der Rationalität von Menschen, die mit Filmen Geld verdienen wollen, hätte es also eigentlich entsprochen, ihn mit allen seinen Ticks zu akzeptieren, wie er war, und ihn machen zu lassen, in dem sicheren Bewußtsein, daß er jedenfalls keine Flops machte und daß man seinem Instinkt für kommende Stars vertrauen könnte.

Aber auch Produzenten sind Menschen, und als solche sind sie mitunter getrieben von dem Wunsch nach Erprobung und Beweis ihrer eigenen künstlerischen Fähigkeiten. Das kann in speziellen Fällen zu irrationaler Ablehnung dessen führen, der von ihren Geldentscheidungen abhängt, ihnen aber auf der künstlerischen Ebene an Talent und Kenntnissen überlegen ist. Die Herren, die auf dem wackligen Thron der Paramount saßen, weil sie andere davon heruntergestoßen hatten, und daher sicher sein konnten, selbst eines Tages heruntergestoßen zu werden, mußten einen ausgewiesenen Künstler wie Svengali Jo als arrogant empfinden. Sein Talent würde ihn nicht verlassen, solange er lebte, von diesem seinem Thron konnten sie ihn nicht stoßen. Und genau darum beneideten sie ihn, und genau dafür mußten sie ihn demütigen.

Daß Marlene bei diesem Spiel nicht mitmachte, sondern ihm entschieden entgegenwirkte, ist ihre große Leistung in der Filmgeschichte – neben der, einer der strahlendsten Stars aller Zeiten zu sein. Indem sie sich weigerte, mit den anderen Regisseuren zu arbeiten, die sämtlich danach gierten, endlich Josef von Sternberg abzulösen, trotzte sie den Paramount-Bossen ebenso mutig, wie sie es dann auch gegenüber Goebbels und seinen Lockungen tat. Vor allem ihrer Beharrlichkeit hat die Welt zu verdanken, daß immerhin sieben Filme entstanden sind, in denen sie die Hauptrolle spielt und Josef von Sternberg Regie führt. Sieben kleinere und größere Meisterwerke, jedes davon mit Schwächen, aber auch mit grandiosen Momenten, die ihresgleichen suchen.

Josef von Sternberg sah das anders – ihm schienen von Film zu Film diese sieben Arbeiten immer mehr von seinem Talent zu verbrauchen. Er hatte das Gefühl, sich darin zu erschöpfen. Die verschiedenen Interpretationen der Göttin Marlene wie die dunkleren Figuren ihrer Filmpartner, die für ihn Spiegelungen seiner selbst waren, erschwerten die Beziehung zu ihr. Und gleichzeitig sah er immer klarer, daß die Familie, die er mit ihr und für sie hatte bilden wollen, eine Illusion, eine Fata Morgana war. Selbst die Rolle des duldenden Ehemannes, der betrogen wird, aber doch immerhin dafür der Mann an ihrer Seite ist, konnte jederzeit besser besetzt werden. Gäbe es für sie wirkliche Probleme, würde sie »Papi« – ihren Ehemann Rudolf Sieber – nach Hollywood einladen, wo der ganz selbstverständlich wieder in die Rolle einsteigen würde, die Jo in der Zwischenzeit auszufüllen versucht hatte.

Mit Rudi verband sie eine Intimität, die sie mit ihm nicht haben würde. Da es Probleme gab, lud sie Rudi nach Hollywood ein, und nun saßen drei Herren in weißen Flanellhosen um die Rühreier auf dem Frühstückstisch. Mit Rudi besprach sie ihre Sorgen und Nöte. Mit Chevalier lachte sie. Und mit ihm?

Mit ihm machte sie Filme, in denen er sein Talent langsam, aber sicher vergeudete. So sah er es. Die Verbindung zu ihr entfremdete ihn, da er trotz allem süchtig nach ihr war, von allen Menschen, die ihm vorher vertraut hatten. Denn ihre Unterwerfung und seine Perfektionswut gaben für andere ein Bild ab, das für sie günstig, für ihn ungünstig war.

Sein Ruf als Regisseur nahm Schaden. Und selbst das machte ihn immer abhängiger von ihr: Ihretwegen hatte er dem von den Paramount Script Doctors bis zur Lächerlichkeit umgemodelten Buch von *Blonde Venus* zugestimmt, gegen sein besseres Wissen. Der Film hätte wesentlich eindrucksvoller werden können, wenn man ihn das Buch hätte verfilmen lassen, das er geschrieben hatte.

Aber man wollte ihn demütigen. Sie demütigte ihn ja auch. Im Studio durch ihre schon ans Lächerliche grenzende Opferbereitschaft, im Leben durch den Hofstaat von Herren in weißen Flanellhosen, allgemein »das Gefolge« genannt, im Gegensatz zum »Fußvolk«, das von dem Kind, dem Mädchen Becky und der zur Köchin abgestiegenen Garderobiere Resi sowie dem Chauffeur gebildet wurde. Für diese Schar, die Marlene als das königliche Wesen in der Mitte umgab, kam die Stunde der Erprobung, als sie von ihrer Herrscherin in den Krieg geschickt wurde.

Das öffentliche Spiel mit der Venus als Mutter hatte nicht nur positive Seiten. Als das Lindbergh-Baby entführt worden war und die Presse wochenlang Schlagzeilen über die Entführung brachte, bekam es auch Marlene mit der Angst zu tun, auch ihr könnte das Kind weggenommen werden. Und tatsächlich gingen Telegramme mit Drohungen bei ihr ein. Lösegeld wurde gefordert, das in Fünfdollarnoten gebündelt und verpackt auf der Stoßstange eines vor dem dietrichschen Hause deponierten Autos bereitgelegt werden sollte. Vor der Verständigung der Polizei wurde im Interesse des Kindes gewarnt. Ob es sich um wirklich entschlossene Entführer handelte oder nur um Menschen, die die Dietrich zum Spaß in Aufregung versetzen wollten, war nicht auszumachen. Die Geldbündel, die schließlich aus echten Fünfdollarnoten und in gleicher Größe zurechtgeschnittenem Zeitungspapier hergestellt wurden, holte jedenfalls niemand ab, was der zweiten Erklärungsvariante Nahrung gab.

Jedenfalls verhängte Marlene über ihr Haus eine Art Belagerungszustand, bewaffnete die drei Männer des »Hofstaates«, also Josef von Sternberg, Maurice Chevalier und Rudi, den sie in ihrer Bedrängnis aus Europa herbeigerufen hatte, mit geladenen Gewehren und postierte ihre drei ergebenen Ritter an den drei zu verteidigenden Ecken des Hauses, wo sie die ganze Nacht über Wache halten mußten. Alle drei natürlich das Schlafzimmer der Ersehnten vor Augen, in dem das Licht an- und ausging und wo die Schönheit in ihrem Seidenbettzeug dem Tag entgegenträumte. Innen umgaben die beiden Frauen des »Fußvolkes« das Kind Maria, das das Haus keinen Augenblick verlassen durfte. Rudi und Maurice Chevalier kamen schnell miteinander zu der kumpelhaften Beziehung, die Männer in solchen Extremsituationen gern eingehen. Aber Jo war Männerkameradschaft fremd. Also hockte er in der dunklen Nacht an seiner Hausecke und sann über seine Situation nach. Eine schöne Königin oder sogar Kaiserin, die ihre Schlachten mit Hilfe von Männern gewinnt, die mit ihr geschlafen haben und sich nach ihrer Umarmung sehnen. Das wäre doch ein Stoff …

Marlene hatte wirklich Angst. Und ihr kleines Wachbataillon konnte ihr die nicht nehmen. Eigentlich hatten doch alle drei Anbeter etwas ganz anderes im Kopf, als etwaige Verbrecher fernzuhalten. Rudi und Maurice mögen im Dunkel der Nacht Steppschritte und Französisch geübt haben, und Jo dachte sich Filmszenen aus. Wenn er das tat, war er so abwesend, daß man ihm selbst das Messer hätte an die Kehle setzen können, und er hätte es erst gemerkt, wenn es zu spät gewesen wäre. Irgendwie, so sann die Diva in ihren Seidenkissen, waren alle drei nicht wirklich zuverlässig. Verlassen konnte sie sich letzten Endes nur auf sich selbst. Auch in einer solchen Situation, die von den dreien keiner wirklich ernst nahm, obwohl sie die Nacht dafür unter dem kalifornischen Sternenhimmel verbrachten.

Tatsächlich wäre die in der Presse vielfach porträtierte Tochter der in Glanz und Luxus lebenden Marlene ein guter Fang für Kidnapper gewesen. Ein Glück, daß sie so schwer zu fangen war. Sie ging ja nicht einmal zur Schule, und es gab in den 24 Stunden eines Tages keinen Schritt, den sie hätte ohne Begleitung machen dürfen – obwohl oder gerade weil sie immer allein war.

In einer dieser Nächte begann die Dietrich, sich schuldbewußt zu fühlen. War nicht der ganze Druck, der auf ihr und dem Kind lastete, ein Ergebnis ihres Starruhmes? Wäre sie nicht in Berlin verschont von solchen Nachstellungen und Drohungen?

Sie plante nun doch die Rückkehr. Mit Rudi, versteht sich. Kater sollte zurück nach Berlin. In ein normales Kinderleben ohne Kidnapper und ohne Starrummel. Das heißt, den würde es natürlich auch in Deutschland geben. Aber da hatte Kater doch Josephine Felsing, verwitwete von Losch, die würde schon alles richten. Entschlüsse wuchsen in der Nacht, die sie bei Tageslicht umsetzte.

Das Haus, das Jo für sie, sich und das Kind gesucht und gefunden hatte und das zum zweiten Mal ein Heim für ihren Regisseur und sie hätte werden sollen, wurde ohne lange Rücksprache mit ihm einfach gekündigt. War es nicht den Kidnappern bekannt? Konnten sie nicht jederzeit wieder einen Anschlag planen? Weg, nur weg von Hollywood! Das Nötigste wurde zusammengepackt. Von da an lebte man aus Koffern bei Marlene. Alles stand auf dem Sprung. Keine Rühreier zum Frühstück und nur noch ab und zu eine Hühnerbrühe.

Was aus Jo bei der ganzen Sache werden sollte, schien ihr nicht einmal einen Gedanken wert. Er konnte nicht so einfach nach Berlin. Von der Paramount-Niederlassung dort kamen beunruhigende Nachrichten. Die Juden unter den Berliner Paramount-Beschäftigten wollten dort sämtlich so bald wie möglich weg. Es kam auf offener Straße zu Ausschreitungen gegen sie. Juden wurden im hellen Tageslicht zusammengeschlagen und getreten, ohne daß die Polizei einschritt. Deshalb wollte Rudi auch nicht zurück nach Berlin. Er hatte dort zu viele Freunde unter den Juden. Wieso denn unbedingt Berlin? Man konnte doch Französisch. Paris lag doch auch in Europa, und dort marschierten die Nazis nicht.

Das besprach er mit Jo, das besprach er mit Maurice Chevalier, das besprach er schließlich mit den Herren der Paramount, die ein Herz für ihren Megastar wie für den geduldigen Ehemann hatten, der unter Jo leiden mochte wie sie selbst. Paramount-Filme mußten für den europäischen Markt synchronisiert werden. In Französisch, in Deutsch, in Italienisch. Das geschah in Paris, in der dortigen Synchronisationsabteilung der Paramount. Rudi konnte Sprachen, er sah gut aus, er konnte organisieren, er war diplomatisch – wäre das nicht ein Job für ihn, den Pariser Außenposten zu leiten? O ja, das wäre es. Rudi war begeistert. Marlene war dankbar. Jo schwieg.

Rudi reiste in Richtung Paris ab, beneidet von Marlene. Paris! Wie hatte sie in ihrer Kindheit von der Lichterstadt geträumt! Mit Rudi hatte sie immerhin schon einen Fuß in der Stadt ihrer Sehnsucht. Natürlich war Paris in jeder Hinsicht besser als Berlin. Kidnapper schien es dort auch nicht zu geben. Sollte sie gleich mit Rudi ziehen? Nein, nichts überstürzen. Sie könnte ja jederzeit nachkommen, wenn er sich dort eingerichtet hatte. Jedenfalls nicht wieder nach Berlin. Es bereitete sich dort ein Bürgerkrieg oder noch Schlimmeres vor.

Marlene dachte nach, zögerte, packte die Koffer wieder aus und bestellte die Buchung auf der »Bremen« wieder ab. Sie würde bleiben, sie würde nur kurz nach New York fahren, um Europa wenigstens etwas näher zu sein und um Kultur zu tanken, von der es in Los Angeles allzuwenig gab – aber sie ängstigte sich um ihre Mutter und Schwester, die weiterhin in Berlin bleiben würde. Was sollte Josephine von Losch allein im kalten und bedrohlichen Berlin? Wäre nicht auch für sie das angenehme Leben im Hofstaat der Tochter, in der Sonne Kaliforniens, in Glanz und Luxus bekömmlicher als die schwierige und bedrohte Existenz in dem von Krisen geschüttelten Deutschland?

Aber Josephine weigerte sich, Berlin zu verlassen. Das anstößige Leben ihrer Tochter fern vom Ehemann mit wechselnden Liebhabern, das auch in der deutschen Presse mit Häme kolportiert wurde, schreckte sie ab. Sie war nacheinander mit zwei Offizieren der preußisch-kaiserlichen Armee verheiratet gewesen, sie wußte, was sie ihrem Vaterland und ihren toten Ehemännern schuldig war. Eine Offizierswitwe kann die Heimat nicht im Stich lassen.

Die *Blonde Venus* gehörte nicht zu den großen Kassenerfolgen der Dietrich-Sternberg-Filme. Die darin dargestellte Thematik war ihrer Zeit zu weit voraus – einschließlich der rührenden Szene, in der Marlene ihrem Filmkind hingebungsvoll die Ohren wäscht, so, wie sie es von Josephine von Losch selber erfahren hatte, nämlich mit aller preußischen Gründlichkeit. Die Kinogängerinnen, die sich gerne mit der geheimnisvollen und etwas sinnlos dahinlebenden Marlene aus der Halbwelt identifiziert hatten, konnten diesen Spagat hin zur berufstätigen Mutter nicht so einfach mitmachen. Sie wollten Marlene nicht als Hausfrau vorgeführt bekommen. Es mochte ein Tatbestand des Lebens sein, daß auch Halbweltdamen Kinderwäsche machen, aber es riß doch allzusehr aus den Illusionen. Daß der Film an der Kinokasse nicht die Erfolge des *Shanghai Express* erreichte, lastete jedoch niemand Marlene an. Josef von Sternberg war der Schuldige. Zwar hatte er vehement auf die Schwächen des Buches hingewiesen, das aus seinem Text zurecht-

geschustert worden war – aber er hatte dennoch die Folgen des De-
bakels zu tragen. Längst war vergessen, welch ein Riesenerfolg der
vorhergehende Film gewesen war. Und wer sich daran erinnerte,
spielte diesen Erfolg gegen den schwächeren des neuen Werkes
aus – die großen Qualitäten der *Blonden Venus* wurden der Welt
erst langsam bewußt.

Wieder einmal bewahrheitete sich für Jo das alte Sprichwort, daß
der Erfolg viele Väter hat, der Mißerfolg jedoch ein Waisenkind ist.
Und als Waisenkind fühlte er sich. Die Auftritte der weißen Flanell-
hosen-Garde Rudi und Maurice am Frühstückstisch wie im Dunkel des Gartens hatten ebenso an seinen Nerven gezehrt wie die
Kämpfe mit den Studiobossen, deren falsche Entscheidungen er
allein auszubaden hatte. Die Liebe zu seiner Göttin blieb unerfüllt –
wenn er sie am meisten gebraucht hätte, war sie mit Sicherheit am
weitesten weg.

Zum Glück war die Welt groß.

Hatte sie nicht seine Sehnsüchte von Film zu Film geteilt? Waren
seine Bilder nicht Teil von ihr geworden wie Mozarts Musik? Wie,
wenn er seinen Filmen nachreiste, die ja überall auf dem Planeten
gelaufen waren? Zum Beispiel Amy Jolly nach Marokko, Shanghai
Lily nach Shanghai? Oder Lolalola nach Berlin? Waren nicht die
Figuren, die er für Marlene geschaffen hatte, menschlicher und lie-
bevoller als die lebendige Frau, die sich ihm immer wieder entzog?
Er mußte fort aus Hollywood, weg von dem Haifischbecken, das
die Paramount für ihn geworden war, und vor allem mußte er sich
lösen von der Frau, an die ihn das Schicksal gebunden hatte. Vielleicht würde er sich von ihr befreien können und sein Talent wieder-
finden, das er an ihr verbraucht hatte – wie es mittlerweile nicht nur
er selbst dachte, sondern wie es auch in allen Zeitungen stand. Er
mußte zurück in die Zeit, bevor er sie kennengelernt hatte. Dafür
gab es nur einen Ort, und es war nur gut, daß sie sich entschlossen
hatte, vorerst nicht hinzufahren.

Berlin.

Juden wurden dort verfolgt. Wenn das mehr war als ein Gerücht, dann gehörte er genau an diesen Ort, wo sich das Schicksal seines Volkes vollzog. Nachts mit dem Gewehr auf den Knien in Marlenes Garten, vor ihrem Fenster – das war nicht die Tapferkeit nach Jos Sinn. Aber in Berlin den Nazis zu trotzen, das wäre etwas, das sich lohnen könnte. So könnte sein Leben einen neuen Sinn bekommen.

13. Das Hohelied

Marlene fand ein neues Haus – noch pompöser als das, das eigentlich ihrer leidenschaftlichen Beziehung zu Josef von Sternberg hatte den Rahmen bieten sollen. Es lag auf dem Anwesen des Zeitungsverlegers Randolph Hearst in einem riesigen Park und wirkte wie ein Säulenpalast aus den Südstaaten.

Liebe und Arbeit hatten unter einem Dach vereint sein sollen in dem Haus im Art-déco-Stil, in dem jetzt ihre gepackten Koffer auf Abholung und Abtransport warteten. In dem Augenblick, als Jo es verließ, hatte er vor, seinem »Geschöpf« nun für alle Zeit den Rükken zu kehren, um sich endgültig von ihr zu befreien.

Eines stand fest: Als einer unter mehreren in Marlenes Gefolge war er sich zu schade. Den Hampelmann, den sie an den Fäden ziehen konnte, wie es ihr beliebte, würde er nicht abgeben. Er hatte sich unter Liebe und auch Ehe etwas ganz anderes vorgestellt als diesen Reigen von Verehrern zu komplettieren, die ihr zur Verfügung standen. Nichts gegen Maurice Chevalier, das war ein witziger Bursche, wenn er auch persönlich nicht viel mit ihm zu bereden hatte, er konnte ein Kumpel sein, ebenso wie der ewige Ehemann Rudi, den Marlene mit sich durchs Leben schleppte. Aber selbst wenn sie nicht mit beiden schlief, wie sie behauptete: Er wollte in seinem Haus selbst darüber entscheiden können, wer bei ihm zu Gast war und wer nicht. Schließlich brachte er ja auch nicht die Frauen, die ihm gefielen, an Marlenes Frühstückstisch, und schon gar nicht würde er ihr zumuten, sie etwa unter ihrem Dach unterzubringen.

Der Groll vieler Demütigungen, die sie niemals als solche empfunden hatte, steckte tief in ihm und verzehrte ihn. Damit mußte jetzt

Schluß sein. Er hatte sie als Star erschaffen, er hatte alle Facetten, die in ihrer Erscheinung lagen, geschliffen und wieder geschliffen, bis sie als größter Stern am Himmel Hollywoods strahlte, neben dem selbst der der Garbo zeitweilig verblaßte. Und jeder, der in einem Regiestuhl sitzen konnte, schien überzeugt davon zu sein, daß sich aus dem Wunderwesen noch ganz andere Lichtblitze hervorlocken ließen. Mit der ihr eigenen, sehr unabhängigen Urteilskraft wußte Marlene, daß das nicht der Fall war, daß sie mit anderen Regisseuren nur wiederholen würde, was sie bei ihm schon besser gemacht hatte. Aber da die Intrigantenriege der Paramount wie auch die Neidhammel von MGM keine Ruhe gaben, mußte ihnen die Wahrheit augenfällig gemacht werden. Während Jo in Europa für sich nach neuen Wegen suchen würde, müßte sie ihren ersten Film unter einem anderen Regisseur machen. Marlene sträubte sich. Aber es blieb ihr keine Wahl. Jo hatte seine Reise bereits gebucht.

Dann sollte er wenigstens den Mann aussuchen, unter dem sie spielen würde. Das verlangte sie von ihm. Er willigte ein, er dachte nach. Sein Vorschlag: Rouben Mamoulian, der Regisseur der Garbo. Der nachgewiesenermaßen eine Begabung für die Inszenierung schöner und raumgreifender Frauen hatte. Der ganz zweifellos klug, sogar gebildet war – und der, in Hollywood eine Rarität, als Gentleman bezeichnet werden konnte.

Marlene zögerte. Unter dem Regisseur der Garbo zu arbeiten, das klang nach Sieg über die große Nebenbuhlerin in der Gunst des Publikums. Daß er Josef von Sternberg nicht das Wasser reichen konnte, mochte den Herren von Paramount und MGM nicht aufgefallen sein. Aber Marlene hatte Augen dafür. Es gab Regisseure, die ihr Handwerk verstanden, und es gab Künstler. Warum sollte sie einen Handwerker akzeptieren, wenn ihr der Künstler verfallen war? Sie müßte nur das Richtige tun, dann könnte sie ihn zurückhalten. Sie hatte ihn vernachlässigt, gekränkt, verletzt. Wenn sie ihm genügend zu verstehen geben würde, daß er und nur er der Mann ihres Lebens war, würde er nicht fahren. Und sie müßte nicht unter Mamoulian arbeiten.

Sie gab sich Mühe. Sie wußte ja, wo sie ihn treffen konnte. Wie sie ihn kannte! Aber sie kannte ihn doch nicht genug. Wollte er denn wirklich, daß sie mit Mamoulian …? Wäre das nicht schlimmer als jeder Ehebruch? Waren nicht ihre gemeinsamen Filme der Ort, in dem ihre Liebe zueinander sich ausdrückte, möglich wurde, erfüllte?

Svengali Jo meinte seine Abnabelung von Trilby ernst.

Und er ließ sich auch sonst zu keiner größeren Änderung seiner Pläne überreden. Zu einer kleineren, ja. Er würde vorerst nicht ganz so weit wegfahren.

Den Umzug in das in seinen Augen geschmacklose Haus, das Randolph Hearst mit diesem albernen neogriechischen Säulenschmuck versehen hatte, würde er nicht mitmachen. Vielmehr hatte er Pläne im Kopf, nach denen er eines Tages selbst ein Haus bauen würde, schöner als alle seine Filme, ein würdiger Rahmen für die schönste Frau der Welt … die er sich allerdings darin lieber nicht vorstellte, da er sich ja diesmal endgültig von ihr trennen wollte.

Er würde den Ozean nicht sofort zwischen sie und sich legen. Sie sollte sich seines Schutzes sicher sein, wenn sie mit Mamoulian zu arbeiten begann. Bevor er nach Berlin in den sich dort vorbereitenden Bürgerkrieg aufbrach, brauchte er erst einmal eine Erholungsreise, von der man zur Not schnell wieder an Ort und Stelle war. Vorerst ging es in die Karibik. Der Kameramann Paul Ivano begleitete ihn. Vielleicht würde ihm schon dort etwas Neues einfallen.

Der Film, den zum ersten Mal seit Beginn ihrer Zusammenarbeit ein anderer Regisseur als Josef von Sternberg mit Marlene machen sollte, trägt den beziehungsvollen Titel *Song of Songs*. So heißt in der englischen Übersetzung das biblische Hohelied Salomos, das schönste Liebeslied der jüdischen Literatur. Und hier die Story: Ein Bildhauer schafft nach einer sehr schönen Frau, die er liebt und die ihn liebt, eine vollkommene Statue und wird durch sie reich und berühmt. Der Bildhauer ist begabt, aber von der Sorte, die über Leichen geht. Für schnöden Mammon verkauft er nicht nur die Statue, sondern auch die Frau. Sie wird aber von dem, an den er sie verkauft hat, geheiratet und also ebenfalls reich, wobei ihre Unschuld, ihre Liebe und so weiter auf der Stecke bleiben. Elegant, aber unglücklich trifft sie den wieder, der sie zu dem gemacht hat, was sie nun ist. Nämlich eine große Dame in schwarzen Spitzen, die ihrer Jugendliebe nachtrauert. Und beide stimmen mit dem Publikum überein: Leben, Liebe und Kunst sind verfehlt für den, der sein Mädchen verkauft, weil er Karriere machen will.

Paramounts Drehbuchschreiber, die sich das ausgedacht, und Paramounts Bosse, die das zur Produktion mit Miß Dietrich angenommen hatten, freuten sich schon darauf, wie Svengali Jo diese Interpretation seiner Geschichte mit Trilby aufnehmen würde. Allzu durchsichtig war die Parallele des besessenen Regisseurs zu dem karrieregeilen Bildhauer.

Trilby lehnte nach der Lektüre des Drehbuches nachdrücklich ab, diese Schnulze zu spielen, es sei denn, Josef von Sternberg würde das Buch in seinem Sinne umschreiben und Regie führen. Das hatte sie schon einmal getan, und sie hatte Erfolg gehabt. Er konnte sie in dieser Situation nicht allein lassen. Würden sie sich nicht beide lächerlich machen?

Eine zweite Sache erregte sie fast noch mehr:

Die berühmten Beine sollten sogar weniger als in den vorhergehenden Filmen zu sehen sein, aber die Statue von ihr sollte sie nackt zeigen – was es bis jetzt noch nicht gegeben hatte, bei keinem Hollywoodstar. Man stelle sich vor, das Studio würde die Statue dann auch noch zu Werbezwecken von einer Porzellanmanufaktur in Serie ausführen lassen. Oder von einer Gipsformerei. Und überall in Amerikas Haushalten wie in Europa: Marlene nackt, auf allen Kaminsimsen. Was würde Josephine Felsing dazu sagen? Nein, mein Kind, würde sie sagen. Das ist zuviel.

Und Marlene sagt sich: Das hätte Jo nicht von mir verlangt.

Ganz Hollywood wartet mit Marlene darauf, daß Josef von Sternberg seine Karibikkoffer wieder auspackt und den Film selbst mit ihr dreht. Schon um ihr die Sache mit der Statue zu ersparen. Aber auch, um das Hohelied seiner Geschichte mit ihr selbst zu singen.

Marlene konnte ihn nicht halten. Der Abschied ging stufenweise vor sich. Es gab bis zu Jos Abreise tägliche Auseinandersetzungen, die von beiden mit wilder Kampfesbereitschaft geführt wurden. Marlene warb um Jo, wie sie es lange nicht mehr getan hatte. Stets hatte sie ihn für sich zurückgewonnen, wenn sie sich nur genügend Mühe gegeben hatte. Aber diesmal war es anders. Er war niedergeschlagen, aber er blieb fest. Sie gab sich kühl, verschlossen wie immer, wenn sie Angst hatte oder in Sorge war. Sie sprachen leise miteinander, aber sehr beherrscht, jedes nach außen drängende Gefühl wurde unterdrückt. Diese letzte Auseinandersetzung vor seiner Abreise ergab nur, was ohnedies schon feststand und was sie immer noch nicht anerkennen wollte: daß sie den Film *Song of Songs* tatsächlich ohne ihn machen mußte – und dafür mit Rouben Mamoulian. Jo erklärte Marlene, wie sie sich verhalten sollte. Mamoulian sei nicht stark genug, um mit ihr zu kämpfen, er könne ihr möglicherweise nicht verständlich machen, wie sie spielen müsse, damit ihre Szenen Bedeutung bekämen. Aber sie solle auf sich selbst vertrauen. Schon wisse sie genug von dem, was für sie vor der Kamera wichtig sei. Sie arbeite ja mit denselben Mitarbeitern, die sie auch in den Filmen mit ihm hatte. Und auch mit denselben Beleuchtern. Sie würde Travis Bantons Kostüme haben, dazu die gewohnte Friseuse und Maskenbildnerin, und auch Jos Licht würden die Beleuchter ihr setzen können. Sie hatten es ja oft genug getan.

Mit diesen Worten ging er, und das kleine Mädchen mit dem seltsamen Namen Kater ging ihm nach. Er sah sehr müde aus, als er das Haus verließ. Und er trug immer noch weiße Flanellhosen – wie es sich für Marlenes Hofstaat eingebürgert hatte, für Rudi, für Maurice Chevalier und mittlerweile auch für ihre lesbische Liebe Mercedes de Acosta, die ehemalige Geliebte der Garbo, nunmehr zur Konkurrenz übergewechselt, die zur Zeit den Hauptplatz in Marlenes Gunst einnahm.

Marlene stieg die Treppe zu ihrem Schlafzimmer hinauf, in das sie sich einschloß. Im Haus war alles still, nur das Grammophon schien lebendig: Richard Tauber sang österreichische Lieblingsschnulzen.

Zum ersten Mal zog sie sich so zurück. Diese Art zu trauern wurde typisch für sie. In ihren letzten Lebensjahren hielt sie sich nur noch in ihrem Schlafzimmer auf.

Aber 1932 kam sie schon nach vierundzwanzig Stunden wieder heraus.

Marlene fand einen Brief der Acosta in ihrer Post:

»Ich bete, daß ich nicht in irgendeiner Weise die Ursache für dies hier bin – daß Herr von Sternberg nichts von mir wußte. Einen Freund wie Herrn von Sternberg zu verlieren und deiner Arbeit zu schaden, nur um mich zu lieben, das wäre wirklich ein zu hoher Preis.«

»Was diese Frau sich einbildet!« war Marlenes Reaktion. Sie ärgerte sich über die Acosta, die so eitel war, sich vorzustellen, sie könnte der Grund für die Trennung zwischen Josef von Sternberg und der Dietrich gewesen sein.

Nach der Karibik-Reise, die er im November 1932 antritt, geht Josef von Sternberg nach Europa. Hollywood findet ohne seinen großen Regisseur statt. Marlenes Hofstaat hat seinen Erfinder und treuesten Diener eingebüßt. Weihnachten wird dieses Jahr nicht mit ihm begangen. Das zweifelhafte Glück des Vorjahres unter der blauen Kaufhaustanne wiederholt sich nicht – weder für Marlene noch für Kater – noch für ihn selbst.

Er hält sich statt dessen in Berlin auf. Der Erfolg des *Blauen Engels* liegt zwar erst zwei Jahre zurück, und doch schlägt ihm ein völlig anderes, eisigeres Klima entgegen. Rudis Warnungen erweisen sich als nur allzu berechtigt. Der Sieg der Nazis bei den Wahlen scheint unabwendbar.

Wenn nicht noch ein Wunder geschieht, werden die im Kulturleben so einflußreichen Juden, die auch das Berliner Show- und Filmgeschäft beherrschen, aus ihren Stellen gejagt und durch Arier ersetzt werden. Die meisten von ihnen klammern sich noch an die Hoffnung, daß sich die bevorstehende Nazi-Herrschaft als Spuk erweist. Hat die Weimarer Republik nicht schon unzählige Regierungswechsel erlebt?

Josef von Sternberg bleibt vorerst in Berlin und wartet die weitere Entwicklung ab. Weihnachten erlebt er in Marlenes Geburtsstadt und hofft auf eine Wiederbelebung der untergehenden Weimarer Republik. Das Feuerwerk zum Jahreswechsel 1933 steigt diesmal für ihn in den Berliner Himmel. Die ersten Tage des Januar scheinen noch friedlich. In Max Reinhardts Theatern laufen die Proben, neben deutschen stehen jüdische Schauspieler auf der Bühne, neben deutschen Autoren sind jüdische auf dem Spielplan.

Aber es ist nicht mehr zu übersehen: Überall drängen die Nazis vor. Das Straßenbild, vor kurzem noch beherrscht von dem lässigen bis lasziven Schick, den Marlene nach Hollywood exportierte, ist jetzt bestimmt von braunen Uniformen. Auf offener Straße pöbeln diese Uniformierten ungehindert Menschen an, nur weil sie Juden sind – wie er, Josef von Sternberg.

Ein neues Projekt läßt sich vor diesem Hintergrund schwer in Angriff nehmen, nicht einmal von einem der anerkannt bedeutendsten und erfolgreichsten Filmregisseure der Erde. Vor dem Risiko schreckt jeder zurück. Erst abwarten, wie die neue Regierung aussieht. Wird Hitler darin sein? Wird Hindenburg ihn als Kanzler akzeptieren? Und dann die nächste Frage: Werden die Nazis, wenn sie an der Macht sind, tatsächlich so scharf vorgehen, wie sie es sagen? Oder werden sie sich anpassen? Jedenfalls muß man mit einem Sternberg-Film warten, bis Genaues feststeht. Keiner will sich die Finger verbrennen, am wenigsten die bedrohten Juden, die sich absichern müssen. Wenn es hart auf hart kommt, wird es wichtig sein, daß man nicht noch in letzter Minute Fehler gemacht hat.

Der *Blaue Engel*, ein Welterfolg, gewiß, ebenso wie *Morocco* und *Shanghai Express* – unvergeßliche Filme, Höhepunkte der noch jungen Kunst des Kinos und dazu große Kassenerfolge –, aber zur Zeit ist das Klima für Projekte dieser Art ungünstig. Bleiben Sie doch noch ein bißchen, Herr von Sternberg! Wenn alles gutgeht, worauf man immer noch hofft in Berlin, wenn also Hitler und Goebbels nicht an die Macht kommen, dann werden Ihnen alle Türen offenstehen, Stoffe gibt es ja genug, und mit Ihnen könnte die UFA eine

Weltmacht im Filmbereich werden, künstlerisch wie kommerziell. Aber Film ist nicht Wirklichkeit, Film muß sich den politischen Gegebenheiten anpassen. Die UFA kann sich jetzt nicht in eine neue teure Produktion stürzen, die möglicherweise verboten wird, bevor die Dreharbeiten angefangen haben. Und selbst wenn abgedreht werden könnte, Goebbels würde dann den Film in der Endfertigung stoppen und das Negativ vernichten lassen – nein, das ist zu riskant, die erforderlichen Investitionen sind zu groß. Mit der Story hat das nichts zu tun, und auch nicht mit der Besetzung, sondern einzig und allein mit der Tatsache, daß Herr von Sternberg Jude ist und als solcher weltberühmt, man kann ihn nicht einmal unter einem Pseudonym verstecken.

Herr von Sternberg schreibt also nicht an einem neuen Filmstoff, er liest auch kein Drehbuch, das man ihm etwa anbieten würde. Es sind keine finanziellen Sorgen, die ihn beschäftigen. Er ist mit dem, was er bis jetzt geschaffen hat, reich genug geworden. Aber da der Film sein Element ist, das er so nötig zum Leben braucht wie der Fisch das Wasser, fühlt er sich wie tot auch inmitten der angeregtesten Gesellschaften. Noch sind die Abende und Nächte Berlins ja nicht ihrer aufregenden Figuren beraubt. Noch ist die Avantgarde vollständig vorhanden. Und von Sternberg wird von ihr geschätzt, bewundert, eingeladen. Er erneuert alte Bekanntschaften aus der Zeit des *Blauen Engels*, zum Beispiel mit George Grosz, der sich noch lebhaft an seinen ersten Besuch in Berlin erinnert. Damals hatten Grosz' gnadenlos böse Zeichnungen und Gemälde von Spießern und Huren Josef von Sternberg Anregungen für den *Blauen Engel* geliefert. Er bewundert Grosz für seinen Mut und für die Schärfe seiner Gesellschaftskritik. Grosz ist beeindruckt von dem stillen Jo mit seinem herabhängenden Schnurrbart, seinem wienerisch gefärbten Deutsch, seinen bissigen und scharfsinnigen Bemerkungen, seinem selbstironischen Witz.

Dem geldgierigen Bildhauer Belling antwortet Jo zum Vergnügen des Malers auf die Frage, wieviel er denn verdiene: »Ach, nicht wesentlich mehr als der Präsident der Vereinigten Staaten.« Das macht natürlich Eindruck in der Künstlerszene. Zumal sie alle Angst davor haben, daß die Nazis ihre Bilder verbieten, aus den Museen entfernen, verbrennen oder sonstwie vernichten könnten. Schließlich greift die Zeitung der NSDAP, der »Völkische Beobachter«, die expressionistischen Künstler auf die gemeinste Weise an. Sie ihrerseits haben allerdings in ihren Veranstaltungen und Veröffentlichungen die Nazis mit ihrem Spießergeschmack lächerlich gemacht, wo sie nur konnten.

Auch auf diesem Schauplatz wird es Kämpfe geben, auch hier wird schon Auswanderung als letzte Alternative geplant. Jo kauft Bilder und Plastiken. Er hilft damit den Künstlern, ihre Abreise vorzubereiten, wenn sie denn nötig werden sollte. Und er legt den Grundstock zu einer großen Kunstsammlung, mit der er eines Tages sich selbst über Wasser halten wird.

Josef von Sternberg trifft sich in dieser Zeit des Wartens zum Essen mit dem allmächtigen Pressezaren und UFA-Boß Hugenberg. Hugenberg, so bemerkt Jo in seinen Erinnerungen, hat einerseits den *Blauen Engel* und andererseits den Aufstieg Hitlers finanziert. Und deshalb ist er zwischen seinen politischen und seinen wirtschaftlichen Interessen hin und her gerissen, als die beiden Herren einander an der Tafel gegenübersitzen, der Pressezar und der große Hollywoodregisseur.

Jo hält sich in den Babelsberger Studios auf und läßt sich dort anstecken von der lähmenden Stimmung, die der erwartete Machtwechsel wie einen bleiernen Schatten vorauswirft. Selbst die Techniker und Handwerker im Studio sind schweigsam. Was wird werden? Was für Filme werden kommen? Im Studio erlebt Jo auch den Tag der Machtergreifung, den 30. Januar 1933.

Nur 30 Prozent der abgegebenen gültigen Stimmen sind auf die NSDAP entfallen – aber Hitler wird mit Hilfe der konservativen Parteien trotzdem Reichskanzler.

Die Nacht nach der Verkündung dieses Ergebnisses wird erleuchtet vom Schein des Fackelzuges durch das Brandenburger Tor. Zum Gleichschritt der Marschierenden dröhnen die Trommeln, und der

Jubel der Menschen am Straßenrand scheint kein Ende zu nehmen. Ein Ruck ist durch die Stadt gegangen wie durch das ganze Land. Alles sieht plötzlich anders aus. Die Entscheidung ist gefallen. Jetzt werden die Konsequenzen sichtbar werden. Aber natürlich nicht gleich am nächsten Morgen. Die Entwicklung geht schnell, aber sie dehnt sich doch über Tage, sogar über Wochen.

Immer noch nehmen die Künstler, in deren Kreisen Jo sich vorwiegend aufhält, die Vorgänge nicht so ernst, wie sie tatsächlich sind. Die meisten beschwichtigen sich gegenseitig mit der Vorstellung, der Spuk würde bald ein Ende haben, die Regierung werde scheitern, angesichts der in ihr vereinten Dummköpfe und Primitivlinge könnte das gar nicht anders sein. Und sie überzeugen von Sternberg, daß es vorerst sinnvoll sei, hierzubleiben und abzuwarten. Hitler werde bald über seine eigene Unfähigkeit und die seiner Leute stolpern. Wozu gleich zurück nach Hollywood, wo Marlene gerade mit Mamoulian den Film dreht, der Jos künstlerische Ambitionen und seine Liebe zu Marlene ziemlich unverschleiert an den Pranger des allgemeinen Klatsches stellt?

Jo bleibt also. Noch ein paar Tage und noch ein paar Tage – aber an der Hitlerherrschaft ändert sich nichts, und langsam resignieren auch die optimistischsten Freunde. Diese Regierung wird nicht so schnell weichen wie die vorhergehenden. Die Brutalität, mit der sie ihre politischen Gegner verfolgt, beginnt, Wirkung zu zeigen.

Schlangen bilden sich vor den Reisebüros. Die Welle der ersten Emigration setzt ein. Die Züge sind überfüllt, die Überseeschiffe ausgebucht. Selbstverständlich gibt es für Josef von Sternberg noch einen Platz in der ersten Klasse eines Flugzeuges, das ihn mitsamt der Bildersammlung durch die Luft zurück in die USA transportieren soll – eine Art des Reisens, die zwei Jahre zuvor noch fast undenkbar war.

Das Taxi, das ihn zum Flughafen Tempelhof bringt, wird durch eine Feuersbrunst aufgehalten. Der Reichstag brennt. Die deutsche Demokratie wird mit von den Flammen aufgezehrt. Von jetzt an haben die Nazis freie Bahn bei der Verfolgung ihrer Gegner. Es führt kein Weg zurück in die Vergangenheit. Er kann froh sein, wenn Hollywood ihn wieder aufnimmt.

Mögen sie ihr Maul über ihn zerreißen – er ist dort wenigstens seines Lebens sicher. Dafür wird er einmal mehr akzeptieren müssen, was man ihm anbietet. Und wenn es ein neuer Film mit Marlene ist.

Die hat inzwischen mit Mamoulian an *Song of Songs* gearbeitet. Aber zuvor hatte sie den Weggang Josef von Sternbergs mit der Bezeichnung »Verrat« versehen. Der Schöpfer verriet sein Geschöpf. So las es die Presse. Es paßte so schön zu der Geschichte von dem Bildhauer, der die nackte Statue der Geliebten verkauft, um berühmt zu werden, und der dann auch die Geliebte verrät …

War Marlene ihm nicht aus der Heimat in die Fremde, von Deutschland nach Hollywood gefolgt? Hatte sie sich nicht widerspruchslos allem unterworfen, was er von ihr verlangte? War sein Ruf nicht inzwischen ebenso abhängig von ihrem wie ihrer von seinem, oder sogar noch mehr? War sie nicht sogar seinetwegen ein zweites Mal aus ihrer Heimat Deutschland zurück nach Hollywood gekommen? Dabei hatte man ihr große Angebote gemacht, dort, wo sie eigentlich hingehörte, wo ihre Familie – bis auf die Tochter – immer noch lebte.

Von den neuen Machthabern hatte sie selbst als reinblütige Arierin wahrhaftig nichts zu befürchten, es sei denn wegen ihrer Beziehungen zu ihm! Hatte sie nicht in Hollywood, als sie einmal da war, nach besten Kräften versucht, ihm eine Familie zu geben, ein Zuhause? Von den vielen Hühnerbrühen und Rühreiern gar nicht zu reden, die sie ihm mit eigener Hand zubereitete! Hatte sie ihm nicht sogar die eigene Tochter anvertraut, als wäre es seine? Wie konnte er verlangen, daß sie dort oder irgendwo ausschließlich mit ihm zusammenlebte? Mußte sie nicht gerade in diesem Beruf so viele Freunde und Beziehungen wie möglich haben? Und ihr Ehemann – was war gegen ihn einzuwenden? War es nicht praktisch und sinnvoll, daß es ihn gab?

Wie bei jedem schicksalhaft verstrickten Paar wiederholten sich Vorwürfe, Anklagen und Liebesbeteuerungen in einem Kreislauf, aus dem es keinen Ausweg zu geben scheint. Das Studio, das alles drangesetzt hatte, Jo für eine Weile loszuwerden, übernahm Marlenes Sichtweise. Solange Jo da war, wollte Paramount ihn loswerden, als er sich unerreichbar gemacht hatte, wurde sein Wert spürbar und seine Abwesenheit als böswillige Aktion gegen die ihn liebenden und verehrenden Mitarbeiter verstanden.

Immerhin ergab sich Marlene in das Unvermeidliche und arbeitete mit Mamoulian als Regisseur. Verlockend an ihm war, daß er als Regisseur der Garbo galt, so wie Mercedes de Acosta die Geliebte der Garbo gewesen war. Sie kam also der großen Rivalin beängstigend nahe. Einen erfolgreichen Film mit ihm zu machen – das würde bedeuten, die »Göttliche« auf allen Ebenen zu besiegen. Im Bett wie auf der Leinwand. Denn mit Garbos Partner John Gilbert flirtete sie auch schon.

Allerdings verstand sie viel zuviel von Film, als daß sie nicht schon bei der Sichtung seiner Arbeiten bemerkt hätte, daß Mamoulians Gefühl für erotische Verlockung und die Magie des weiblichen Rätsels weniger ausgeprägt war als das von Jo – und gerade darauf gründete ja ihr Ruhm als Leinwandstar. Mamoulian hatte als Theaterregisseur angefangen; die Sprache des Films, die sich vor allem durch das Licht mitteilt, beherrschte er – verglichen mit Jo – nur bruchstückhaft. Aber vielleicht lag es gerade an der Besonderheit von Jos Kinoperfektionismus, daß es zwischen ihr und ihm zum Eklat gekommen war. Vielleicht waren Jos Geschichten wirklich zu exaltiert, zu überdreht, vielleicht wäre es jetzt sinnvoll, die Einfachheit und die große Linie zu suchen, für die Mamoulian den richtigen Zugriff besaß.

Wenn sie nachdachte, war es genau das, was ihrem Bild in der Öffentlichkeit immer noch fehlte, was aber die Garbo zweifellos hatte: Größe. Die Aura der großen Liebenden, der über alles Unwesentliche Erhabenen. Die sollte und wollte sie jetzt sein.

Sie rief Mamoulian nicht selbst an. »Die Dietrich tat im Geschäft nie den ersten Schritt, nur in der Liebe«, bemerkt ihre Tochter hierzu.

Da bisher von Sternberg alle geschäftlichen Arbeiten für sie erledigt hatte, brauchte Marlene von jetzt an einen Vermittler, einen Agenten, der ihr nach Möglichkeit jede Art von Zumutung vom Halse hielt und für sie bei Gagenverhandlungen ein Maximum herausholte. Harry Eddington, dessen Dienste sie bisher zwar bereits bezahlt, aber wegen von Sternbergs immerwährendem Einsatz für sie noch nicht in Anspruch genommen hatte, bekam nun einen wichtigen Platz in ihrem Leben. Sie hoffte, dank seiner Gerissenheit das peinliche Buch von *Song of Songs* ändern zu können, in dem auf die durchsichtigste Weise alles aufgewärmt wurde, was in der heißen Gerüchteküche Hollywoods über Jo und sie schon auf dem Herd gestanden hatte.

Harry Eddington gab ihr recht. Das Buch gehörte besser in die Schublade als auf die Leinwand. Es würde den ersehnten Neuanfang nicht bringen, sondern nur Vorurteile gegen Marlene bestätigen. Das war sicher auch der Grund, warum die Garbo sich nicht quergelegt hatte, als ihr Regisseur ins gegnerische Lager gerufen wurde. Eddington machte sich zu den Bossen der Paramount auf, um für seine Arbeitgeberin ein anderes Projekt zu fordern, wenn sie denn schon mit einem anderen als dem ihr vertraglich zugesicherten Regisseur arbeiten sollte.

Dort schlug ihm eine eisige Stimmung entgegen. Schulberg und seine Mannschaft empfanden nicht etwa gesteigerte Sympathie für den von seinem Regisseur verlassenen Star aus Deutschland. Keine Rede mehr davon, daß ihr die Trennung von Svengali Jo immer wieder nahegelegt worden war. Marlenes Agent wurde mit ultimativen Forderungen konfrontiert, an denen sich nicht rütteln ließ.

Die Dietrich würde, sollte sie das vorgelegte Buch nicht akzeptieren, auf die gesamten 185 000 Dollar verklagt werden, die es das Studio gekostet hatte, dieses wirklich nicht sehr gute Buch für sie schreiben zu lassen. Sie könne froh sein, daß das Studio sich soviel Mühe gegeben hatte, einen passenden Stoff für sie zu finden und ihr einen Regisseur anzubieten, der es an Erfolg mit Svengali Jo aufnehmen konnte. Insofern sei es nur gerechtfertigt, wenn das Studio die für sie verauslagte Summe von ihr zurückforderte, falls sie trotz all dieses Entgegenkommens nicht spielen wolle. Man war ja zum Glück auf deutsche Importe nicht angewiesen. Aber das war noch nicht alles – Marlene würde gleichzeitig die 300 000 Dollar Gage einbüßen, die das Studio ihr zahlte. Ihre Weigerung würde nämlich als Vertragsbruch verstanden werden.

Mit dieser niederschmetternden Botschaft kam Harry Eddington zu Marlene Dietrich zurück – er hatte in stundenlangen Verhandlungen an der Haltung der Bosse nichts ändern können.

Marlene wurde klar, wie sehr Jo sie bisher vor den harten Gefechten an der Studiofront beschützt hatte. Nun, da sie ohne ihn auf dem Kampfplatz stand, hieß es, sich in das Unvermeidliche zu fügen. Im Zweifelsfalle war sie die Schwächere. Es blieb ihr nichts anderes übrig, als diese blasse Verballhornung ihrer eigenen Geschichte darzustellen. Die »Soldatentochter«, wie Jo sie gerne genannt hatte, hatte eine preußische Tugend von ihren Vorfahren geerbt: das Unvermeidliche ohne jammern hinzunehmen und womöglich das Beste daraus zu machen.

Jo hatte Mamoulian als Gentleman empfohlen. Sie mußte sich so schnell wie möglich mit ihrem neuen Regisseur treffen und nach Wegen suchen, wie er mit ihr aus dem miserablen Buch trotz allem einen guten Film machen konnte. Sie durfte jetzt nicht ihr Gesicht verlieren.

Eddington bestärkte sie darin, sich den Erfordernissen zu stellen, da sie keinerlei Handhabe gegen das Studio besaß. Juristisch sei es völlig im Recht. Einen Prozeß konnte sie sich nicht leisten, weil sie mit ihrer großzügigen Lebensweise und ihrer Freigebigkeit gegenüber so vielen, die von ihrem Geld lebten, keine Rücklagen gemacht hatte.

Marlene traf also Rouben Mamoulian – in Begleitung ihres Agenten, versteht sich, um bei jedem Schritt Beratung zu haben. Er war ein eleganter, ruhiger Mann, ganz untypisch inmitten der aufgeregten Hollywood-Gesellschaft mit ihrem kreischend übersteigerten Ausdruck in allen Lebenslagen. Das Theater, wo er wie sie einmal gearbeitet hatte, war eine gemeinsame Erfahrung, über die sie sich mit ihm verständigen konnte.

Auch Mamoulian fand das Buch nicht besonders gelungen, aber er beruhigte sie darüber, daß damit der Film nicht von vornherein zum Scheitern verurteilt sein müßte. Gemeinsam mit ihm würde sie die Rolle, die das Buch ihr vorgab, bei der Arbeit weiter entwickeln können – ebenso, wie im Theater bei der Probenarbeit an Dialogen und Szenen gefeilt und dadurch die Inszenierung entwickelt wird. Das leuchtete Marlene ein.

Mamoulian verließ sich auf seinen Kameramann, was die Bilder anging, und beim Licht vertraute er darauf, daß die Beleuchter ihre Arbeit schon leisten würden. Die Auswahl der Kostüme und Hüte überließ er Travis Banton, und zu Frisuren und Make-up hatte er nichts zu sagen, außer, daß die von Jo geschaffene Film-Mona-Lisa ihm übertrieben und gesucht erschien. Marlene solle doch lieber wieder etwas »natürlicher« wirken.

Er schmeichelte Marlenes Eitelkeit, er lobte nicht nur ihre Schönheit, sondern auch die Sicherheit ihres Urteils, die Klarheit ihres Intellekts. Das hörte sie gern. Jo hatte ihr nie gesagt, daß er ihren scharfen Verstand bewunderte. Mamoulian sammelte also Punkte. Überdies hatte sie sowieso keine Wahl und mußte sich in das Unvermeidliche schicken.

Dazu gehörte, daß die Statue hergestellt werden mußte, die im Film eine so bedeutsame Rolle spielen sollte. Die Dietrich nackt. Der Star aus Deutschland hatte sich ja schon einiges vor der Kamera und in den Kulissen geleistet, was im prüden Amerika Getuschel provoziert hatte. Der Frack in *Morocco* beispielsweise, der Kuß mit der Frau im Publikum. Warum sollte sie nicht auch unbekleidet Modell stehen, wie es die junge unschuldige Geliebte des Bildhauers in *Song of Songs* aus Hingabe für den bewunderten Mann tut? Sie mußte es ja nicht vor der Kamera tun. Sie war doch sonst nicht prüde. Aber Marlene weigerte sich. Sie ließ das Studio durch ihren Agenten wissen, es sei der Dietrich recht, wenn irgendeine x-beliebige Frau das Modell abgäbe. Man brauche bei der fertigen Statue ja nur den ihr nachmodellierten Kopf auf den Körper der Unbekannten zu setzen. Eddington trug vor, daß Marlene ihren Vertrag einhalten würde, der sie verpflichtete, bei diesem Film mitzuwirken, von dessen Buch sie nicht überzeugt war, und unter einem Regisseur zu arbeiten, den sie nicht für genial hielt. Aber es gab in diesem Vertrag keine Klausel, die sie zwingen konnte, sich nackt abbilden zu lassen. Dagegen gab es keinen Widerspruch. Das Studio mußte sich fügen.

Unter Mamoulian lernte sie die Arbeitsweise von Regisseuren kennen, die nicht – wie Josef von Sternberg – Einstellung für Einstellung ihres Films im Kopf haben, mitsamt dem Rhythmus, den sie ihnen durch den Schnitt geben wollen. Mamoulian hielt es wie die meisten seines Faches: Er drehte zunächst die betreffende Szene in einem sogenannten Mastershot als Totale ab, zu der er die näheren Einstellungen und Großaufnahmen ebenfalls in voller Länge aufnehmen ließ, um ausreichendes Material für den Schnitt zu haben. Im Schneideraum entschied dann der Schnittmeister, welche Stücke aus den Rollen mit den Nah-und Großaufnahmen in den Mastershot eingesetzt wurden. Und auch der Rhythmus der Szene wurde erst beim Schnitt bestimmt.

Nach der absoluten Ökonomie, die sie bei von Sternberg kennengelernt hatte, erschien Marlene dieses vielfache Abdrehen einer Szene aus verschiedenen Standpunkten als nutzlose Verschwendung. Sie merkte allerdings auch, daß es für die Schauspieler angenehm ist, wenn sie die Szenen nicht in Bruchstücken, sondern mehrmals als Ganzes spielen können. Sie haben so eine größere Kontrolle ihres Ausdrucks.

Ein von Einstellung zu Einstellung arbeitender Regisseur wie von Sternberg läßt sie die Ganzheit der Rolle bei der Probe, aber nicht vor der Kamera erfassen. Sie müssen sich seiner Interpretation von Figur und Vorgängen weitgehend überlassen, weil sie erst beim Schnitt in der Zusammensetzung der gedrehten Einstellungen die gesamte Szene kennenlernen. Der Zorn Gary Coopers auf Jo hatte auch hier eine Ursache: Man wußte, wenn man für ihn spielte, immer nur von Bruchstück zu Bruchstück Bescheid. Mamoulians schlichtere Technik war die übliche, und die Mehrzahl der Schauspieler hatte sie lieber.

Marlene aber war es zur zweiten Natur geworden, sich Jos Bildentscheidungen über die Figur, die sie spielte, ohne Vorbehalte zu überlassen. Sie wußte, daß Jo mit Kamerabewegungen und Licht Wirkungen erzeugen konnte, die Mamoulian oder irgendein anderer nie zustande bringen würde. Deshalb empfand sie bei Mamoulians Arbeitsweise das Gefühl völliger Unsicherheit. Sie konnte sich einfach so schnell nicht umgewöhnen.

In ihrer Verunsicherung griff sie auf das zurück, was sie bei Josef von Sternberg gemacht hatte. Für die unschuldige Schönheit, die aus Liebe zum Künstler nach langem Zögern nackt Modell steht, besann sie sich auf ihren Auftritt als Bauerntrampel in *Dishonored*. Zöpfe um den Kopf, ein üppig gekrauster Rock, die gezogene Bluse mit bauschigen Ärmeln, der Schmollmund und weit aufgerissene Augen – was in *Dishonored* Verkleidung gewesen war, konnte als Bild unberührter Reinheit eigentlich nur schiefgehen, aber wenigstens sah sie attraktiv aus.

In den Szenen, die auf den Raub der Unschuld folgten, erschien sie wieder als elegante, geheimnisvolle und leidende Frau. Genau der Typ, den sie schon in *Morocco* und *Shanghai Express* verkörpert hatte. Das hatte sie drauf, das kostete keine Anstrengung.

Da von der Regie keine ungewöhnlichen Einfälle in der optischen Gestaltung zu erwarten waren, müßten atemberaubende Kostüme alles herausreißen. Sie stürzte sich begeistert in die Arbeit mit Travis Banton. Die Zeit Edwards des Siebenten von England, in der der Film spielen sollte, ließ viel Raum für große Garderobe, sobald die unterste Stufe der sozialen Leiter überwunden war. Es machte Marlene Spaß, einmal keine Kostüme aus der Gegenwart zu tragen, sondern die romantischeren, ausgestellteren der Vergangenheit. Mit Kostümfilmen hatte die Garbo ihre größten Erfolge. An die würde sie jetzt anknüpfen. Es wäre doch gelacht, wenn sie solche große Garderobe nicht noch besser zur Geltung bringen würde als die schwedische Diva.

Warum übrigens hatte Josef von Sternberg noch nie einen Kostümfilm mit ihr gemacht? Er hatte behauptet, daß ihm zu ihr nichts mehr einfiele. Aber das war doch etwas, was sie beide noch nicht zusammen ausprobiert hatten: ein Ausflug in eine andere Epoche. Bisher hatten ihre Filme in exotische Welten wie das China des Bürgerkrieges oder die Wüste von Marokko geführt, aber niemals in ein früheres Jahrhundert. Dabei liebte Jo doch die Wälzer mit Bildern aus der Renaissance, dem Barock, dem Rokoko, der Romantik, der Jahrhundertwende. Da wäre leichter Glanz zu entfalten als im farblosen 20. Jahrhundert. Da gab es die Übertreibungen, die er suchte, die Verrücktheiten, das Extreme als Ausdruck der Schönheit. Da war nicht das sogenannte Normale Maß aller Dinge, da waren Liebe und erotische Verirrungen verschmolzen zu glanzvollen Steigerungen. Das müßte ihn, der ein so großes Vergnügen an der Arbeit mit den Möglichkeiten des Dekors hatte, zu ganz neuen Aufschwüngen befähigen. Sie sah sich im Zentrum eines solchen extremen Sternberg-Werkes, böse und tugendhaft, Mann und Frau, alles in einem. Da könnte sie wieder auf ganz neue Weise glänzen –, in Reifröcken zum Beispiel, die sie während der Szene auszieht und dann in dem stützenden Käfig um die Beine dasteht. Oder in Zobelpelzen, die wie dunkle Perlen schimmern und den Glanz der Augen erhöhen. Wenn sie die dann von den Schultern gleiten läßt … ach, aber Jo war nicht da. Sie konnte ihm ihre inneren Bilder nicht mitteilen, die ihn gewiß, da war sie sich sicher, auf ganz neue Weise beflügelt hätten.

Sobald er wieder bei ihr wäre, und sie war sich sicher, daß dies früher oder später geschehen müßte, gäbe es damit einen neuen Ansatz für ihre Zusammenarbeit. Mamoulians Interesse an diesen Dingen war soviel geringer als Jos. Das Gefunkel von feinen Perversionen, das Jo so liebte und pflegte, prallte an seinem Kult des »Natürlichen« ab. In Berlin, in der Zeit ihrer ersten Zusammenarbeit am *Blauen Engel*, hatte Jo sich für Max Reinhardts Nachschöpfungen historischer Bilder begeistert. Mit den Mitteln des Films könnte man da noch viel weiter gehen als mit denen der Bühne,

221

hatte er geschwärmt. Mamoulian hatte offensichtlich gar keine Ahnung, welche Möglichkeiten für atemberaubende, außerordentliche Bilder er ständig verschenkte. Während sie diese Überlegungen anstellte, wurde sie sich zunehmend sicherer, daß der Abschied von Jo nicht endgültig gewesen sein konnte. Josef von Sternberg und die Dietrich hatten immer noch eine gemeinsame Zukunft, und die lag in diesem neuen Film, einem opulenten historischen Werk, das Geschichte nicht abbildete, sondern rauschhaft zu einem Fest der Sinne und Leidenschaften erhöhte. Im Augenblick galt es allerdings, *Song of Songs* so ehrenvoll wie möglich zu überstehen.

Von Sternberg hatte ihr versprochen, daß sie sein Licht haben würde. Sie konnte also mit der Studiobesatzung arbeiten, die an Jos ausgeklügelte Arbeitsweise mit Scheinwerfern und Kamera gewöhnt war. Aber Rouben Mamoulian – der immerhin zur ersten Garnitur der Hollywoodregisseure gehörte – machte nicht viel Wesens um das Licht. Im Vergleich zu den sternbergschen Scheinwerfer-Orgien war das deprimierend. Er überließ das Einleuchten denen, die das Studio dafür bezahlte. Und er korrigierte das Licht auch nicht, als es stand. War es hell genug um seinen Star herum, konnte es für ihn losgehen. Der erste Drehtag begann also mit einem Debakel:

Sie verlangte nach ihrem Spiegel. Mamoulian beauftragte seinen Assistenten, den Spiegel herzuschaffen. Er ahnte ja nicht, um welch einen Spiegel es ging – nicht etwa ein kleiner Handspiegel war gefragt, in dem das Make-up und die Frisur überprüft werden sollten, sondern aus der Tiefe des Studio-Fundus rollte ein lebensgroßer Spiegel herein, ein Mammutgerät mit eigener Anschlußdose und dicken Kabeln. Ein Elektriker steckte den Stecker ein, und die Studioarbeiter stellten den Spiegel auf Marlenes Anweisung so auf, daß sie von ihren Markierungen aus genau sehen konnte, wie die Kamera sie aufnehmen würde. Mamoulian und Victor Milner, der Kameramann, sahen mit wachsendem Respekt zu. Marlene hatte von sich aus die richtige Position für die erste Einstellung erkannt! Nun wartete sie ab, was noch am Licht korrigiert werden würde. Aber da geschah nichts. Der Dreh begann ganz einfach.

Bei der fünften Aufnahme des ersten Takes an diesem Morgen wußten die Zuschauenden im Studio, daß Marlene mit sich kämpfte.
Mamoulian hatte ihr keine einzige Zeile des Textes erklärt, ge-
schweige denn eine filmische Ausdeutung versucht. Beim sechsten
Versuch für die erste Einstellung wartete sie gerade so lange, bis das
Geräusch der Klappe zu hören war, hob die Hand zu dem herabhängenden Mikrophon, zog den Galgen zu ihrem Mund herab und
flüsterte mit voller Verstärkung hinein: »Jo, wo bist du?«, so daß es
bis in die letzte Ecke des riesigen Studios zu hören war.
Das ganze Team hielt den Atem an, alle Augen waren auf Mamoulian gerichtet. Die Kamera lief. Mamoulian hatte nicht Jos geniale
Intuition für Film. Aber anders als Jo war er ein Gentleman. Er
schluckte die Kränkung herunter und bewahrte eine erstaunliche
Ruhe und Höflichkeit. Er rief »Schnitt«, womit das Zeichen zum
Ausschalten der Kamera gegeben war, und sagte dann mit vollendeter Höflichkeit: »Sollen wir es noch einmal versuchen?«
Mit dieser besonnenen Haltung hatte Mamoulian Marlene zwar
nicht davon überzeugt, daß er Josef von Sternberg als Filmregisseur
ersetzen konnte. Aber er hatte ihren Respekt erworben. Und das
tat nach dem Peitschengeknall von Jo allen Beteiligten wohl, auch
Marlene, die sich zum ersten Mal vor der Kamera nicht in masochistischer Unterwerfungsgeste üben mußte, sondern mit vornehmer
Gelassenheit behandelt wurde. Mamoulian arbeitete mit seinem
Team in einer Atmosphäre ruhiger Höflichkeit, die sie verstehen
ließ, warum die große Garbo unter allen Regisseuren ihn bevor-
zugte. Es war ein ganz neues Erlebnis, morgens ohne Zittern und
Zagen auf dem Set zu erscheinen, freundlich begrüßt und respekt-
voll um die Meinung gebeten zu werden. Da gab es keine schlaflosen
Nächte, keine Weinkrämpfe, keine Zusammenbrüche. Marlene
war dankbar für diese Erholungspause. Und die Paramount-Bosse
erlebten sie als den diszipliniertesten Star, den sie je auf dem Set gesehen hatten.
Mamoulians angenehme Gelassenheit, seine unerschütterlich guten
Manieren standen Josef von Sternberg einfach nicht zu Gebote, so-

bald er arbeitete. Dazu war Svengali Jo viel zu besessen. Marlene würde kein bedeutendes Kunstwerk mit Mamoulian schaffen, soviel war sicher, aber dafür erlebte sie unter den Mitarbeitern des Studios zum ersten Mal eine angenehme Drehzeit.

In der Mittagspause des ersten Drehtages hatte Marlene eine weitere Prüfung zu bestehen, die ihr unter Jos Regiment erspart geblieben war: Hollywoods Klatschkolumnistin Louella Parsson verlangte am Telephon nach dem Star, und Mamoulian wimmelte sie nicht etwa mit einer barschen Floskel ab, wie Jo es immer getan hatte, sondern er reichte Marlene den Hörer. Die Öffentlichkeit wollte den Kommentar der Diva zu ihrem ersten Drehtag mit dem neuen Regisseur – sie sollte ihn haben. Marlene erwies sich als seines Vertrauens würdig. Ihre Antwort war knapp, aber durchaus positiv. Mr. Mamoulian sei charmant und offenbar auch sehr talentiert, der Film, der im Entstehen sei, würde sicher interessant werden. Mehr nicht. Aber auch nicht weniger.

Für die Hollywood-Kolumnistin reichte diese dürftige Aussage aus, sie in der ganzen Welt als frohe Botschaft zu verbreiten – und so gelangte sie bis zu Josef von Sternberg, der in den Zeitungen las, wie gut die Zusammenarbeit zwischen Marlene und Mamoulian klappte. Die Nachricht machte ihn grippekrank. Fieber, Halsweh, Bronchialkatarrh. Er mußte Bettruhe halten. Da lag er nun, maß Temperatur, hustete, schluckte Aspirin und dachte nach. Er hatte Photos in den Händen, die von ihr gekommen waren. Das Kind, die Frau. Das war doch seine Familie gewesen. Die ferne Schönheit stand ihm vor Augen, wie sie tat, was Mamoulian von ihr verlangte. Und vom Krankenbett aus schickte er ein Telegramm an Marlene Sieber geborene Dietrich. Es war der Widerruf der ursprünglich für die Ewigkeit geplanten Trennung.

FREUT MICH DASS DIR DAS FILMEN SO GEFÄLLT STOP SCHADE DASS ICH ES NICHT GESCHAFFT HABE DIR DIE ARBEIT ANGENEHM ZU MACHEN STOP ICH DRÜCKE DIR DIE DAUMEN FÜR DEINEN NEUEN FILM STOP HOFFE DASS ES

DEIN BESTER WIRD STOP LAG MIT GRIPPE IM HOTEL ABER
BIN BALD WIEDER AUF DEN BEINEN DA FIEBER BEREITS GE-
SUNKEN STOP KÜSSE KATER UND DANKE FÜR DIE WUN-
DERBAREN BILDER KÜSSE GUTE ZEIT

Das Telegramm trug keine Unterschrift, wie so viele, die ihm folgen
sollten. Mochten die Überbringer rätseln, wer sie schickte, Marlene
würde wissen, woher sie kamen und wie sie gemeint waren.

Im Studio übernahm inzwischen Marlene die Herrschaft über die
Beleuchter, zumindest, was ihre eigene Ausleuchtung anging. Ohne
auf ihre Zustimmung zu warten, gab sie den Männern, die die Scheinwerfer bedienten, ihre Anweisungen. »Da – Sie da oben – links.
Kommen Sie ein bißchen runter mit dem Licht. Nicht so schnell.
Langsam, noch ein bißchen. Langsam, noch ein bißchen. Stop. So
bleibt es!« Sie hatte in ihrem Spiegel den Punkt gesehen, in dem die
Hauptscheinwerfer eingerastet werden mußten, das key light, wie
man in Hollywood sagt. Danach machte sie sich an die Lampen mit
weniger Wattleistung, die an einzelnen Ständern hingen, und dann
an die überaus wichtigen Punktscheinwerfer. Sie löschte Licht aus
und füllte es dann langsam wieder auf. Schatten erschienen, gaben
Form und Betonung. Der Respekt vor ihrer Kenntnis und Fähigkeit, die sie bei Jo erworben hatte, wuchs auf dem Set mit jedem
Drehtag. Wenn sie mit dem Licht zufrieden war, warf sie noch einmal einen Blick auf ihr Spiegelbild, straffte ihre Schultern, korrigierte ihre Kopfhaltung, brachte die berühmte maskenhafte Ruhe
in ihr Gesicht und blickte in die Kamera. Mamoulian hob den Sucher
und sah hindurch, und tatsächlich, jedesmal hatte sie sich selbst
perfekt ausgeleuchtet, jedesmal sah ihn das unsterbliche Gesicht
der Dietrich in seiner ganzen makellosen Schönheit an, wie es Josef
von Sternberg mit seinem Licht kreiert hatte. Und noch etwas wird
von diesen Drehtagen ohne Jo überliefert: Jeden Abend suchte Marlene mit den Augen die Männer in den Schatten hinter den Lichtern,
hob die schöne Hand zum militärischen Gruß und sagte mit ihrer
unvergleichlichen brüchigen Stimme: »Ich danke Ihnen, meine Her-

ren!« Und die vierschrötigen Beleuchter rissen ihre groben Arbeits-handschuhe von den Händen und klatschten Beifall. Das war der Drehschluß.

Aber Marlene fühlte sich dennoch allein gelassen. Mamoulian ver-abschiedete sich von ihr, wenn der Drehtag vorüber war. Er fuhr nicht mit ihr nach Hause, um dort mit ihr an Rolle und Einstellungen weiterzuarbeiten, er teilte nicht ihre Bettzeremonie, er saß nicht an ihrem Frühstückstisch, er ließ sich allerdings auch nicht von ihren anderen Verehrern demütigen.

Die hatten sich auf die eine lesbische Anbeterin reduziert, da sich Rudi und Maurice in Paris befanden. Die Uniform der weißen Fla-nellhosen trug sie jedoch auch. Mercedes de Acosta mit ihrer Über-schwenglichkeit und ihrer geringen Bildung ging Marlene zuneh-mend auf die Nerven, nachdem die Genugtuung darüber, sie der Garbo weggeschnappt zu haben, verraucht war.

Maurice und Rudi schickten Telegramme und bunte Karten aus Pa-ris. Sie ließen es sich offensichtlich wohlsein und übten sich im Ge-nuß der guten Weine und der Austern, während sie ihrer fernen Göttin gemeinsam huldigten. Es verstand sich von selbst, daß sie das als gute Kumpel taten.

Marlene hielt sich die Männer gern vom Leibe, wie wir wissen. Aber ganz ohne sie machte ihr das Leben doch keinen Spaß. Zum Glück gab es in dem Mamoulian-Film einen attraktiven Partner. Der Eng-länder Brian Aherne, der ihr in Abwesenheit ihres Hofstaates die einsamen Stunden verkürzte, hatte bislang erfolgreich Theater in London gespielt. Das erhob ihn in ihren Augen über die männlichen Hollywood-Darsteller, die »nur« im Filmbusineß gearbeitet hatten. Europäische Kultur war vor allem Theaterkultur, Film galt als zwie-lichtiges Gewerbe. Diese Vorstellungen hatte Marlene über den großen Teich mitgebracht und teilte sie insgeheim immer noch. Der Mann aus London hatte also einen Bonus, der ihn sogar über Jo erhob. Außerdem sah er sehr gut aus. Und drittens erwärmte ihre Tochter Maria sich für ihn – sogar mehr als für Jo, und zeitweilig auch mehr als für ihren fernen Vater. Grund genug, die einsamen

Nächte mit ihm zu teilen und die Rollenarbeit von dieser Seite aus zu komplettieren.

Von Rudi aus Paris kamen allerdings nicht nur gute Nachrichten. Während der Dreharbeiten zu *Song of Songs* vollzog sich in Deutschland die Abkehr von der Demokratie und die Hinwendung zur faschistischen Diktatur. Und Rudi, der in Paris für die europäischen Belange der Paramount arbeitete, teilte ihr täglich in Telephonaten und Telegrammen mit, wie eine wachsende Panik der vielen Juden im Filmgeschäft sich auf seine Arbeitsbereiche auswirkte. Rudi hatte damit direkt zu tun – er mußte den Flüchtlingen unauffällige Wege zur Ausreise aus Hitlers Hauptstadt ebnen, zumeist über Wien oder Prag und von dort nach Paris. Er mußte Ausreiseerlaubnisse und Pässe erwirken, Geld beschaffen, Passagen und Hotelzimmer buchen. Paris wurde zur europäischen Hauptstadt der geistigen Elite aus dem vom Bürgerkrieg geschüttelten Spanien, später der aus Österreich, Tschechien, Polen, Ungarn und der Slowakei. Emigranten aus der Sowjetunion waren seit Stalins Machtübernahme da. Und aus den USA kamen diejenigen, die an dieser einzigartigen Mischung von Intelligenz, Kenntnissen, Urteilsvermögen und Mut teilhaben wollten, zum Beispiel Ernest Hemingway oder Henry Miller. Und nun sammelten sich aus Hitlerdeutschland dort alle die, die irgendwann den Sprung über den großen Teich tun wollten. Max Ophüls, Klaus und Erika Mann, Erich Maria Remarque, Max Ernst …. Und auch jene, die von Paris aus den erneuten Wechsel an der Regierungsspitze in Deutschland abwarten wollten, an den sie vorerst noch glaubten.

Die europäische Beunruhigung hatte Auswirkungen auf die Studios in Hollywood. Marlene stammte aus Berlin, der Nazihauptstadt – und nicht wenige derjenigen, die Freunde unter den Flüchtlingen aus Deutschland hatten, brachten sie in Verbindung zu dem, was in ihrer Heimat ablief, und machten sie mitverantwortlich dafür.

Sie brauchte die kleinen Triumphe während der Dreharbeiten, sie brauchte eine gutes Verhältnis zu ihrem Regisseur Mamoulian und zu ihrem Partner Aherne, um ihre Position in den USA zu festigen.

227

Die feindselige Haltung gegenüber Deutschland, wo die Ausrottung der Juden öffentlich propagiert wurde, konnte sich schnell gegen sie richten. In den Vorverhandlungen zu *Song of Songs* hatte sie erfahren, wie schnell sich der Wind in den Studios von totaler Anbetung zu absoluter Verachtung drehte. Eine falsche Äußerung, ein winziges Fehlverhalten von ihr konnten hier, wo in der Führungsspitze alle Juden waren, zum sofortigen Ende ihrer Karriere führen, und Schluß wäre mit der Legende von der schönen blonden Frau, der alle zu Füßen lagen, in der alle die Erfüllung ihrer Sehnsüchte sahen.

Gleichzeitig begann sich die aggressive Stimmung gegen Josef von Sternberg spürbar abzuschwächen. Daß er wegen der politischen Lage in Berlin keine Koproduktion zustande bringen konnte, machte ihn nicht lächerlich und unglaubwürdig, wie er es selbst glaubte, sondern schien plötzlich für ihn zu sprechen. Seine qualvolle Liebe zu Marlene wurde plötzlich ein gern zitiertes Beispiel für die schicksalhafte Bindung der Juden an ihre arischen Peiniger. Der belächelte seelische Sadomasochismus im Verhältnis der beiden erreichte die Dimension eines historischen Gleichnisses. Nun konnte die schöne blonde Deutsche nicht länger als Opfer gelten, sondern er, der von ihr faszinierte und verzauberte Jude. In dem gewaltsam aufgerissenen Gegensatz, den die Nazis mit ihren Rassenverfolgungen immer weiter vertieften, gehörte Josef von Sternberg, wie Hollywoods Bosse, zur bedrohten jüdischen Seite. Marlene Dietrich dagegen gehörte in jenes Land, wo Juden verfolgt und vertrieben wurden. Ihre Familie wohnte immer noch dort und hatte aller Wahrscheinlichkeit nach eine antisemitische Tradition. Daß Goebbels Marlene bereits mehrfach Avancen gemacht hatte, sprach unter diesen Umständen auch nicht gerade für sie.

Aber sie wollte in Hollywood bleiben. Und sie kämpfte an jedem Drehtag mit all ihrer Energie darum, daß sie ihre Stellung als die große Diva der Paramount behielt. In den belichteten Filmrollen, die von den Studiobossen jeweils am Abend der Drehtage besichtigt wurden, zeigte sich an ihr allerdings keine neue Schönheit, kein ungeahntes Talent. Alles, was sie in Mamoulians Film sehen ließ, hatte

Josef von Sternberg schon eindrucksvoller herausgearbeitet. Die Warteschlange der Regisseure, die bereitstand, um mit ihr zu beweisen, wieviel Josef von Sternberg an ihr versäumt hatte, löste sich auf.

Gerade das, was sie von Sternbergs Erfindungen in Mamoulians Film herübergerettet hatte, verhinderte, daß *Song of Songs* wenigstens ein guter Mamoulian hätte werden können. Mamoulian duldete, daß sie »Jo, wo bist du?« über Mikrophon und Lautsprecher durch das dunkle Studio flüsterte – aber es feuerte ihn nicht gerade in seiner eigenen Kreativität an. Und daß sie, wie er wußte, im Zuge der Versöhnung nachts mit Josef von Sternberg telephonierte, um sich von ihm sagen zu lassen, wie sie sich in dieser oder jener Szene verhalten sollte, wie sie diesen oder jenen Dialogsatz zu artikulieren habe, verhalf ihm auch nicht zu größerer Sicherheit im Umgang mit ihr. Er trug es ihr nicht nach, er nahm es ihr nicht einmal übel – zumindest nicht vor der Studiobesatzung. Aber er würde niemals versuchen, einen zweiten Film mit ihr zu machen. *Song of Songs* muß ein Alptraum für ihn gewesen sein, in dem er auf gut britische Weise – oder auch auf die seiner armenischen Vorfahren – das Gesicht wahrte. Jo hatte Marlene mit den Augen des Liebenden gesehen, der immer neue Schönheiten an der Göttin seiner Seele entdeckte und der Himmel und Hölle in Bewegung setzt, um ihr einen Rahmen zu schaffen. Für Mamoulian war Marlene ein Filmstar wie andere. Er hatte keine Ambition, sie höher als die Garbo zu heben – warum auch?

Am letzten Drehtag bedankte er sich bei ihr und küßte sie vor allen Anwesenden auf die Wange. Dabei wurde er rot bis über die Ohren. Marlene zeigte sich als die verschwenderische Schenkende, die sie von da an bleiben sollte. Sie verteilte an alle, die an dem Film mitgearbeitet hatten, fürstliche Gaben, goldene Uhren, Schmuckstücke, Tücher, Parfüme, liebevoll ausgesucht und in jedem Fall erlesen, sogar für die unteren Chargen der Studiobesatzung. Ihre Großzügigkeit wurde in alle Abteilungen kolportiert. Das war ja wahrhaftig eine Königin, die königlich zu geben wußte. Sie schob damit auch den negativen Vorstellungen über die Deutsche einen

Riegel vor. Dieser letzte Drehtag war für sie trotz allem ein großer Augenblick. Sie hatte ihren ersten Film ohne Josef von Sternberg durchgestanden, sie hatte sich selbst und der Welt bewiesen, daß sie auch ohne ihn ein Weltstar sein konnte und auch bleiben würde. Die Bosse der Paramount nahmen das zur Kenntnis. Zumindest war die Stimmung am Set nicht so gereizt wie unter Josef von Sternberg gewesen.

Mit einem neuen Selbstbewußtsein trat Marlene Bud Schulberg und den Seinen gegenüber, als es um die Erarbeitung eines neuen Vertrages ging. Harry Eddington, ihr Agent, setzte ihn für sie durch. Ihre Gage wurde erneut erhöht, sie unterschrieb für eine Reihe neuer Filme, allerdings bestand sie auch diesmal auf dem Passus, daß sie nur unter einem Regisseur ihrer Wahl zu arbeiten brauchte. Und im übrigen wollte sie erst einmal nach Paris. Mit ihrer Tochter – zu ihrem Mann. Was könnte für eine Frau und Mutter natürlicher sein? Die Bosse sahen sich an. War Jo nicht gerade auf dem Heimweg in die Staaten? Aber das Problem der beiden war ja nicht ihres. Also schwiegen sie. Jo würde neue Vorschläge haben. Man würde abwarten.

Rudi hatte ihr dazu geraten, nicht ohne einen unterschriebenen Hollywood-Vertrag nach Europa zu kommen, und sie befolgte seinen Rat. Nach Europa aber wollte sie – die Ereignisse, die sich dort abspielten, wollte sie nicht länger aus der Entfernung um den halben Erdball mibekommen. Sie wollte nach all den Berichten und Gerüchten selbst sehen, wie es ihrer Mutter und ihrer Schwester in Berlin ging – und auch all den Freunden, die sie dort zurückgelassen hatte. Vielleicht würde sie einen neuen Film mit Josef von Sternberg durchsetzen können, mit der Paramount als Koproduzenten. Vielleicht würde Goebbels weich. Wenn er Max Reinhardt zum Ehren-Arier ernennen konnte – was der übrigens abgelehnt hatte –, könnte er auch Jo dazu machen, vorausgesetzt, Marlene war es ihm wert. Aber zunächst einmal wollte sie die in Paris versammelten Bruchstücke ihres Hofstaates – nämlich Rudi und Maurice – wiedersehen und womöglich durch neue Mitglieder komplettieren. Dann würde

sie Josephine Felsing verwitwete von Losch besuchen. Nach der
hatte sie Kindessehnsucht. Rudi schilderte die Situation in Berlin
allerdings als so zugespitzt, daß der Besuch von Hitlers Hauptstadt
vielleicht nicht ratsam wäre. Man könnte, so Rudis Vorschlag, sich
doch in Österreich mit der Mutter und auch der Schwester treffen.
Ferien in den österreichischen Bergen – ein Besuch bei seinen Eltern,
ein Dirndlkleid für sie und Kater – das wär doch was für den bevor-
stehenden Sommer.
Das Haus im Kolonialstil auf dem hearstschen Anwesen mußte aufgegeben werden. Die Miete war zu hoch, als daß es sich gelohnt hätte,
sie weiter zu bezahlen, während sie in Europa war. Als die großen
grauen Koffer schon gepackt wurden, stand plötzlich Josef von
Sternberg in der Haustür zwischen den hohen Säulen, deren Häßlichkeit ihm die Mundwinkel herunterzogen, zusätzlich zu dem
ewig hängenden Schnurrbart.
Jo. Zurück aus Berlin. Da stand er wieder vor ihr. Und sie vor ihm.
Was sagt man in so einem Augenblick? Man spricht – vielleicht von
Politik, wenn man kein neues Projekt hat, das in jedem Fall ein
besseres Gesprächsthema wäre. Politik. Berlin. Die Nazis. Der bren-
nende Reichstag. Die Bahnsteige voller Koffer. Die Züge voller
Auswanderer. Und in den Straßen – SA marschiert, mit ruhigem,
festem Tritt. Die Studios, die sie gekannt hatten, im Umbruchspro-
zeß – weil so viele weggingen, die dort gearbeitet hatten, und neue
kamen, die außer wichtiger Protektion wenig für sich hatten. Und
Goebbels' Reichsfilmkammer im Aufbau.
Rudi hatte nicht übertrieben. In Berlin war die Barbarei ausgebro-
chen, mitten in einem zivilisierten Land, im aufgeklärten 20. Jahrhundert, im Land Lessings und Goethes und Schillers, im Land
Bachs und Beethovens und Schumanns und Brahms', im Lande
Kants und Hegels.
Jo war wieder da. Sein erster Rundgang durch das Haus, das sie in
seiner Abwesenheit bewohnt hatte, erschreckte ihn. Überall Bilder
von Maurice Chevalier, von Brian Aherne, von Mercedes de Acosta,
von Rudi und Tami.

231

In den nächtlichen Telephongesprächen der letzten Zeit hatte Marlene ganz anders gesprochen – so, als bedeute er ihr immer noch alles. So wie sie ihm.

Er beklagte sich, und seine Klage wurde verstanden.

Am nächsten Tag waren alle Bilder verschwunden, und in der Nacht, die diesen Tag von dem seiner Ankunft trennte, hatte sie ihm wieder versichert, daß alle anderen für sie bedeutungslos waren, daß nur er, Jo, für sie zählte und daß sie ohne ihn nicht leben könnte. Waren diese Beteuerungen »Film«, oder waren sie »Leben«? Er wußte genau, wie sie zwischen beidem unterschied. Er war für sie Film, aber er wollte eben auch Leben sein.

Er stellte sich schon wieder ein Haus vor, das er für sie in ihrer Abwesenheit finden würde – ganz abgesehen von dem, das er für sie bauen wollte und das er als Tempel der Verehrung des gesamten Universums für seine Göttin plante. Es sollte in den Bergen liegen und unter den Sternen – abgeschieden, weiter weg von den Studios und ihrem Getümmel, soviel war sicher. Und das würde er suchen, während sie nach Europa ging. Wenn sie wiederkäme, könnte sie gleich einziehen. Und dann würden sie nicht nur einen neuen Film zusammen machen, sondern endlich das Leben führen, zu dem es bis jetzt immer noch nicht gekommen war, das sie aber doch beide wollten, das er, Jo, sich jedenfalls ersehnte und für das sie sich gleich nach der langen Trennung auch wieder ausgesprochen hatte. Nur er und sie. Leben und Film. Beides. Alles.

Ja, so sollte es sein – Marlene widersprach nicht, nein, sie stimmte zu. Und Jo glaubte ihr nur zu gerne, so, wie er auch sich selbst nur zu gerne glaubte. Er hatte noch den Schreck in den Knochen von dem, was er in Berlin gesehen hatte. Eine Gruppe von kriminellen Wahnsinnigen hatte mit Billigung der Bevölkerung die Macht übernommen. Wahnsinn beherrschte die Staße. Wahnsinn beherrschte die Politik.

Was würde aus Europa werden? Hier in Hollywood regierten Dummheit und Geldgier – und weiß Gott nicht der Kunstverstand, den Jo für die Anerkennung seiner Arbeit gebraucht hätte. Aber immer noch besser als der offene Ausbruch primitiver Grausamkeit, deren Zeuge er in Berlin geworden war. Sie richtete sich tödlich gegen alle Menschen seiner Abstammung. Sie duldete nur eine Kunst, wie sie in Schrebergärten und an Kneipenstammtischen akzeptiert wird.

Marlene wollte, was auch das Studio wollte, daß er nämlich einen opulenten Kostümschinken mit ihr machte. Sie hatte recht, das hatten sie noch nicht zusammen probiert. Und zur Zeit wäre es der sicherste Weg, einen Film zu schaffen, der sich unter den herrschenden politischen Bedingungen immer noch weltweit verkaufen ließe. Auch der große Eisenstein, so hatte er wissen lassen, trug sich mit Plänen zu einem großen Historienfilm, einer Ausstattungsorgie. In Stalins Sowjetunion sollte Iwan dem Schrecklichen, dem grausamen und egomanen Gründer des russischen Reiches, ein filmisches Denkmal gesetzt werden. Das klang für Svengali Jo faszinierend. Besonders faszinierte ihn Eisensteins Absicht, sämtliche Elemente der Ausstattung einem Stilwillen unterzuordnen. Das schien ihm nachahmenswürdig. Auch Marlene hatte ihn auf diese künstlerische Möglichkeit hingewiesen: den Historienfilm nicht als bebilderte Rekonstruktion von Geschichte zu begreifen, sondern als große Vision der Vergangenheit. Als geschichtliches Tableau, das die widerstreitenden Kräfte der Geschichte im Hell und Dunkel des Schwarzweißfilms zeigen würde.

Eisensteins Vision von einem russischen Gewaltherrscher würde er seine menschlichere entgegenhalten, erfüllt von Sinnlichkeit und Melancholie – wie Hofmannsthals »Rosenkavalier«. Josef von Sternberg würde eine Frau ins Zentrum stellen. Marlene. Als eine weibliche Herrscherin in einem Land der Finsternis. Nicht im Deutschland der Nazis. Auch nicht in Stalins Sowjetunion. Im alten Rußland der Bärenzeit. Wofür gab es Geschichte? Man konnte Parallelen ziehen zu dem Vergangenen – und dabei doch in einer Phantasiewelt bleiben. Rußland war ohnedies das Land, das ihn nicht losließ. Mehrere Filme hindurch hatte es ihn schon erfolgreich inspiriert. Einen seiner wichtigsten Filme, *The Last Command*, hatte er dem

Zerfall des zaristischen Rußland gewidmet. In *Dishonored* gehört der feindliche Offizier, in den die schöne Spionin sich so tödlich verliebt, zum russischen Heer. Warum kreisten seine Gedanken so oft um Rußland? Weil es zwischen Asien und Europa liegt, riesig, rückständig, düster, gewalttätig – aber auch mystisch, erfüllt von einer tiefen Religiosität, von Hingabe und Leidenschaft. Ein Land der unbegrenzten Möglichkeiten in einem geistigen Sinne – so, wie die USA es in einem materiellen Sinne waren.

Man müßte dort gegen die Herrschaft der Gewalt eine der Liebe, der Verführung errichten, wenigstens in der Phantasiewelt des Films. Wer würde sich nicht danach sehnen, zu einer Zeit, in der Herrschaft so mörderisch geworden war wie nie zuvor, in der das Morden systematisch und als kalkulierter Verwaltungsakt durchgeführt wurde? Das galt für das ehemalige Zarenreich, die jetzige Sowjetunion Stalins, ebenso wie für das ehemalige deutsche Kaiserreich, jetzt Herrschaftsgebiet von Hitler und seinen braunen Horden.

Marlene sollte statt des blutrünstigen Zaren eine großmütige Zarewna spielen. Eine, die aus dem zivilisierten Mitteleuropa in das Land der Barbarei kommt – westliche Kultur und östliche Mystik würden in ihr verschmelzen und sich zu einer nie dagewesenen Apotheose vereinen. Das würde die größte Huldigung werden, die er ihr darbringen konnte. Ein riesiges Reich zu ihren Füßen. Unzählige Liebhaber. Mit allen Soldaten ihrer Armee würde sie schlafen – zumindest mit allen, die ihr gefielen. Ihre Herrschaft würde durch Liebeslust und erotische Erfüllung triumphieren. Über Brutalität, Grausamkeit, Dummheit, Bosheit, Barbarei. Liebe als Akt des Zivilisierens einer riesigen Nation. Liebe als politische Kraft, die die Welt verändert. Er war mehr und mehr hingerissen von seinen Vorstellungen und riß damit auch Marlene mit.

Das waren andere Visionen als Mamoulians schlichte Arrangements! Mamoulian war ein Handwerker, höflich, beliebt, das Studio hatte ihn nach Drehschluß liebevoll gefeiert – ganz anders als den verhaßten Perfektionisten von Sternberg, dem alle aus dem Weg gingen und dem am Ende des Drehs keiner eine Träne nachweinte. Aber

Josef von Sternberg – hier wurde es wieder ganz offenbar – war ein großer Künstler, einer von denen, die es immer schwerhaben in ihrer Zeit und unter alltäglichen Menschen, weil sie der Welt Geschenke aus dem Stoff der Unsterblichkeit schneiden – und sich dabei selbst blutig verletzen.

Einzig Marlene verstand ihn, verstand die Auszeichnung, die es bedeutete, mit ihm arbeiten zu dürfen, verstand seine kindliche Hilflosigkeit, seine Ungeschicklichkeit, seine Schroffheit im Umgang mit anderen Menschen, die zu seinem überwältigenden Talent gehörten.

Und Marlene begriff sich selbst nicht mehr, daß sie diesen zartfühlendsten, großzügigsten aller Menschen, den sie doch zutiefst bewunderte, hatte allein lassen und sogar hintergehen können. Das sollte nicht mehr geschehen.

In den letzten Tagen vor ihrem Aufbruch nach Paris gab sie sich ihrem Jo mit einer Innigkeit hin, die ihn überwältigte. Er war wieder völlig gefangen. Sie wollte alles an ihm gutmachen, was falsch gelaufen war in den vergangenen Monaten, im vergangenen Jahr. Sie inszenierte sich selbst für ihn als vollkommene Geliebte, als vollkommene Frau, als vollkommenes Material für jene fast überirdische Inszenierung, die er für sie entworfen hatte. Sie wollte sich ihm ins Gedächtnis einbrennen, damit er nicht auf den Gedanken kommen sollte, seine wunderbaren Träume durch andere zu ersetzen, während sie weg war – und die Hauptrolle darin durch eine andere Frau. Sie wollte ihn sich sichern, und sie wollte sich die Zarewna sichern. Jo war so dankbar für diese wenigen Tage und Nächte.

Sie erfüllten ihn mit Sehnsüchten, die er in Bilder umsetzen würde, wie das Kino sie noch nie gesehen hatte. Kostbarkeiten an Licht, Stoffen, Pelzen, Geschmeiden, die das Leuchten der Haut, der Haare, der Augen seiner Kaiserin erhöhen sollten zu einer Schönheit, wie nie zuvor und niemals danach eine Frau auf der Leinwand sie entfaltete. Und dagegen als Kontrast riesige düstere Räume mit gewaltigen Türen, Schatten, die von gekrümmten Rücken stammten, die Angst vor der Knute, dem Gift, dem Wahnsinn.

Ihre Umarmungen waren sanft und vorsichtig, wie die Diva es liebte. In seinem Innern brausten solche Stürme, da brauchte er nicht viel äußere Bewegung. Nur dieses Ruhen in ihren erlesenen Armen, ihren seidenen Kissen, bei ihrem abgedunkelten Licht, das matt durch ihre weichen Haare schimmerte. Er besaß sie. Als Wirklichkeit, als Traum. Sie war seine fleischgewordene Vision, und alle Schönheit, die er sich vorstellen konnte, würde ihr zur Hilfe eilen, wie die Feen in den Märchen, die ihre Gaben ausschütten.

Nachdem die Göttin nach einer Reihe von solchen Nächten, die er in ihren Armen verbringen durfte, und vielen Tagen voller begeisterter Gespräche über das neue Projekt schließlich doch in Richtung Europa abgefahren war, blieb ihm die Aussicht auf einen gewaltigen Film, der alles andere übertreffen sollte, und auf das wirkliche Glück nach ihrer Wiederkehr, das damit zugleich eintreffen mußte. Endlich. Und für immer.

14. Botschafter und Kaiserin

Song of Songs war an der Kinokasse nicht so erfolgreich, wie die Leitung der Paramount sich das ausgemalt hatte. Das gab von Sternberg gute Karten in die Hand. Da nämlich auch die anderen Produktionen keine Box-office-Triumphe verzeichnen konnten, erinnerten sich die Bosse wieder an die riesigen Einnahmen aus *Morocco* und aus *Shanghai Express*. In den knapp zwei, drei Jahren, die sie zurücklagen, hatte das Studio nichts produziert, was sich mit den Einspielsummen dieser Filme vergleichen ließ, und selbst *Der Blaue Engel*, *Dishonored* und *Blonde Venus* waren, gemessen an ihren Kosten, gut gelaufen.

Diese Erfolge mußten wiederholt werden. Das Duo Dietrich/von Sternberg sollte so schnell wie möglich in eine neue große Produktion einsteigen, und diesmal würde man Jo völlig freie Hand lassen. Seine Kassenschlager hatte er bisher immer dann gemacht, wenn ihm nicht in die Arbeit hineingeredet worden war. Darauf pochte er mit Recht.

Und während Marlene sich in Paris als unbestritten schönste Frau der Welt feiern ließ, konkretisierte sich der Film über die russische Kaiserin, den er mit ihr machen würde. Im Grunde war es eine Variation der Geschichte, die er mit ihr schon einmal in *Morocco* erzählt hatte.

Eine schöne Frau kommt von weit, aus einer Welt, die sie hinter sich zurückläßt, ohne sich noch einmal umzudrehen, an einen geheimnisvollen und gefährlichen Ort, wo sich ihr Schicksal vollziehen wird. Sie reist allerdings diesmal nicht über das Meer, und es geht auch nicht nach Westen, sondern in die umgekehrte Richtung, nach

Osten. Das Gefährt ist kein Schiff, sondern eine Kutsche, und die rumpelt schwarz über weißes Land. Verschneites Land, so unendlich wie das Meer. Und sie muß durch Dreck und Schnee und Eis und noch bedrohlichere Situationen. Die junge schöne Frau reist allerdings nicht allein, sondern in Begleitung eines Botschafters, den man ausgesandt hat, um sie abzuholen und sicher durch das ozeanweite Land an den Ort ihrer Bestimmung zu bringen. Aber diesmal ist sie nicht die interessante, sündige Frau mit Vergangenheit. Das eine hat Josef von Sternberg aus *Song of Songs* gelernt – es kann auch sehr spannend sein, mit der Zeit der Unschuld anzufangen, ehe die Verderbnis Besitz von der Schönen ergreift. Die Unschuld des Anfangs macht alles Spätere akzeptabler, und wenn es noch so unerhört ist.

Die spätere Kaiserin des Russenreichs ist zu Anfang eine deutsche Prinzessin – also das, als was Marlene für die amerikanische Öffentlichkeit dank der Publicity-Anstrengungen erscheint. Als Kind wird die Prinzessin bereits verheiratet. Man fragt sie nicht nach ihrer Einwilligung. Ein Herr aus Rußland hält um sie an, die Eltern sagen ja, und es gibt keine Widerrede. So war das früher in Europa. Auch Monarchen durften nicht lieben, wen sie wollten. Und Monarchenkinder waren Spielbälle der Politik.

Das Kind Katharina wird von Marlenes Tochter dargestellt, für die dieser eine Drehtag unter Josef von Sternbergs Regie ein früher, unvergeßlicher Höhepunkt ihres Lebens ist. Krank sollte sie im Bett liegen, während die Absprachen am Hof über sie entschieden. Daß sie nur in den Kissen zu sehen sein durfte, war Marlenes Wunsch, aber auch der der Publicity-Abteilung. Die kleine Lüge mit ihrem Alter, durch die Kater immer wesentlich jünger erscheinen mußte, machte es unmöglich, sie aufrecht stehend oder gehend zu zeigen. Dann wäre herausgekommen, daß sie wesentlich älter war, als es in allen Zeitungen stand. Also ins Bett mit ihr, und neben Jo würde sie in ihrer Mutter einen zweiten Regisseur haben. Marlene war noch aufgeregter als ihre Tochter, bis zur Klappe zupfte sie an den Löckchen herum, die die Friseuse so niedlich um den kleinen Kopf gelegt hatte. Solche Löckchen würde sie dann auch in den ersten Einstellungen zeigen, in denen sie als junge Katharina zu sehen ist. Kindlich. Mit den rund aufgerissenen Augen, die sie als Bauerntrampel nun schon in zwei Filmen gemacht hat und die sie stets so rollt, wenn sie Unschuld vorgeben oder darstellen soll. Ganz in weißen Spitzen, mit einer Haarschleife, wie eine Sofapuppe.

Noch hat die junge Katharina vor sich, was Marlene in den anderen Filmen bereits hinter sich hatte, wenn der Film anfing: Liebesnächte ohne Liebe, Demütigung, Unterwerfung. Noch ist sie unschuldig und ahnungslos. So wird Jo sie in den ersten Bildern des Films in ihrem fürstlichen Elternhaus zeigen: ein spielendes, verspieltes, neugieriges junges Mädchen. Das Elternhaus ist ein helles heiteres Schloß in Deutschland, der Botschafter, der sie daraus abholt, ein düsterer, aber faszinierender Russe. Mit der Inbrunst seines Volkes verliebt er sich in die schöne Unschuld und ihre aufgerissenen Augen und Sofapuppenlöckchen. Während die Kutsche sie in die Tiefe des unendlichen Rußland bringt, reitet er als Ritter ohne Furcht und Tadel neben ihr her und beschützt sie. Und er weiß, daß sie sich auf dieser Reise in ihn verlieben wird. Er ist nicht dumm, und er sieht sehr gut aus, und obendrein hat er was, auf das die Frauen fliegen. Aber sie gehört dem Zaren, mit dem sie vermählt werden soll. Das ist ein kichernder Dummkopf, ein Tölpel mit einem Kindergesicht, dessen runde Augen nicht Neugier auf das Leben ausdrücken, sondern ein leeres Hirn und ein leeres Herz. Seine Mutter regiert statt seiner und läßt den idiotischen Sohn wie eine Marionette nach ihrem Willen agieren. Diese Mutter hat die schöne deutsche Prinzessin ausgesucht, ebenso wie den faszinierenden Botschafter, der sie zum Kreml führt. Nun wird die junge Braut in glanzvoller Zeremonie mit dem Idioten vermählt. Die Inszenierung dieser Hochzeit obliegt dem Botschafter, der alles plant und überwacht, als handele es sich um seine eigene Eheschließung. Der Idiot als Ehemann ist eine versteckte Rache an Marlenes Rudi, denn wie Rudi hat er eine russische Geliebte, nach der er giert, während er die blonde Deutsche im Glanz der Kerzen heiraten darf.

Die junge Fürstentochter ist schön wie ein Bild, aber sie erstarrt zu Eis in der glanzvollen Zeremonie, in der die Hand des albernen Trottels in ihre gelegt wird – denn sie weiß die Augen des geliebten Botschafters auf sich, der dies alles arrangiert hat. Zum Glück braucht sie nach erfolgter Vermählung in einem kerzenerleuchteten Heiligtum, das Rudis Gemach an Düsternis weit übertrifft, nicht mit dem gackernden Idioten zu schlafen. Denn der enteilt – ganz wie Rudi – zu seiner Mätresse. Er will dieser dunklen Gespielin wegen seine schöne blonde Frau umbringen und die Alleinherrschaft an sich reißen.

Die schöne Deutsche empfindet als Verrat, was der Botschafter ihr angetan hat, als er sie mit diesem Wicht vermählte, und fast bricht ihr das Herz dabei. Er hat sie verletzt, nun verletzt sie ihn. Statt seiner gibt sie sich einem jungen Soldaten nach dem anderen hin. In vollem Bewußtsein, daß er sie dabei beobachtet. Dafür wird sie von der Armee mit wahrhaft abgöttischer Anhänglichkeit belohnt – bis sie an der Spitze des ihr mit Leib und Leben ergebenen Heeres über den ihr vermählten Idioten und seine Machenschaften triumphiert, als der sie vernichten will – hoch zu Roß sprengt sie die Treppen des Kremls hinauf und läutet als selbsternannte Kaiserin und Alleinherrscherin die Glocke des Sieges, ein fanatisches Strahlen im Gesicht, Tausende und Abertausende Bewunderer zu Füßen, das ganze in jeder Hinsicht geliebte Heer. Männer sind diesmal nicht nur Motten, die um das Licht der Schönheit schwirren – sie werfen sich vor ihr in den Staub und kämpfen Kriege um sie. Und heben sie auf einen Thron, wie es ihn höher auf dieser Erde nicht gibt.

Während Svengali Jo daran arbeitet, diese reichlich kühne Geschichte in fremde, düstere und großartige Bilder zu fassen, ist Marlene mit Tochter bei ihrem Ehemann in Paris. Eigentlich wollte sie nur die alten Gefühle für Maurice Chevalier wiederaufleben lassen und cheek to cheek mit ihm tanzen. Aber – oh la la! Das ist ein anderes Pflaster als Los Angeles, als New York und Berlin. Hier ist sie nicht bloß ein Star – hier ist sie die ungekrönte Königin an einem Himmel, der Nacht für Nacht rosa ist vom Widerschein Abertausender Lampen, die alle nur entzündet werden, um ihrer Schönheit zu huldigen ... oder wenigstens sieht es so aus. Hier ist das Zentrum der Mode, hier werden die raffiniertesten und schönsten Kleider und Accessoires hergestellt, die es auf der Welt gibt, und Marlene hat immer schon eine Neigung für diese Dinge gehabt. Sie hat auch immer schon gern gut gegessen. Hier ist sie an dem Ort, wo beides Ausdruck von Kultur ist. Und an dem Ort, wo das Kino mehr geschätzt wird als irgendwo sonst. Hier heißt sogar eine Kirche wie sie selbst: »Madeleine«. Sie weiß, womit sie die Pariser mehr entzücken kann als mit gutem Benehmen: Schockieren muß man sie. Sie trägt in aller Öffentlichkeit Hosen. Das hätte sie in Los Angeles nicht gewagt. Das ist ein Affront. Aber wie dankbar sind die Pariser für so einen Schock, der ihnen für Wochen Gesprächsstoff liefert, den man in aller Ruhe beschreien und dann nachahmen kann! In der Stadt der großen Revolution ist nichts so geschätzt wie eine zeitweilige kleine Auflehnung gegen allgemeine Regeln. Die blonde Diva wird im Herrenanzug gefeiert wie noch nie in ihrem Leben. Wer zur modischen Avantgarde gehört, macht sie nach. Und sie liefert damit der Emanzipation einen Befreiungsschlag, von dem die Frauen bis heute profitieren.

Da sie seit ihrer Kinderliebe zu Mademoiselle Bréguand ein flüssiges Französisch spricht, wird sie sofort als Wahlfranzösin akzeptiert. Es ergibt sich vor der Presse immer wieder Gelegenheit, die schönen Geschichten aus ihrer Kindheit zu erzählen, als sie ganz für sich allein mit den französischen Kriegsgefangenen den Nationalfeiertag beging und ihnen weiße Rosen an den Stacheldraht brachte. Auch das ist eine Geschichte, wie die Pariser sie lieben. Ein tapferes kleines Mädchen, das unter Lebensgefahr den Kriegshelden des französischen Volkes ihre Blümchen darbringt, das muß mehr als den leider sehr geringen Verstand der Menschen haben, die zu ihrem Pech außerhalb Frankreichs geboren wurden. Und so sieht sich die schöne und kluge Marlene von den literarischen und künstlerischen Größen umringt, die Paris in verschwenderischer Zahl zu bieten hat. Die große Colette interessiert sich für sie, und Marlene interessiert sich für Colette. In der Wohnung der berühmten Schriftstelle-rin und früheren Varieté-Tänzerin geht sie ein und aus. Gibt es ein lesbisches Verhältnis? Wenn dem so wäre, warum nicht? Jean Coc-teau begeistert sich für die strenge Schönheit der Hollywood-Diva und begleitet sie, wenn sie über die Champs-Élysées spaziert.

Marlene wohnt übrigens nicht in Paris selbst, sondern, wie die fran-zösischen Könige, vor den Toren der Stadt. Sie residiert in Versailles, im schloßartigen Hotel Trianon, das ihr organisatorisch so begabter Ehemann als passenden Rahmen für sie gewählt hat. Nicht gerade-zu im Schloß, wo 1871 der deutsche Kaiser gekrönt wurde, sondern im erlesenen Hotel Trianon de Versailles, wo nach dem ersten Welt-krieg 1918/19 jener Vertrag geschlossen wurde, der Deutschland zum Verlierer des ersten Weltkrieges stempelte. Für Franzosen ein guter Ort, weil da ihr Sieg über den kriegslüsternen Nachbarn erklärt wurde. Ein französischer Ort und doch ein deutscher. Ein Ort für eine deutsche Königin oder Kaiserin, die den Franzosen nicht mit imperialen, sondern mit erotischen Gelüsten entgegentritt, mit einem Gesicht von vollendeter Schönheit, einem Körper, der alle Verlockungen zu erfüllen verspricht.

Und jedenfalls ein passender Rahmen für die Königin des Kinos.

Ein Teppich aus Bewunderung breitet sich vor ihr aus, wo sie geht und steht.

Und alles könnte ein großes Fest genannt werden – wären nicht schon so viele Flüchtlinge aus Deutschland da, die von den Verän-derungen der letzten Wochen berichten, seit Hitler dort die Macht übernommen hat. Viele alte Bekannte trifft sie wieder, die in der früheren Heimat Berlin alles hinter sich lassen mußten und hier eine erste Zuflucht gefunden haben. Sie berichten, was auch Jo ihr erzählt hat. Der Alltag in Deutschland brutalisiert sich von Tag zu Tag. Die freie Meinungsäußerung ist radikal eingeschränkt. Politi-sche Gegner der Nazis verschwinden und tauchen nicht wieder auf. Es glaubt kaum noch jemand daran, daß der Spuk bald vorüberge-hen wird.

Das Reich, das die Nazis errichten, nennt sich »tausendjährig«. Und

242

wenn es eines Tages auch Paris erobern würde? Und von dort aus die ganze Welt, wie die Nazis singen, wenn sie mit ihren Knobelbechern durch die Straßen Berlins marschieren? Eine Welt unter dem Hakenkreuz, in der nur der Stärkere überleben darf. Aber wer ist der Stärkere? Es liegt doch nicht in den Muskeln und diesen hart zusammengepreßten Lippen und grausam blauen Augen, die man in den Wochenschauen aus Deutschland sieht. Der Stärkere kann doch auch der größere Geist, die größere Imagination sein, so, wie Jo es in seinen Filmen bewiesen hat. Paris bewundert den Geist, Paris bewundert die Schönheit. Die arischen Gesichter unter den Stahlhelmen wirken dort als Brutalo-Ästhetik – man entzückt sich kurzfristig daran, schnell entflammt für alles Neue, wie man eben ist – dann lacht man darüber. Aber das Lachen wird den Franzosen noch vergehen, ebenso wie ihren Gästen aus aller Welt, die die Cafés der Metropole bevölkern.

Marlene will nicht in Paris bleiben, so gut es ihr da auch gefällt. Sie sorgt sich um ihre Mutter und um ihre Schwester. Eigentlich möchte sie sie in Berlin besuchen – aber unter den gegebenen Umständen hält sie es für besser, dort nicht hinzufahren. Das rät ihr Rudi, das raten ihr auch die emigrierten Freunde. Trotzdem, sie ist immer noch deutsche Staatsbürgerin. Sie muß, um ihren Paß verlängern zu lassen, die deutsche Botschaft in Paris aufsuchen.

Dort wird sie ganz anders empfangen, als sie sich das vorgestellt hat. Durchaus nicht mit Kritik oder Ablehnung, im Gegenteil. Kein Wort fällt über ihre Kontakte zu Juden und zu Gegnern des neuen Dritten Reiches.

Man bietet ihr an, als Königin des deutschen Films nach Berlin zurückzukehren. Hitler, so wird ihr gesagt, würde nahezu alles tun, um Marlene an die Spitze der neuen Filmkultur zu setzen, die er für das deutsche Reich plant. Die Filme, die sie mittlerweile in Hollywood mit dem Juden Josef von Sternberg gedreht hat, haben ihn in dieser Absicht offenbar nur bestärkt. Geplant ist, ihrem Mann, Rudolf Sieber, in diesem Falle die organisatorische Leitung des Filmwesens zu übertragen. Das war schon bei ihrem letzten Aufenthalt in Berlin angedeutet worden – damals war der Sieg der Nazis allerdings noch keineswegs sicher. Aber jetzt ist er da, und Hitler ist bereit, für den deutschen Weltstar einen riesigen roten Teppich auszurollen – vom Flughafen Tempelhof bis zum Brandenburger Tor soll er reichen. Durch das will der Führer selbst sie in die Reichshauptstadt führen und ihr den Triumph ihres Lebens bereiten. Der soll einmal nicht, wie bei Jo, für das Kino inszeniert sein, sondern für jene Tausende und Abertausende von verzückten Zuschauern, wie sie die Nazis so eindrucksvoll mobilisieren können.

Wer könnte da nein sagen? Marlene kann es, und sie tut es. »Ich habe einen Vertrag, der mich an die Paramount bindet«, antwortet sie. Es wird ihr bedeutet, daß es für den Führer ein Leichtes ist, sie aus diesem Vertrag herauszukaufen. Ihr Bekenntnis zu ihm wäre Hitler noch einiges mehr wert als die zweifellos hohen Summen, die dazu erforderlich wären. Für den Weltstar Marlene Dietrich, die Arierin als Weltschönheit schlechthin, die einen Prestigegewinn über den ganzen Globus bedeutet, wäre ihm nichts zu teuer.

Für Marlene zählt weniger die Verlockung so einer grandiosen Inszenierung als vielmehr die Bedrohung, die über ihren Verwandten und ihren Freunden in Berlin schwebt, wenn sie Hitlers Angebot ablehnt. Zweifellos hat sie dort in der Pariser Botschaft des deutschen Reiches darüber nachgedacht, daß sie Mutter und Schwester und allen gefährdeten Bekannten in einer solchen dominierenden Rolle würde Schutz bieten und helfen können. Mit der gleichen Begründung – Schlimmeres verhüten zu wollen – haben viele Künstler ihr Engagement für die Nazis gerechtfertigt, nicht nur »Mephisto« Gustaf Gründgens.

Die Antwort, die Marlene dem damaligen deutschen Botschafter und dem Abgesandten Hitlers gibt, ist Ausdruck einer eindrucksvollen politischen Einsicht, eines ungewöhnlichen persönlichen Mutes, aber mehr noch ist sie ein großes Treuebekenntnis zu Svengali Jo. Sie sagt, was sie auch Bud Schulberg und den Bossen der Paramount bereits mehrfach erklärt hat, was aber in dieser Situation einen ganz anderen Stellenwert bekommt:

»Mein Regisseur ist Josef von Sternberg« – Josef von Sternberg, den die Nazis als Juden nicht akzeptieren können, nicht einmal, um Marlene für sich und ihre Propaganda zu gewinnen.

Das bedeutet die klare Ablehnung von Hitlers Angebot, entscheidend über die Reorganisation des deutschen Films mitbestimmen zu können. Und diese Ablehnung ist ein offener Affront gegen die deutsche Reichsregierung. Dennoch erhält sie einen Tag später den ordnungsgemäß verlängerten deutschen Paß zugestellt. Man hat sie für ihre Haltung nicht abgestraft. Sie ist immer noch Deutsche. Und sie darf als solche nach Hollywood zurückkehren. Vielleicht hat Hitler gehofft, sie würde sich bei einem möglichen Mißerfolg der vor ihr liegenden Arbeit mit Josef von Sternberg doch noch anders entscheiden.

Aber Jo hat die ganze Zeit mit ihrer Heimkehr zu ihm gerechnet.

In dem Telegramm von Emanuel Cohen, dem Vizepräsidenten der Paramount, das sie in ihrem Hotel in Versailles vorfindet, wird sie gebeten, ihre Bereitschaft zu bestätigen, in von Sternbergs neuem Film die *Scarlet Empress*, die scharlachrote Kaiserin zu spielen, wie er seine Katharina von Rußland genannt hat. Sie schickt ihre Antwort nicht an Cohen, sondern an Josef von Sternberg:

NIMM DIR VON MEINER ÜBERGROSSEN LIEBE SOVIEL WIE DU BRAUCHST STOP NICHT SO VIEL DASS ES DICH BEUN-RUHIGEN WÜRDE UND AUCH NICHT ZUWENIG DAMIT ES NICHT MÜHEVOLL FÜR DICH WIRD FÜR IMMER DEIN GROESSTER FAN SCHULTER AN SCHULTER.

Während sie noch ihre Mutter und Schwester in Österreich trifft, da sie unter diesen Umständen lieber nicht nach Berlin fährt, laufen die Vorbereitungen in den Paramount-Studios auf Hochtouren. In Österreich tritt Marlene im Dirndl vor die Photokamera ihrer An-gehörigen, neben sich Rudi, mit Tirolerhut und Lederhosen, und ihre Tochter, natürlich auch in der Landestracht. Marlene hat eine kleine Affäre mit dem Operettentenor Jaray, dessen Platten die von

Tauber zeitweilig ablösen. Sie hat es gern schnulzig fürs Herz, wenn sich der Plattenspieler dreht. Das fasziniert sie weit mehr als Max Reinhardts neues Theater-Festival in Mozarts Geburtsstadt Salzburg.

Inzwischen verbringt Josef von Sternberg Wochen und Monate in der Ausstattungsabteilung der Paramount. Mit dem Ergebnis will er Marlene nach ihrer Rückkehr begeistern und überwältigen.

Die Palasttüren läßt er so breit bauen, daß ein Lastwagen hindurchfahren kann. Die Türflügel werden mit russischen Ikonen bemalt beziehungsweise mit dem, was Hollywood für russische Ikonen hält. Die Messinggriffe sind so hoch über dem Boden angebracht, daß die Schauspieler, die sie öffnen und hindurchgehen sollen, über ihre Kopfhöhe reichen müssen. Für jede der Türen entwirft er eigene Halbreliefs aus Emaille und Gold, die religiösen Motiven der Jahrhunderte vor Katharina der Großen nachgebildet sind.

Keine dieser Türen gleicht der anderen, und keine Szene wiederholt sich auf ihnen. Die Türen sind – was sonst für Studiobauten nicht üblich ist – so schwer, wie sie aussehen, so daß die Schauspieler ihr Gewicht nicht vortäuschen müssen, wenn sie sie öffnen. Sie sind gewaltig und dabei massiv, als ob sie nicht für Menschen gemacht sind, sondern für riesenhafte Wesen. Dazu sollen Skulpturen den Vorder- und Hintergrund der Bilder füllen, Figuren mit Körpern und Gesichtern, El Greco nachempfunden, gespenstisch unförmig mit ihren Buckeln und knotigen Riesenhänden. Diese Gestalten klammern sich um die Rückenlehnen der hohen Bankettstühle und halten sie. Wenn ein Schauspieler darin sitzt, überragt und umschließt ihn der gekrümmte Körper der Figur im Rücken seines Stuhles wie ein immerwährend drohendes Verhängnis. Ähnliche Figuren bilden makabre Prozessionsgruppen mit flackernden Wachsstöcken in den Händen und halten den Rahmen des ovalen Spiegels im Ankleidezimmer der zukünftigen Zarin. Wieder andere dienen mit ihren gekrümmten Rücken als Treppenpfosten und vielfach verschlungene Treppengeländer. Sie sind mit ihrem geschnitzten Schweigen ein ständiger Kontrast zu den bewegten, lebendigen

246

Schauspielern. Und sie suggerieren die Anwesenheit des leidenden Volkes, das in den Palastszenen eigentlich ausgesperrt ist. Bedrohung geht von ihnen aus, Beklemmung. Ihre Häßlichkeit hebt die Schönheit der künftigen Kaiserin nur noch mehr hervor. Ihre gewundenen Rücken verbergen Intrigen und Gewalttaten, die hinter ihnen lauern. So tragen sie auch zur Spannung der Szenen bei.

Diese ungewöhnliche Studiodekorationen entwirft Jo selbst, und er überwacht in den Werkstätten die Ausführung bis in jedes Detail.

Der ganze Film soll seine Schöpfung werden, sein Gesamtkunstwerk. Er will keine historisierende Rekonstruktion Rußlands unter Katharina der Großen, sondern die Vision eines Reiches der Finsternis und der Unterdrückung, über dem das Licht der schönen Erneuerin aus dem Westen aufgeht, deren Botschaft nicht das Quälen und Töten, sondern das Lieben und Verführen ist.

Das soll am deutlichsten in der Bankettszene nach der Hochzeitszeremonie werden, in der einzigen Szene, die doch einmal einen Menschen aus dem russischen Volke zeigt: einen Bettelmönch, der sich mit der Bitte um eine Gabe dem frischvermählten Zarenpaar nähert. Der Zar ohrfeigt ihn. Aber der Mönch krümmt sich nicht zusammen, er verschwindet nicht. Ruhig antwortet er auf die Ohrfeige: »Das war für mich, und was gebt Ihr für die Armen?«

Da streift die jungvermählte Zarin ihren ganzen kostbaren Schmuck, Ringe, Kettchen und Perlenbänder von unschätzbarem Wert, von Händen und Handgelenken und wirft ihm das Geschmeide in die Opferschale. So gibt sie ein Vorbild der Großzügigkeit, dem die anderen an der Tafel folgen müssen. Zugleich setzt sie ein Zeichen des Widerstandes gegen die düstere Macht, an die man sie verkuppelt hat und aus der sie sich eines Tages befreien wird.

Jo will mit diesem Film sich und der Welt beweisen, daß er fähig ist, ein außergewöhnliches Kunstgebilde zu schaffen, das weit über die üblichen Standards der Filmindustrie hinausgeht. Es reizt ihn schon seit langem, die Vorstellung des Komponisten Richard Wagner vom Gesamtkunstwerk Oper auf den Film zu übertragen – kann nicht der Film, der doch zugleich auf den Ebenen des Bildnerischen, der

Sprache, des Theatralischen wie des Musikalischen zu wirken imstande ist, diesem Anspruch weitaus gerechter werden als eine noch so komplexe Theateraufführung?

In der Sowjetunion erhält Eisenstein für ganz ähnliche Ideen großzügige staatliche Unterstützung, durch die er seine Visionen ohne Sorgen um finanzielle Risiken verwirklichen kann. Wenn das sowjetische System, das dem bürgerlichen Kunstbegriff feindlich gegenübersteht, zu solchem Mäzenatentum fähig ist, warum nicht auch die Paramount, die an ihm und seiner Arbeit doch viele Millionen verdient hat? Und warum sollen die Millionen, die jetzt investiert werden, sich nicht wieder einspielen? Wenn die sowjetische Führung überzeugt ist, daß sich Arbeiter und Bauern aus dem hintersten Winkel des Sowjetreiches für Eisensteins Leinwandprunk begeistern können – warum sollen nicht auch die kleinen Angestellten und die Arbeiter der USA für die Visionen von Svengali Jo empfänglich sein? Warum sollen sie nicht auch für einen entschiedenen Kunstanspruch Geld an der Kinokasse bezahlen? Sie bekommen ja nicht nur – wie Eisensteins Zuschauer – einen dämonisch finsteren Zaren zu sehen, der mit Brutalität und Gewalt sein Land einigt, sondern die schönste Frau der Welt, die in den prunkvollsten Kostümen und in den gewagtesten Szenen als strahlendes Symbol für die Macht der Liebe steht.

Sogar die Musik zu seinem großen Leinwandwerk dirigiert Josef von Sternberg selbst und beschwört damit eindringlich die Parallele zwischen seinen und Wagners Vorstellungen. Film als die Antwort des Zwanzigsten Jahrhunderts auf die Oper des Neunzehnten – und zugleich Massenkunst mit weltweiter Vermarktung, für ein Massenpublikum, dem die Schätze der Welt als Leinwandtraum zur Verfügung stehen.

Selbstverständlich läßt er sich auch die Kontrolle über die Kostüme nicht aus der Hand nehmen, denen der Hauptdarsteller ebenso wie denen der Statisterie. Auch hier geht es nicht so sehr um historische Treue, sondern darum, die wesentlichen Züge der Figuren durch ihre Kleidung hervorzuheben und sogar zu überhöhen. Gleichzeitig sollen sich die Kostüme überzeugend in die ungewöhnliche Dekoration einfügen und mit ihr zusammen zu der großen Vision verschmelzen, die von Sternberg vorschwebt.

Was die Kostüme der Kaiserin angeht, wird natürlich Marlene selbst die entscheidende Instanz sein, wenn sie endlich aus Europa zurückkommt.

Jo wartet gespannt auf ihre Reaktionen angesichts des gewaltigen künstlichen Reiches, das er für sie bauen läßt und das er ihr täglich bei ihrem Eintritt ins Studio zu Füßen legt. Ist das nicht etwas anderes als das fade Marmorbild, das Mamoulian ihr präsentiert hat?

Marlene ist tatsächlich überwältigt. Aber – wenn Jo einen Film vor sich hat, lebt er kaum noch in der Wirklichkeit, da erfüllt sich seine ganze Existenz im Studio. Die Liebe zwischen Marlene und Jo verblaßt einmal mehr neben der Kraft des Fiktiven, das zur Verwirklichung drängt wie ein Kind im Schoß zur Geburt. Jo ist nachts wie erschlagen, wenn er von früh bis spät im Studio und in den Werkstätten gestanden und irgendwann dazwischen den Paramount-Bossen den Sinn seiner Bemühungen erklärt hat. Sie kennt das.

Und sie hält sich dafür im Kostümatelier schadlos. Ihre Arbeit mit Travis Banton gipfelt darin, eine Katharina zu erfinden, die mit ihren Kostümen in diese geniale, aber auch dominierende Dekoration hineinpaßt. Es müssen die Akzente gesetzt werden, die den Star Marlene als Zentrum des Gemäldes herausheben sollen. Platter Realismus der Kostüme würde in den überdimensionierten Dekorationen als Stilbruch wirken. Das gilt besonders für die Zarin selbst. Also müssen Röcke, Hüte, Mäntel Formen und Größen haben, die dem Historischen nahe kommen, es aber zugleich steigern und stilisieren.

Dies ihre Überlegungen mit Travis Banton, die sie Jo zur Zustimmung vorlegt. Jo fühlt sich einmal mehr verstanden.

Die jugendliche Unschuld und Keuschheit der Prinzessin des Anfangs muß, so verfügt sie mit seinem Einverständnis, in ihrem Kostüm nicht einfach nur unterstrichen, sondern übertrieben werden. Deshalb trägt Marlene zu Beginn des Films als junges Mädchen ein weißes Rüschenkleid mit raumgreifend weitem Rock (das übrigens Jahre später für Vivian Leigh als junge Scarlett O'Hara nahezu detailgenau kopiert wurde) und die bereits erwähnte kindhafte Lockenfrisur mit Schleife. Die sehr blasse Schminke und außerordentlich helle Ausleuchtung soll die Jugend der Filmheldin glaubwürdig machen, auch wenn ihre Darstellerin zu diesem Zeitpunkt die Dreißig schon überschritten hat.

Für die Hochzeit bleibt die porzellanene Blässe erhalten und signalisiert immer noch Reinheit und Keuschheit, die Haare verschwinden unter dem russisch inspirierten Diadem, das matte Leuchten von Perlen liegt über der ganzen Erscheinung, und ein beinahe endloses Schleiergespinst umgibt sie und folgt ihr, während die Kamera sie hinter den Flammen der Wachsstöcke auf ihrem Gang durch die Kirche begleitet.

Als selbstbewußte Herrscherin über die ihr untergebenen Männer und Soldaten tritt sie in einer überhohen Pelzmütze auf, die den Bojarenhüten nachempfunden ist, und Pelzbesatz zieht sich in zwei elegante Linien bis über die langen Schöße der Samtjacke, die bis über die Hälfte des Reifrockes reicht.

Und schließlich erscheint sie vor ihren Soldaten und Untertanen selbst als Soldat – in einer prunkvollen, hellen Uniform mit Anklängen an die K.-u.-k.-Husaren aus Josef von Sternbergs Kindheit – mit hautengen Hosen, hohen Stiefeln, Schnürungen, die über das ganze Wams gehen, einer losen pelzverbrämten Jacke über der Schulter und der Pelzmütze auf dem Kopf. So führt sie ihre Truppen zum Sieg, so reitet sie schließlich unter donnerndem Getöse mit ihren Getreuen die Treppe zum hohen Glockenturm hinauf, wo sie selbst das Geläut des Triumphes in Gang setzt. Dieser Ritt der jungen Kaiserin mit den ihr ergebenen Soldaten über die Holztreppe des Kreml ist die vielleicht eindrucksvollste Szene des Films. In der Mitte der Pferde, die Leib an Leib in rasendem Galopp die Stufen hinaufjagen, wird Marlene wegen der Gefährlichkeit der Szene von einem jungen Stuntman ersetzt, der die gleiche Uniform wie sie trägt und darin selbst wie eine hinreißend schöne Frau aussieht. Tatsächlich stürzt sein Pferd, rafft sich jedoch wieder auf, wird vom Reiter beruhigt, und die Szene kann abgedreht werden. Trotz des guten Ausgangs registriert die Studiobesatzung diesen Vorgang als böses Omen.

Filmleute sind abergläubisch. Es war allen klar, wie hoch von Sternberg diesmal pokerte – und wie tief der Sturz sein würde, wenn seine Ambitionen sich nicht erfüllten.

Die Studiobosse, die ihn mit offenen Armen empfangen hatten, als er aus Berlin zurückkam, sahen dem Entstehen des Gesamtkunstwerks mit wachsendem Mißtrauen zu. Warum konnte Jo nicht auf dem Teppich bleiben? Was sollte eine Kleinbürgerin aus Minnesota oder ein Versicherungsvertreter aus Idaho oder ein Viehhirte aus Arizona mit dieser verrückten Kunstwelt anfangen? Wie würden sie reagieren auf diese kaum verhüllte Aufforderung zur Promiskuität als Allheilmittel gegen Unterdrückung und Ausbeutung? Konnten sie sich identifizieren mit dieser entrückten Marlene, an der kaum noch etwas Menschliches war außer dem Drang, es mit möglichst vielen Männern zu treiben? Würden sie sich wirklich in diese übertriebenen Dekorationen hineinversetzen können, die nicht nur auf unbedarfte Gemüter wie überdrehte Theaterkulissen wirken mußten?

Das alte Spiel, das schon so oft nach Drehbeginn bei Josef von Sternbergs Filmen eingesetzt hatte, begann von neuem: die Atmosphäre wurde frostiger, worauf er mit Abkapselung und Arroganz reagierte, was die Situation noch mehr vergiftete. In Hollywood wird nicht Kunst gemacht. Kunst kann, wenn ein Film entsteht, als Nebenprodukt herauskommen, aber sie darf nicht das Ziel des Vorhabens sein. In Hollywood soll mit Kino Geld verdient werden. Die Zweifel an der Spitze der Paramount teilten sich bis zu den Handwerkern hinunter mit, die täglich in den Werkstätten und im Studio mit Jo umgingen.

Je gespannter die Atmosphäre wurde, desto geringer ihre Begeisterung für das entstehende Werk. Und einmal mehr hatte von Sternberg das Gefühl, vereinsamt dazustehen.

251

In seinem Kampf, Hollywood den größten Film aller Zeiten zu schenken, hatte er trotz all der Herrlichkeiten, die die Studiohallen füllten, lustlose Soldaten. Den leidenschaftlichen Enthusiasmus für den Sieg über die Finsternis, den die schöne Katharina bei ihren Gefolgsleuten entfacht, kann er in seinen Mitarbeitern nicht erzeugen. Sie mäkeln und schimpfen und tun ihre Arbeit immer widerstrebender. Und seine Unfähigkeit, auf dem Set einfach nur höflich zu sein und andere zu respektieren, kehrt sich einmal mehr gegen ihn. Er ist auf dem Zenit seines Schaffens angelangt. Er erfindet eine Welt, er verfügt über alle geistigen, handwerklichen und künstlerischen Fähigkeiten, sie zu realisieren. Immer ist er schneller als die, die seine Pläne mit ihm durchführen sollen, und das macht ihn ungeduldig und reizbar, und das gibt den anderen das Gefühl, ständig bevormundet und gemaßregelt zu werden. Und das verzeihen sie ihm nicht. Und statt seine vielfältigen Fähigkeiten zu bewundern, die er in ähnlich komplexem Maße wie sein Vorbild Leonardo da Vinci besitzt, ärgern sie sich über seine hochfahrende Art.

Er war sehr allein da ganz oben auf dem höchsten Punkt, den sein Leben ihm zugestand, und der Absturz würde schrecklich werden. Er will die Frau, die er liebt, mit diesem Film in der größten Apotheose verherrlichen, die je ein Mann einer Frau gewidmet hat. Was konnte für sie nach dieser Rolle noch kommen? Eine wirklich bedeutende Menschendarstellerin war sie nicht, sie war schön, und sie konnte ihre Schönheit über die Leinwand verbreiten und damit alles erleuchten, was sich darauf abspielte. Die Schönheit der Marlene hatte jedoch, so unvergleichlich sie strahlen konnte, nichts Wärmendes. Das machte es dem Publikum schwer, sich auf die Dauer mit ihr zu identifizieren. Deshalb hatte er ihr in den früheren Filmrollen jenen Mitleidsbonus verpaßt, der einer einsamen Frau gegeben wird, die man schlecht behandelt hat und die sich alleine und ohne Hilfe durchschlagen muß. Dieser Mitleidsbonus hatte gegen die Kälte gewirkt, die sie ausstrahlte.

Kälte machte sie als Katharina glaubwürdig. Sie bewirkte auch, daß man ihrem Spiel fasziniert zusah – wie man zum Beispiel ein schönes Tier gespannt beobachtet. Aber Zuneigung, Mitgefühl konnten da nicht entstehen. Wenn sich die Zuschauer mit dieser Kaiserin identifizieren wollten, würden sie es schwer haben. Sie müßten sich von dem Rausch der Bilder tragen lassen, von der Unerhörtheit der Vorgänge, von der Kühnheit dieser Frau, die sich über alle ihr gesetzten Grenzen hinwegsetzte. Einen ekstatischen Rausch konnte der Film erzeugen, Begeisterung und Staunen. Er konnte einen in eine nie gesehene Welt führen und an einem nie erlebten Triumph teilnehmen lassen. War das nicht mehr, als fast alle Filme boten?

Aber selbst Marlene kamen bei der Herstellung dieses ekstatischen Traumes Zweifel, ob er sich auf die Zuschauer übertragen ließe. Wie sehr hatte sie sich auf Svengali Jos Wiederkehr gefreut! Wie sehr hatte sie sich nach seinem unbedingten künstlerischen Willen gesehnt während der mühsamen Arbeit mit Mamoulian! Jetzt wünschte sie sich Mamoulians Höflichkeit zurück, die Art wie er mit seinen Mitarbeitern umzugehen verstand, wie er aus der Arbeit an einem Film eine gemeinsame Erfahrung machen konnte! Die Studioleute sahen nun einmal die inneren Bilder Josef von Sternbergs nicht wie er und konnten sie deshalb auch nicht fehlerlos umsetzen. Jo hatte kein Recht, sie dafür herablassend zu behandeln. Marlene begriff allmählich, weshalb Gary Cooper ihn abfällig als »Kraut«, als autokratischen Deutschen, bezeichnet hatte, warum die Studiobesatzung vom »jüdischen Hitler« sprach und damit Josef von Sternberg meinte. Jos grenzenlose Egomanie war deutsch an ihm und eben nicht amerikanisch.

Ganz im Sinne von Nietzsches »Übermenschen« konnte er normale Sterbliche nicht gelten lassen, sondern mußte ihnen sein eigenes Universum aufzwingen, ob sie sich darin nun wohl fühlten oder nicht. Lehnten sie es ab, sich darin einzupassen, wähnte er sich unverstanden und stilisierte sich zum Opfer. Folgten sie ihm, machte er Opfer aus ihnen. In seinem Weltbild gab es nur Unterwerfer und Unterworfene. Galt das nicht für den Film wie für die Liebe?

Zwischen Marlene und von Sternberg kam es während des Drehs

wieder nicht zu dem erhofften Glück von Liebe und gemeinsamer Arbeit. Im Gegenteil. Es bahnte sich ein Dauerkrieg an, der sich von Drehtag zu Drehtag fortsetzte.

Am letzten Drehtag kommt es zum offenen Ausbruch. Von den Dreharbeiten zu der Schlußszene ist überliefert, daß von Sternberg sie mehr als fünfzigmal drehen läßt. Er ist mit Marlenes Gesichtsausdruck im letzten Bild nicht einverstanden. Marlene als Katharina soll die große Glocke der Kathedrale läuten, zum Zeichen, daß ihr Sieg erreicht und sie damit Kaiserin Rußlands ist. Das Zugseil ist mit einem Flaschenzug verbunden, schwere Sandsäcke bilden die Gegengewichte. Ein massives, mit Stahl eingefaßtes Mahagonikreuz hängt am Ende des Seils, damit es straff bleibt. Wenn sie sich nach dem Seil streckt und es bis zu den Knien herunterzieht, schlägt das Kruzifix an die Innenseite ihrer Schenkel und streift mit seinen metallenen Kanten bis zu den Waden hinunter. Es verletzt sie durch die dünnen Reithosen – nicht nur einmal, sondern jedesmal, wenn die Szene wiederholt werden muß. Und Josef von Sternberg verlangte fünfzig Wiederholungen. Und das für eine Großaufnahme, für die weder Glocke noch Kruzifix von Bedeutung sind. Marlenes Oberschenkel ist an der Stelle, über die das Metallkreuz mit seinen scharfen Kanten schnitt, blutüberströmt. Die Soldatentochter übersteht ohne ein Wort des Widerspruchs diese Prüfung, die ihr leicht hätte erspart bleiben können. Sie weiß, worum es geht: Von Sternberg will von ihr einen entrückten Gesichtsausdruck, mit dem sie das Publikum nicht nur als Schönheit, sondern auch als große Darstellerin erobern soll. Aber die disziplinierte Überwindung des körperlichen Schmerzes ist eine Sache, und die Einfühlung eines Schauspielers in das Glück und Leid des dargestellten Menschen eine andere. Nach fünfzig Takes hat das Gesicht der Dietrich ein zwanghaftes Strahlen, in dem sich zwar der Wahnsinn der Macht spiegelt, aber nicht die Begeisterung eines Menschen, der gegen die Unterdrückung gekämpft hat und nun stellvertretend für seine Mitstreiter allein im Glockenturm den Augenblick der Befreiung einläutet.

Es ist kalt ganz oben, da, wo die Siegesglocke ertönt, und der Absturz aus dieser schwindelnden Höhe ist vorgezeichnet, auch wenn er im Film nicht vorkommt.

Schade, sagte die kleine Verkäuferin aus Boston, als im Kino nach der Vorstellung das Licht anging. Sie hätte es nicht ungern gesehen, wenn die große Katharina vom hohen Roß und in die Arme ihres Botschafters gestürzt wäre und irgendwo auf einer Farm das wahre Glück gefunden hätte. Menschen ihrer Einkommensgruppe kaufen Kinokarten und bringen Freunde und Bekannte dazu, auch welche zu erwerben, Angestellte, Handwerker, Kellner, Briefträger, die sogenannten kleinen Leute, von denen Hollywood abhängt und die seine eigentlichen Herrscher sind. Hollywood ist nicht für Fürsten und Prinzessinnen da, sondern für die, die es finanzieren durch ihre Dollars an der Kinokasse. Sie bestimmen, was da oben auf der Leinwand zu sehen ist. Und diese Kinogänger waren beeindruckt von der großen Katharina und ihren erlesen dekorierten Abenteuern, aber die Geschichte war zu weit weg von ihren eigenen Hoffnungen und Sehnsüchten, als daß es zum großen Kinoerfolg gereicht hätte. Amy Jolly in *Morocco* war dem Stande nach eine von ihnen gewesen, mit dem kleinen Hütchen und dem Köfferchen und sonst nichts. Und Shanghai Lily auch, trotz der merkwürdigen Federboa aus Hahnenfedern, die ihr etwas Drachenhaftes gab. Aber diese Katharina! Wer würde sich verhalten wie sie? Niemand unter denen, die ins Kino gehen, um sich eine Scheibe vom großen Traum abzuschneiden.

The Scarlet Empress, Josef von Sternbergs waghalsigstes Abenteuer mit Marlene, stürzte ab – wie bei den Dreharbeiten das Pferd der Kaiserin beim Ritt zum Sieg gestürzt war. Da sage einer, die Studioleute sind grundlos abergläubisch! Zwar wurde weltweit die geniale künstlerische Leistung des Schöpfers bewundert, aber die Einspielergebnisse blieben weit hinter den Erwartungen zurück – und in den ersten Jahren auch hinter dem, was der Film gekostet hatte.

Unwichtig, wenn man bedachte, was für eine inszenatorische Glanzleistung der Film war. Ein stilistisch reines Produkt, eine Welt für

sich. Jo wies die Bosse darauf hin, mit wie wenig Statisterie er aus-
gekommen war. Eine einzige echte Massenszene gab es – aber die
hatte er nicht selbst gedreht, sondern einem Lubitsch-Film entnommen, den die Paramount ebenfalls produziert hatte. Sie hatte
das Studio also nichts gekostet. In seiner Autobiographie weist von
Sternberg auf diese Tatsache hin, vergißt jedoch, wie teuer die Dekorationen und Kostüme für diesen Film gewesen waren – was von
den Paramount-Bossen um so schmerzlicher vermerkt wurde, als die
Investitionen sich nicht rentierten.

Marlene spürte den eisigen Hauch, der von der Leinwand kam, und
der Grund dafür war, daß der Film nicht die Kasse machte, die die
Paramount erwartet hatte. Aber sie war immer noch Europäerin
genug – und Reinhardt-Schülerin dazu –, um das filmische Gesamtkunstwerk *The Scarlet Empress* zu würdigen. Der dekadente Zynismus der Story, der gerade diesen Sternberg-Film ganz besonders in
die Nähe Schnitzlers und Hofmannsthals rückt, faszinierte sie. Noch
einmal, nach den Festivalerfolgen in Europa in der Mitte der dreißiger Jahre, wurde der Film in den frühen sechziger Jahren wieder-
entdeckt und gefeiert. So gigantoman seine Bauten und Kostüme
wirken – *The Scarlet Empress* ist ein genuiner Autorenfilm im Sinne
der europäischen Tradition. Der Film ist nicht Hollywoods Schnul-
zenherrlichkeit für die Benachteiligten dieser Welt verpflichtet, sondern feiert in ganz europäischem Sinne die feudale Ordnung, die er
vordergründig zu kritisieren scheint.

Marlene sah – wie die Hollywood-Bosse –, daß Jo hier an Grenzen
gestoßen war, über die er nicht mehr hinauskonnte. In dieser
außerordentlichen Vision hatte der sie liebende Schöpfer sein Geschöpf gefeiert und Hollywood eine Investition in Kunst abge-
trotzt, wie sie sonst nur europäische Fürsten zur Selbstfeier getätigt
hatten. Über diese pompöse Interpretation des Märchens von der
allmächtigen Frau hinaus gab es keine Steigerung mehr.

Seit Jahrzehnten wird nun *The Scarlet Empress* als die außerordentliche Kunstanstrengung gewürdigt, die sie in der Kinogeschichte
darstellt. Generationen von Filmfreaks haben sich an ihr nicht satt

sehen können. Und langfristig war sie für die Paramount denn doch eine Investition, die sich immer noch auszahlt.

Jo war vom mäßigen Erfolg seines Meisterwerks, als das er *The Scarlet Empress* mit Recht ansah, in der Seele getroffen. Und daß Marlene ihn enttäuscht hatte, nicht nur als Frau, sondern vor allem als Schauspielerin, zeigte Wirkung auf seine Gefühle. Nach Abschluß der Dreharbeiten fing er zum ersten Mal an, die eigenartigen Nächte in den Armen der Göttin nicht mehr als das höchste Glück anzusehen, das Liebe ihm bieten könnte. Er blieb länger als nötig in seinem Büro bei seiner Sekretärin. Was noch nie zuvor geschehen war, trat ein: Jetzt machte Marlene ihm Eifersuchtsszenen. Bisher war immer er es gewesen, der unter der Ausdehnung ihres Hofstaates gelitten hatte. Bisher hatte er sich bei ihr beschwert darüber, wie viele Männer – und Frauen – sie außer ihm mit ihrer Gunst beglückte.

Aber Jo mochte nicht länger ausschließlich sein selbstgeschaffenes Standbild der Göttin bewundern, das zwar immer makelloser, aber auch immer kälter geworden war. Er sehnte sich nach der Wärme eines schlichteren – man kann auch sagen: bescheideneren – Wesens, das ihn ohne großes Zeremoniell einfach in den Arm nahm. Er ging mit seiner Schreibkraft ins Bett. Marlene schäumte vor Wut. Waren ihre Eskapaden nicht immer seiner würdig gewesen, insofern, als sie nur erstklassige Berühmtheiten der Zeitgeschichte an sich herangelassen hatte? Und nun wurde sie durch eine Tippse ersetzt? Was dachte Jo sich nur? Wie konnte er ihr das antun? Nur durch die Garbo hätte er sie allenfalls ersetzen können, wenn er Stil gehabt hätte. Allerdings – die Garbo machte sich ja nichts aus Männern, und besonders nichts aus Jo. Trotzdem!

Sie legte Jo Szenen hin, daß die Wände wackelten.

Klar, er war ja schließlich aus der Unterschicht, das konnte er eben nicht verleugnen. Lächerlich: »Von Sternberg!« Mit seiner Sekretärin im Arm! Da war es ja wohl sonnenklar, wie weit es mit seinem Adel her war.

Jo kehrte aus seiner kleinen Liebesgeschichte auf dem Bürosofa reumütig an den Hofstaat zurück. Und die Sekretärin weinte. Und das Glück hatte ein Ende, und die Hühnerbrühe stand wieder da in der Thermoskanne. Aber Jo hatte doch Abstand zu seiner Geschichte mit der Dietrich gefunden, und in das unauflösliche Netz seiner Leidenschaft, in dem er sich immer wieder verfing, war ein neuer Riß gekommen, der ihm eines Tages helfen würde, auch ohne ihre Liebe am Leben zu bleiben.

15. Die Frau und der Hampelmann

Aber dahin führte ein schwerer Weg. Statt die Fäden seiner Geschicke zu ziehen, statt der Puppenspieler zu sein, der das Unbelebte zum Leben erweckt, war er selbst die Puppe, deren Spiel von ganz anderen Mächten gelenkt wurde als denen, die ihm verfügbar waren.
Jo glaubte nicht an solche Mächte. Wenigstens nicht bei Tageslicht. Allerdings fragte er sich, wenn er noch in später Nacht am Schreibtisch in seinem Büro saß, ob sie nicht doch existierten und sich schon seit langem gegen ihn verschworen hatten. Warum wurde er immer wieder damit gestraft, daß ihm aus den Händen gerissen wurde, wonach er sich sehnte?
Etwas in seinem Kopf begann anders zu gehen als zuvor.
Der Sternenberg war erreicht. Seine Göttin saß auf dem Thron an seiner Spitze als größter Stern des künstlichen Himmels von Hollywood – und beides schien die Mühen eines Lebens nicht wert gewesen zu sein. Was sollte er mit sich und ihr anfangen, und was mit dem eisigkalten Mausoleum gestorbener Sehnsüchte, das sich um sie beide zu schließen begann und in dem er fror wie sie?
Er durfte nicht lange überlegen. Sie hatten beide einen Vertrag mit der Paramount unterschrieben, der sah vor, daß sie miteinander noch einen Film machen mußten, ob sie nun Lust dazu hatten oder nicht.
Die Studiobosse bestanden – trotz des enttäuschenden Ergebnisses der *Scarlet Empress* – auf der Erfüllung dieser beiden Verträge. Noch einmal also das Duo Dietrich – von Sternberg, aber nicht vor historischer Kulisse, sondern lieber wieder mit exotischem Hintergrund. Damit hatten die beiden ihre größten Erfolge gemacht. Ein-

mal mit Marokko, einmal mit China. Etwas Ähnliches müßte wieder gelingen. Südamerika, Mexico oder Spanien vielleicht.

Ein Sonnenland. Da ließen sich neue Lichtorgien feiern, da konnte Jo mit Helligkeit und Schatten spielen, da gab es Musik, Tanz, da eroberten leidenschaftliche Männer heißblütige Frauen, die ihr Feuer hinter dekorativen Spitzen und Fächern verbargen. Schwarz maskierte Helden waren bereit, für die Dame ihres Herzens das Leben zu lassen, um es ihr dann doch lieber vor die Füße zu legen. Sowas war voll im Trend bei den kleinen Verkäuferinnen und Angestellten. Das würde Josef von Sternberg liegen, damit würde auch Marlene ankommen.

Die südliche Glut würde ihrer kühlen Schönheit einen aufregenden Rahmen geben. Auch in *Morocco* und in dem China des *Shanghai Express* hatte die schattenreiche Hitze der exotischen Umgebung diese Wirkung gehabt. Vor solchem Hintergrund hat Marlenes kühle Eigenart ein aufregendes Gegenbild, das weit mehr als zu dem verschneiten Rußland einen starken Kontrast bilden würde.

Man stelle sich die Blonde mit einem Kavalier ganz in iberischem Schwarz vor! Das müßte schon optisch einfach hinreißend sein. Und wenn dann noch so eine rührende und zugleich kesse Geschichte wie die von Amy Jolly oder von Shanghai Lily dazukäme, müßten die Verluste aus der *Scarlet Empress* eigentlich doppelt und dreifach wieder hereinzuspielen sein. Jo wußte, was die Bosse hören wollten. Und er wußte, was sie sich gegenseitig sagten, wenn er nicht anwesend war.

Ja, Spanien. Er dachte an Lorca, an Picasso. An geträumtes Kino-Spanien, wie auf den Bildern des unerschöpflichen Meisters der Moderne, wie von den rauschhaften Texten des großen Lyrikers. Die Paramount wollte dagegen eines, so bunt und lustig wie auf den Apfelsinenpapierbildern. Und genauso unrealistisch.

Im realen Spanien bereitete sich der blutige Bürgerkrieg vor. Noch war das Land eine Republik. Aber sie hatte einen schweren Stand. Hitler würde den Faschisten beistehen. Ein schreckliches Gemetzel stand bevor, das vielleicht nur Auftakt zu einem noch größeren sein würde. Da wollte die Paramount sich nicht einmischen. Kino heißt: das schönere, das bessere Leben. Das verkauft sich besser, und es ist, politisch gesehen, immer auf der richtigen Seite.

Es sollte zwar ein bißchen geschossen werden in diesem neuen Film, aber nur zum Spaß, nicht ernsthaft. Und ein Krieg mit welthistorischen Verwicklungen sollte nicht darin vorkommen, nicht einmal als Ahnung. Deshalb war es am besten, man nahm die ganze Spanien-Idee einfach nur als Design-Konzept. Und erwähnte das Wort Spanien nicht, nicht einmal Orte wie Madrid oder die spanisch-französische Grenze. Der Film konnte irgendwo im iberischen Raum spielen, und der umfaßte ja Südamerika gleich mit. Auf diese Weise ersparte man sich Ärger.

Jo ging auf die Wünsche der Paramount-Bosse ein. Ihm war alles recht, was sie von ihm verlangten – diesmal würde er sich fügen. Er würde ihn einfach hinter sich bringen, diesen letzten Film mit Marlene. Noch einmal der Schöpfer, noch einmal das Geschöpf.

Nach der Erfahrung mit der *Scarlet Empress* war das, als müßte er unter Anästhesie drehen. Es sollte eine Komödie werden. Etwas Leichtes, Herzerfrischendes. Das stand im Widerspruch zu dem, wie ihm zumute war. Das Leben hatte ihn lächerlich gemacht mit seinen hochfliegenden Wünschen und Sehnsüchten. Für ihn konnte es eigentlich nur noch einen Abgesang geben, in dem er das veröffentlichte, was ihm geschehen war. Ohnedies bildete es den Inhalt der Klatschspalten.

Er sah sich selbst als alternden Mann – in der Rolle eines Botschafters. Diese Position hatte er immer angestrebt für den Tag, an dem er keine Filme mehr machen könnte. Gern hätte er zwischen den Ländern und ihren Interessen vermittelt. Und möglicherweise Konflikte und Kriege verhindert. Schon in *The Scarlet Empress* hatte sich Jo in einem Botschafter gespiegelt, in einem, der jung, zynisch und aufregend war, der die Auftritte der Kaiserin inszenierte und sie mit seiner Inszenierung manipulierte.

Der Botschafter im siebten und letzten Film, den er mit Marlene machte, war am Ende seines Lebens angekommen, immer noch elegant, immer noch eine Persönlichkeit mit Einfluß und Geschmack, dabei mit unerschöpflichen Geldmitteln versehen, aber grauhaarig und desillusioniert. Mit der Hellsicht des Künstlers sah Jo sich so, wie er drei Jahrzehnte später tatsächlich aussehen sollte. Der Vergleich des Schauspielers auf den Filmphotos mit denen, die von Jo in den sechziger Jahren gemacht wurden, beweist das auf erschreckende Weise. Und Jo filmte mit ihr seine eigene Todesszene, wie er von der schönen Frau im schwarzen Schleier betrauert wird.

Der alternde Botschafter würde den Film nicht allein tragen können. Deshalb erfand Jo noch einen zweiten Anbeter – er sah sich auch als den jungen Mann, der er am Anfang der Beziehung zu Marlene gewesen war, voller Ambition, der Schönheit verfallen, aber noch ohne den Schmerz des Unerfülltseins.

Diese Figur entsprach Kinohelden, wie ihn die Herren der Paramount als Partner für Marlene wünschten, nämlich feurig, schwarzhaarig, der Latin Lover, wie er im Buche steht.

Marlene sollte diesmal als verführerisches, eiskaltes Biest erscheinen. Erst ganz am Ende würde sie, wie einst Amy Jolly, ihrer leidenschaftlichen, immer verborgen gebliebenen Zuneigung nachgeben. Diesmal entscheidet sich die Schöne jedoch nicht für den Jungen und läßt den Alten stehen, wie Amy Jolly es getan hat. Sie gibt vielmehr ihre Treue zu dem alten Botschafter zu erkennen. Ihre Bindung an ihn war eben doch lebenslang, auch wenn sich dies im überwiegenden Teil des Films nicht ahnen ließ.

Das Buch brauchte nicht neu erfunden zu werden. Es existierte bereits als ein Stück Literatur in französischer Sprache, das von Pierre Loti stammte und *La femme et la pantin* hieß. Die Frau und der Hampelmann. Der fertige Film sollte unter diesem Originaltitel in Frankreich laufen. Für den angelsächsischen Markt erfand Lubitsch den Titel *The Devil is a Woman*, gegen den Jo wieder vergeblich protestierte. Im deutschsprachigen Raum kam der Film als *Die spanische Tänzerin* in die Kinos.

Die Dietrich schreibt in ihren Memoiren, daß sie sich zunächst nicht vorstellen konnte, eine Spanierin zu spielen. Sind Spanierinnen nicht schwarzhaarig, mit schwarzen Augen, majestätisch, feurig? Sind sie nicht Tänzerinnen, während doch Marlenes Begabung vor allem ihre Gesangsstimme ist?

Josef von Sternberg erklärte ihr, daß sie in dem Film gerade als dieser lebendige Widerspruch faszinieren würde, als raffinierte Mischung aus blonder Verführung und spanischem Feuer. Sie als ihr eigenes Gegenteil. Und eben doch sie. Das gefiel ihr. Aber trotzdem zögerte sie. Gab es denn blonde Spanierinnen? Aber ja doch. Hatte sie nie Goyas Dona Isabel de Porcel gesehen? Eine Frau wie eine helle Flamme. So müßte sie auch sein. Nicht ganz so üppig natürlich, aber mit dieser spöttischen Selbstsicherheit, dieser männerverachtenden Arroganz, dieser Wildheit bei oberflächlicher Ruhe. Hitze unter Eis. Glut mit kaltem Zentrum. Und tief im kalten Zentrum wieder Glut. Das leuchtete ihr ein. Das begeisterte sie sogar.

Marlene hegte die Hoffnung, in dieser Rolle über sich hinauszuwachsen. Bis zu ihrem Tode war sie überzeugt, in diesem Film das Beste ihrer Karriere geleistet zu haben. Und auf jeden Fall hielt sie ihr Leben lang den Film für Josef von Sternbergs Vermächtnis, für das Großartigste, was er als Regisseur gemacht hatte.

Die Beschäftigung mit der Rolle fand wieder zum größten Teil in Travis Bantons Atelier statt, wo die verführerischsten und phantasievollsten Variationen zum Thema Spanierin gesucht wurden. Rüschenröcke zu schmalen Hüften, tiefe Dekolletés, dunkle und weiße Spitzen wurden zu Teilen einer Stufenleiter von neuen Enthüllungs- und Verhüllungsorgien. Überraschend sollte dabei die vehemente Lebhaftigkeit sein, die Marlene seit dem *Blauen Engel* nicht mehr gezeigt hatte.

Wie bei der *Scarlet Empress* würde die Entwicklung vom jungen Mädchen – diesmal einem stürmischen, temperamentvollen und leider auch flatterhaften Wesen – zu einer geheimnisvollen Dame mit Vergangenheit gehen. Anders als die Lolalola des *Blauen Engels* und die Amy Jolly in *Morocco* verlockte Marlene hier allerdings nicht nur durch das verführerische Vibrato ihrer Gesangsstimme, sondern tanzte auch. Und ihre schönen Beine schälten sich nicht aus Federn, Rockschlitzen oder Männerhosen, sondern aus den gepunkteten Volantkaskaden eines Flamenco-Kleides. Sie tanzte nicht schlecht, sie tanzte spanisch. Sie hatte sich eine riesige Sechs aus einer gezwirbelten Haarlocke aufs Gesicht geklebt, »Herrenwinker« genannt, sie hatte die Augenbrauen rasiert und bis weit oben auf die Stirn hinaufgezogen. Die Verwandlung war eindrucksvoll.

Der junge Verehrer, vom ersten Blick auf die Schöne bis ins Herz getroffen und vom zweiten zu jedem weiteren möglichen Gedanken unfähig gemacht, wird von dem alten Botschafter gewarnt, sich auf die verderbte Verderbenbringende einzulassen – nur um im weiteren Verlauf des Filmes dahinterzukommen, daß der Ältere schon vor Jahren sein Schicksal durchlitten hat. Soldatisch ehrenhaften Selbstmord begeht schließlich der Ältere. Und als er tot ist, macht die Schöne, durch den sanften Qualm einer Zigarette weich eingenebelt, abschließend deutlich, daß ihr Herz trotz aller Untreue nur für ihn schlug, der sie immer geliebt hat. Dieses Eingeständnis findet in einer düsteren Grenzlandschaft statt, die mit Paramounts Kinospanien nichts zu tun hat, sondern eben doch schon die düstere Zukunft ahnen läßt, die das Land Spanien vor sich hatte. An dieser Szene lag es denn auch wahrscheinlich, daß sich die spanische Republik eben doch in Jos Werk wiedererkannte – und den Film verbot. Jo bemerkt dazu ironisch, daß die Republik wenig später von Franco verboten wurde.

Er glänzt auch in diesem Werk mit seinen brillanten handwerklichen Fähigkeiten. Was die Inszenierung der Darsteller im Zusammenspiel mit Licht und Kamera angeht, kann der Film als Lehrbeispiel der Filmregie gelten. Spielerisch und flüssig sind die Mittel eingesetzt, und daß mit einem kleinen Budget gedreht werden mußte, ist nicht zu spüren. Paramounts Bosse fanden es mittlerweile selbstverständlich, daß Josef von Sternberg es trotz weniger Statisten immer wieder schaffte, die Drehorte zu füllen und zu beleben. Der Taumel wilder Feste in dem sonnendurchglühten Land ist mitreißend.

Aber dieser Rausch ereignet sich nur für Augenblicke. Gerade die vollendeten Bewegungen von Kamera und Darstellern steigern nicht die Emotion, sondern bauen eine durchsichtige Wand vor das Geschehen, die alle Leidenschaft als zynische Inszenierung erscheinen läßt. Wie *The Scarlet Empress* ist *The Devil is a Woman* eine durch und durch von europäischer Ironie geprägte Arbeit. Wieder wird die Verwandtschaft zu den Wiener Dramatikern des frühen 20. Jahrhunderts deutlich. Das Leben erscheint als Farce, die Menschen spielen mit ihren eigenen Gefühlen wie mit denen der anderen und erkennen den Irrtum erst, wenn es zu spät ist. Das Leben ist ein Rätsel, dessen Sinn nicht oder nur schwer zu erkennen ist.

Eine Anekdote, die sich während der Dreharbeiten abgespielt haben soll, wird immer wieder erzählt, wenn von dem Film die Rede ist. Marlene ebenso wie Josef von Sternberg berichten über sie in ihren Memoiren. Wir sind am Anfang des Films. Wir sind in Spanien. Es ist Karneval. Geschmückte Wagen voller Papierschlangen und Luftballons werden vorbeigefahren. Der junge Held des Filmes ist fasziniert von dem wilden Treiben, das sich vor seinen Augen abspielt. Eine schöne Frau ist hinter einer leuchtenden Wolke von Luftballons verborgen. Er will sie sehen, zielt auf die Ballons und schießt einen nach dem anderen vor ihrem Gesicht weg. Und jeder weggeschossene Ballon enthüllt ein Stück mehr von der Schönheit. Marlene als Spanierin, die Revelation des Films. Sowohl Marlene als auch Jo bestehen darauf, daß während dieser Großaufnahme alle Ballons vor laufender Kamera unmittelbar vor Marlenes Gesicht weggeschossen worden seien, und zwar von Jo selbst. Und daß sie dabei nicht einmal mit dem Augenlid gezuckt habe, sondern Schuß auf Schuß, von denen jeder direkt auf ihr Gesicht ging, reglos und mit unverändert zauberhaftem Lächeln hingenommen habe. Und daß Jo jedesmal genau traf. Hätte er danebengeschossen, wäre ihre Schönheit für immer zerstört gewesen, schlimmer noch, er hätte sie umbringen können. Ein tödlich gefährliches Spiel, das beide mit ihrer Disziplin einerseits und mit ihrer Furchtlosigkeit andererseits spielten. Oder war es ein Ausdruck von Verzweiflung, daß sie es wagten?

Ob dieser Bericht in den Bereich der filmischen Legende gehört, oder ob sich die Szene vor der Kamera tatsächlich so abgespielt hat, ist nicht mehr nachzuprüfen. Jeder Regieschüler, jeder Kameramann könnte erklären, wie der Eindruck, daß es so gewesen war, auch ohne Gefährdung des teuren Megastars Marlene möglich war – und es ist kaum anzunehmen, daß die Paramount die Gefährdung des Supergesichts, für das sie hohe Summen bezahlte, hingenommen hätte. Die schöne Legende wurde wahrscheinlich zur Promotion des Werkes erfunden, erwies sich dann aber als haltbare Geschichte, die das Verhältnis zwischen Jo und Marlene genauer als viele andere beschrieb, weshalb sie beide an ihr festhielten. Die Bedeutung dieser Geschichte für die Biographien der beiden läßt sich daraus erkennen. Ist sie erfunden, so ist sie gut erfunden, denn sie spiegelt die Gefühle von Schöpfer und Geschöpf in dieser letzten Phase der Zusammenarbeit ausdrucksvoller, als jede detaillierte Analyse es vermöchte. Der Schießende erschießt – Luftballons. Und sie enthüllen das strahlende Gesicht der Schönen, im unzerstörbaren Lächeln erstarrt. Soldatentochter, marmornes Bild ... wie immer Josef von Sternberg im Laufe der folgenden Jahre Marlene benennen mochte, als er seine Erfahrungen mit ihr zu verdrängen suchte – er konnte sie nicht vernichten, nicht auslöschen, und mit jedem Schuß, den er auf ihre lächelnde Erscheinung in seinem Innern abgab, traf er nicht sie, sondern sich selbst.

Die Studiobosse waren diesmal beim Besichtigen des geschnittenen Filmes erstaunt, wie genau ihre Forderungen erfüllt worden waren, aber auch, wie Jo es trotzdem geschafft hatte, noch einen Film zu machen, mit dem er seine persönliche Geschichte veröffentlichte.

Hatte er überhaupt noch ein Publikum im Auge? Die gern zitierte Verkäuferin aus Boston würde ihre schwerverdienten Dollars nur ungern dafür ausgeben, Jos Leidensgeschichte mit der spanisch verkleideten Marlene vorgeführt zu bekommen. Die Befürchtungen der Herren erfüllten sich.

The Devil is a Woman hatte am 3. Mai 1935 Premiere. Der Film floppte noch mehr als *The Scarlet Empress*, was allerdings nicht ganz so schlimm war, weil er viel weniger gekostet hatte. Aber das Debakel hatte Folgen. Bud Schulberg trat während der Dreharbeiten von *The Devil is a Woman* von seinem Posten in der Leitung der Studios zurück. Auf Schulbergs Stelle wurde Josef von Sternbergs Feind Ernst Lubitsch gesetzt. Das bedeutete: Jo würde bei der Paramount in absehbarer Zeit kein neues Projekt mehr durchsetzen. Und auf jeden Fall würde es keines mehr mit der Dietrich sein. Denn Ernst Lubitsch wollte selbst mit Marlene arbeiten. Jetzt hatte er die Macht dazu, das durchzusetzen.

Jo gab das Ende seiner Zusammenarbeit mit ihr öffentlich bekannt, wie andere Leute ihre Heirat oder eine Kindstaufe anzeigen:

»Wir sind den gemeinsamen Weg so weit wie möglich gegangen. Ein weiteres Bleiben von mir bei Miß Dietrich würde weder ihr noch mir helfen. Wenn wir so weitermachen, würden wir in ein Fahrwasser geraten, das für uns beide schädlich wäre.«

Bitterer noch klingt das in seiner Autobiographie:

»Für mich war eine Phase der Knechtschaft beendet, die niemanden in Verruf gebracht hatte außer mich selbst.«

Marlene schwieg. Sie stieg in ihr Schlafzimmer hinauf, verschloß die Tür, blieb tagelang verborgen und hörte Schnulzenplatten.

Dann kam sie wieder heraus und zog die Konsequenzen.

Unbedingt mußte sie ganz schnell wieder arbeiten, und zwar unter einem anderen Regisseur, einem, der mit ihrer geheimnisvollen und kühlen Aura umzugehen verstand und das an ihr herausarbeitete, was das Beste an ihr war, der aber dabei auch zeigen konnte, wie menschlich sie eigentlich war. Jo hatte das am Anfang geschafft, in den ersten Filmen, die er mit ihr machte. Aber jetzt konnte er es offenbar nicht mehr.

Warum schließlich nicht Lubitsch? Er hatte es geschafft, in den letzten Jahren, die für Jo so schwer waren, immer höher zu steigen. Seinen ersten Film, *Sumurun*, hatte er aus einer Berliner Bühneninszenierung Reinhardts entwickelt, in der er selbst als Buckliger mitspielte. Mit Pola Negri hatte er 1919 einen ersten Welterfolg gemacht. Als kleine Modistin und Geliebte des Königs Ludwig XV.

– als Madame Dubarry – hatte er sie im dekadenten Paris der Vorre-
volutionszeit bezaubernd und menschlich zugleich agieren lassen.
Dieses Bild von Luxus und Witz kam für die vom Steckrübenwin-
ter des ersten Weltkriegs ausgehungerten Deutschen im richtigen
Moment und hatte einen enormen Kassenerfolg. Und der wieder-
holte sich in den USA noch einmal.

Woraufhin Lubitsch mitsamt seiner Pola Negri über den großen
Teich gekommen war und sich in Hollywood eine zweite Karriere
aufgebaut hatte.

Eigentlich hatten Jo und er einiges gemeinsam. Beide verstanden
sich auf erlesene Dekorationen, hinreißende Textilien und schöne
Frauen. Beide triumphierten über Hollywoods Moralvorstellungen – Lubitsch mit seiner zugleich kessen und melancholischen
Rotzigkeit, Josef von Sternberg mit seinem Hang zum Morbiden,
zur Dekadenz und zum Zynismus. Beide verstanden sich auf elegante Dialoge und konnten Pointen präsentieren. Lubitsch hatte
nicht Svengali Jos Noblesse, nicht dessen feudalen Tick, nicht dessen Gier nach Kunst und Künstlichem, aber auch nicht dessen un-
bezähmbaren Drang zur Selbstverwirklichung. Er verleugnete seine
Herkunft von ganz unten nicht, was ihm in Hollywood Punkte
einbrachte und keineswegs gegen ihn sprach. Er gab sich vulgärer,
als er in Wirklichkeit war. Klischeegemäß faßte er zur Begrüßung
den Frauen auf die Schenkel und unter die Röcke, auch Marlene –
was sie auf die höchste aller Palmen brachte. War sie nicht von
Svengali Jo, aber auch von Mamoulian gentlemanhaftes Benehmen
gewohnt? Nun gut, jetzt mußte sie sich umgewöhnen.

Lubitsch hatte schon lange Lust, Jo seine Göttin wegzuschnappen.
Marlene wußte, Jo würde ihre Zusammenarbeit mit ihm als weit
schlimmeren Verrat empfinden als die mit Mamoulian. Von Drehtag zu Drehtag würde er sich herumquälen, solange sie in Lubitschs
Gewalt war. Deshalb war er nicht in den Studios. Jo versuchte, das
alles hinter sich zu lassen: Feindschaften, Klatsch, seine Liebe, aber
auch Scheinwerfer und Kameras, Werkstätten und Besetzungsbüros.
Das, was sein Leben ausgemacht hatte.

Er wollte eine Zäsur setzen, eine Leere in sich schaffen, die ihn fähig machen sollte, eines Tages wieder Filme zu machen. Und vor allem: eine Frau zu lieben, die ihn wiederlieben würde, auf diese einfache Art, wie ganz normale Leute, die miteinander leben und sterben, ohne sich jeden Tag Himmel und Hölle zu bereiten.

Der Bau seines Hauses in den Bergen schritt fort. Er hatte es schon lange geplant. Es sollte die große Ausstellung von Bildern der modernen Kunst aufnehmen, die Jo in den vergangenen zehn Jahren erworben hatte. Auch in Berlin, wo sie jetzt als »entartete Kunst« galten. Jo hatte gut gekauft. Es waren Meisterwerke, Jahrhundertbilder. Und natürlich sollte sein Haus nicht eines für ein kleines Spießerglück sein, sondern ebenfalls ein Meisterwerk. Eine Feier der neuen Architektur mit ihren klaren und kühnen Linien, eingebettet in eine Landschaft, die darauf mit ihren Formen antworten sollte. Ein Gespräch zwischen gerundeten Flächen, Himmel und Hügeln.

Jo hatte *den* avantgardistischen amerikanischen Architekten der Zeit gewonnen, Richard Neutra, der es nach seinen Ideen planen und ausführen sollte. Für Neutra wurde dieses Bauwerk der erste Schritt in die weltweite Anerkennung. Ein unglaubliches Gebilde aus Stein, Stahl und Glas – so stand es nach seiner Fertigstellung auf einem der Hügel über Fernando Valley, ein Modell für Bauweisen der Zukunft, das noch Jahrzehnte später als tonangebend galt.

Jo hatte es nicht für Marlene gebaut, sondern für sich selbst und seine Bilder. Das sagte er sich, das sagte er allen, die es hören wollten. Aber je weiter der Bau fortschritt, desto begieriger wurde er, es ihr zu zeigen. Denn eigentlich – eigentlich war es schließlich doch nur ein neues Werk, mit dem er ihr beweisen wollte, wer er war und was in ihm steckte. Für diesmal: kein vollkommener Film – nein, ein vollkommenes Haus. Edler, moderner, kühner als jedes andere auf der Welt.

Als jeder Stein und jede Glasscheibe und jede Tür und jedes Bild an dem von ihm bestimmten Platz waren, führte der Schöpfer sein Geschöpf an den Ort, den er als Tempel der gemeinsamen Beziehung entworfen hatte.

Der mit Sternen übersäte Himmel Kaliforniens strahlte auf sie herab, als die Göttin das Haus besichtigte, das ihr erfindungsreicher Anbeter ihr errichtet hatte. Ein Stern-Berg, wahrhaftig, auf dem sie das kostbarste Kunstwerk sein würde, die Vollendung des Schönen. Aber keine lebende Frau. So wie er in diesem Bildermuseum aus Glas und Stahl kein lebendiger Mann sein konnte.

Das Kochen von Hühnerbrühe oder die Herstellung von Rührei müßten angesichts dieser totalen Kunstanstrengung geradezu als Blasphemie erscheinen. Wie könnte man hier Lockenwickel oder Rasierklingen liegenlassen? Was hätte hier das Spielzeug eines Kindes verloren? Wohin mit Nachttöpfen für Schwerkranke? Einem Bügelbrett? Einer Bratpfanne?

Die perfekte Inszenierung der körperlichen Liebe in Marlenes Schlafzimmer würde rührend wirken im Vergleich zu den Ritualen des Paares, dessen Umarmungen sich inmitten dieser Welt der reinen Kunst und unter diesen Sternen vollziehen würden.

Marlene floh. Auch wenn sie auf der Leinwand eine Göttin war – auch wenn sie zu jeder Stunde ihres Tages darauf sah, diesen Status nicht durch Banalität zu verletzen –, sie war aus Fleisch und Blut und wollte leben, essen, trinken, schlafen, krank und gesund sein dürfen. Statt Bild unter Bildern zu werden, suchte sie die viel größere Schönheit des Lebendigen. Jo hatte ein Monument geschaffen, aber kein Haus.

Dies Gebilde aus geschwungenen Linien über Kaliforniens Bergen war für ihn der Gipfel des im Leben Erreichbaren gewesen, ebenso wie die *Scarlet Empress* das Höchste, das Größte, das Anspruchsvollste, das er im Film zu schaffen fähig war.

Zum Wohnen war es tatsächlich nicht geeignet. Und mit Marlene konnte es ohnedies ein »Zusammen« eigentlich gar nicht geben. Und ganz sicher nicht in diesem Tempel der Kunst.

Der kleine Junge aus Wien, der sich an die Stelle der großen Kunstmäzene wünschte, der Hilfsangestellte im New Yorker Modewarengeschäft, der die schönste aller Frauen in den herrlichsten aller Rahmen stellte, der Silberwäscher im Rohfilmlager, der Schöpfer von Licht und Schatten wurde – alle diese Stufen hatte Jo hinter sich gelassen, um dahin zu gelangen, wo er jetzt war, allein in einem leeren Raum.

Er wußte sich abzulenken. Nichts rettet so vollkommen über eine Enttäuschung hinweg wie ein neuer Film. Bud Schulberg, der zur Columbia überwechselte, holte Josef von Sternberg zu sich hinüber in das neue Studio.

Und es gab auch gleich ein Projekt. Wieder erfand er die Geschichte nicht selbst, sondern bearbeitete eine, die als Buch ein Klassiker, ein Dauerbestseller und ein raffinierter Krimi zugleich ist: Dostojewskis »Schuld und Sühne« – *Crime and Punishment*.

Ein Student begeht einen Mord an einer Pfandleiherin, weil er glaubt, daß das Ziel einer gerechteren Gesellschaft, das er mit dem bei ihr geraubten Geld erlangen will, dieses wie jedes andere Verbrechen rechtfertigt. Aber er kann sein Gewissen, das sich in ihm regt, nicht zum Schweigen bringen. Der Hüter des Rechts, der ihm nachspürt, bringt ihn dazu, seine Tat schließlich zu gestehen, sich als schuldig zu erklären und damit zuzugeben, daß es eine bessere Welt nicht geben kann, wenn sie auf Verbrechen aufbaut. Diese Erkenntnis ist ein Schritt zur Sühne, die Raskolnikow – so heißt der Student – antreten wird.

Eine Geschichte, in der das Zentrum, um das der Film kreist, einmal keine schöne Frau ist, in der es um Verstrickungen geht, die mit Erotik nichts zu tun haben. Sonja, die am Ende mit Raskolnikow in das Straflager geht und ihm in der Zeit seiner Sühne zur Seite steht, ist durchaus keine männermordende Schönheit, sondern ein wider Willen zur Prostitution gezwungenes, tief gläubiges Mädchen.

Der Film sollte für Jo ein neuer Anfang sein. Die Vorfahren der Wiener Sternbergs kamen wahrscheinlich aus Rußland, und so galt ihm das weite Land im Osten mit seiner tiefen Religiosität als seine eigentliche, innere Heimat, in die er in seinen Filmen öfter als in jede andere zurückkehrt. Dostojewskis Roman, der im Petersburg des späten 19. Jahrhunderts spielt, ist ein immer noch aktueller Stoff, in

dem die Konflikte des Theoretikers, der sich für ein gesellschaftliches Fernziel über die Gesetze des Lebens hinwegsetzen will, wie in einem Brennglas gebündelt erscheinen. Er ist viele Male für die Bühne und den Film bearbeitet worden. Nur: Dies ist wieder keine Geschichte für Hollywood. Die Fragestellungen passen nicht in das Denken des amerikanischen Zuschauers, für den Gut und Böse klar erkennbar sein müssen. Das Verbrechen und seine Aufklärung stehen zwar im Zentrum vieler Hollywoodfilme. Ein Mord wie der von Raskolnikow kann aber nach dem Gefühl des US-Kinogängers erstens nicht durch höhere gesellschaftliche Ziele gerechtfertigt und zweitens nicht durch religiöse Einsicht gesühnt werden. Besonders die Sühne des Raskolnikow erscheint dem Zeitgenossen der Drehzeit geradezu abartig. Ein Straflager. Sibirien. Das ließ um die Mitte der dreißiger Jahre an Stalin denken. Stalin metzelte, wie Raskolnikow, um einer gerechteren Zukunft willen. Sollte man sich Raskolnikow wie Stalin vorstellen? Und also Stalin auf Knien, als Büßer? War man in den Vereinigten Staaten nicht skeptisch gegenüber einer so unbedingten und mystisch tiefen Gläubigkeit? Wo sollte sie hinführen? Bestimmt nicht zum American Way of Life! Obwohl die Besetzung – unter anderen mit Peter Lorre – überzeugend war, wirkte der Film wieder allzu »europäisch«, diesmal auf die Bosse der Columbia. Die alten Konflikte wiederholten sich, die Eingriffe von oben erschwerten die Arbeit und zerstörten die Konsequenz der Inszenierung. Es war nicht zu schaffen. Jo brach zusammen. Hollywood war sein Ort nicht mehr.
Gab es überhaupt noch einen für ihn?

Der Lubitsch-Film *Desire*, den Marlene jetzt drehte, hatte dagegen den Schwung eines sich von Anfang an abzeichnenden Erfolges. Jo mochte wütend darüber sein, daß seinem Erzfeind nicht Besseres zur Einführung seiner Marlene einfiel, als ihre berühmten Beine mit der Kamera abzuschwenken. Wie platt, wie einfallslos. Auch Marlene ärgerte sich. Und mußte sich doch fügen. In der ersten Szene des Films zeigt sie sie in der Tür eines Autos in ihrem ganzen Glanz, fast in voller Länge, bis – nun, weiter oben verschwinden sie in einem knappen, aber nicht zu kurzen Kostümrock. Und dann geht der Film los.

Lubitsch wußte, was er tat: Er spielte die Karte von Marlenes Weltruhm aus, ihre legendären Beine. Wenn er, was er vorhatte, eine dem Zeitgeist angepaßte Frau aus der Göttin hervorholen wollte, mußte er zunächst ihren Mythos bedienen. Erst dann konnte er sie langsam auf den Teppich holen, wie man in Berlin sagt. Und genau das tat er.

War nicht Jo daran kaputtgegangen, daß er sie im wahrsten Sinne des Wortes immer mehr vergöttert hatte? Waren nicht auch seine Filme deshalb immer hochgestochener geworden? Wäre er doch mit seiner blonden Schönen auf dem Teppich geblieben!

Lubitsch jedenfalls holt Jos Überirdische vom Sockel und macht eine feine Dame aus ihr, nicht mehr und nicht weniger. Und seine auf großbürgerlich gutbetuchtes Maß gebrachte Marlene hat ein Techtelmechtel, ein etwas abwegiges, von dem ihr gepflegter Gatte nichts ahnt. Der Liebhaber wird vom Ehemann in die eheliche Wohnung eingeladen. Marlene tritt ihm da zu seinem diskret verschwiegenen Erstaunen als Ehefrau des Hausherrn gegenüber. Und mit ihr steht natürlich die Frage im Raum, ob sie seinetwegen den Angetrauten verlassen soll. Der hat zwar neben einem guten Auskommen seine schon lange währende Anhänglichkeit für sich. Und eigentlich hat ja nicht er sie, sondern sie ihn betrogen. Und doch war auch er auf Abwegen. In seine Arbeit war der Unmensch verliebt statt in seine Marlene. Und deshalb nun die große Spannung, ob sich die Ungetreue für ihre Ehe mit dem Workaholic entscheidet. Sie tut es.

In Lubitschs Film ist Marlene kaum weniger elegant als in Jos Filmen, dabei wirkt sie gefühlig anrührend wie unter Mamoulians Regie. Lubitsch hat ihr die Aura des Geheimnisvollen weitgehend gelassen, trotz des banalen Konfliktes, den sie weibchenhaft entscheidet. Letzteres wäre bei Jo nie passiert! Das Bild der selbstbestimmten Frau, die über ihr Gefühlsleben unabhängig verfügt, ist in

Lubitschs Film ins Unbestimmt-Mondäne verwischt. Aber das war dem Zeitgeist nur recht. Die Uhren standen nicht mehr auf Emanzipation. Die kühne Kälte, die sie als Katharina die Große und als spanische Tänzerin ausstrahlte, ist hier zu distanzierter Damenhaftigkeit mit pikantem Haut Gout gemildert. Ihr weibliches Publikum konnte sich dafür wieder mit ihr identifizieren, dem männlichen flößte sie endlich wieder andere Gefühle als Angst oder Ehrfurcht ein.

Desire ist das, was man in Berlin und Wien eine »Boulevardkomödie« nennt. Lockere Unterhaltung mit geschliffenen Dialogen ohne tieferen psychologischen oder philosophischen Hintergrund. Die Inszenierung hat den als unnachahmlich gepriesenen »Lubitsch-Touch«, Lubitschs leichte Hand, seinen Geschmack im Umgang mit heiklen Szenen. Marlene hatte allen Grund, ihm dankbar zu sein. Ohne den Erfolg, den sie mit *Desire* hatte, hätte sie sich möglicherweise nicht länger als Hollywoods Superstar halten können. Ihrem Ruf als Kassengift, den sie durch von Sternbergs letzte Mißerfolge beim Publikum abbekommen hatte, setzte sie mit *Desire* ein Einspielergebnis entgegen, das zwar nicht die Traumziffern des *Shanghai Express* erreichte, das sie aber als den zugkräftigsten Star der Paramount neu und dauerhaft etablierte.

Den Bossen war es unwichtig, daß Lubitsch dem von Jo entworfenen komplexen Bild der Dietrich nichts als die Facette »Dame« hinzugefügt hatte, die im Grunde wenig dramatisches Material für die Zukunft bot. Was man sich also triumphierend ausmalte – die Dietrich von nun an immer wieder neu zu entdecken durch die Augen all der Regisseure, die sich auf die Warteliste für eine Regie mit ihr eingetragen hatten –, das traf nicht ein.

Neu entdeckt hatte man sie mit jedem neuen Sternberg-Film.

Die Filme, in denen sie von jetzt an mitspielte, konnten immer nur die Themen variieren, die Jo vorgegeben hatte, und nur selten überzeugte sie wie bei ihm. Das gelang nur den Regisseuren, die sich ihm an Talent und Intensität vergleichen ließen: Fritz Lang, Billy Wilder und Orson Welles.

Die Kraft des »Schöpfers« war so gut wie zerstört. Das »Geschöpf« war aus seinen Händen befreit worden und existierte ohne ihn. Hollywood hatte über einen der größten Künstler seiner Geschichte gesiegt.

16. Fluchtbewegungen und Annäherungen

Jo bestieg Flugzeuge, Schiffe, Züge. Er brauchte Selbstbestätigung. Deshalb wollte er das Publikum seiner Filme kennenlernen, das in anderen Kontinenten seine Arbeiten gesehen und bewundert hatte. Seine Filme hatten sich überallhin verkauft und waren in den entferntesten Gegenden verstanden worden – oft besser als in Hollywood.

Gerade die Armen gaben in dieser Zeit von Wirtschaftsproblemen und einem sich vorbereitenden Weltkrieg Geld fürs Kino aus. Sie suchten für eineinhalb Stunden Vergessen. Jos Filme hatten ihnen mehr gegeben. Die Einsamkeit seines Lebens, die er immer nur für Augenblicke hatte überwinden können, hatte einen Sinn gehabt. Sie hatte ihn befähigt, mit allen Menschen dieser Welt sprechen zu können. In einer Sprache, die sie alle verstanden, die der Gesten und Bilder.

Überall galt er als einer der größten Künstler seiner Zeit. Auch auf der anderen Seite der Erdkugel – trotz aller kulturellen Unterschiede. Seine Arbeit mit Schauspielern und Kamera, seine Spiele mit Licht und Schatten, sein Umgang mit Dekoration und Kostümen wurden gewürdigt. Retrospektiven wurden ihm gewidmet, Orden und Auszeichnungen wurden ihm verliehen.

Sein Einfluß auf den französischen Film der späten dreißiger und der vierziger Jahre ist unverkennbar. Er inspirierte eine neue japanische Filmschule, die ihrerseits mit ihren Protagonisten Kurosawa und Mizoguchi Europa und die USA erobern sollte. Im Land der aufgehenden Sonne stieg ein Bewunderer mit ihm auf eine Anhöhe, um ihm ein Stück von Menschen belebter Landschaft zu zeigen, und brach nach der Betrachtung in den Ruf aus: »Das ist fast so schön, als hätten Sie es inszeniert.« In China fuhr er mit dem Shanghai Express und geriet in eine ganz ähnliche Bürgerkriegs-Situation wie die, die er im Film geradezu hellseherisch inszeniert hatte. Allerdings hatte das Wiedersehen mit seiner eigenen Arbeit einen Stachel – sie erinnerte ihn zwangsläufig an die Frau, die er durch diese Reise aus seinem Gedächtnis löschen wollte. Wie aber Shanghai Lily vergessen an dem Ort, dessen Namen sie trägt?

Seine Telegramme an Marlene Sieber geborene Dietrich sind jetzt selten und knapp – ganz im Gegensatz zu den seitenlangen, die er ihr vor den Dreharbeiten zur *Scarlet Empress* schickte. Das erste von dieser Reise kommt aus Shanghai, richtet sich an seine Shanghai Lily und besteht nur aus zwei Worten:

LIEBE – CATHOTEL.

Liebe. Aus Shanghai.

Der Name des Hotels, in dem er übenachtet, ist beigefügt, offenbar, weil er auf einen Telephonanruf oder ein Antwort-Telegramm hofft. Abgeschickt ist es am 11. September 1935, es richtet sich an das erlesene Hotel Claridge in London, wo die Dietrich während eines vorübergehenden Europa-Aufenthaltes wohnt, und tatsächlich, Marlene hat darauf reagiert, denn schon zwei Tage später befindet Jo sich wieder auf dem Rückweg Richtung Westen, Richtung Europa. Er weiß, er sollte sie meiden, aber das Telephongespräch zwischen London und Shanghai muß seine Vorbehalte zerstreut haben, denn schon nähert er sich vorsichtig wieder seinem Verhängnis, seiner Marlene. Der Text des am 13. September 1935 aus Denpasar auf Bali abgeschickten Telegramms ist betont forsch. Es informiert darüber, daß er sich aus dem Fernen Osten in den Nahen Osten bewegt. Weiter nichts. Aber es zeigt Marlene, daß er wiederkommt:

KUESSCHEN FLIEGE SONNTAG JAVA INDIEN UND BIN EGYPT EINUNDZWANZIGST.

Offenbar reagierte sie auf diese Botschaft nicht. Das enttäuschte ihn bei der Ankunft in Ägypten. Er kann ihr Schweigen schon wieder nicht ertragen. Obwohl er doch vor seiner Abreise ganz offiziell alle Brücken abgebrochen hatte. Er schickte sein nächstes Telegramm aus Kairo – wieder mit Angabe des Hotels, in dem er angerufen werden wollte, diesmal auch mit der seines Namens, den er bisher zum Erraten ausgespart hatte.

WIE GEHTS DIR ANTWORTE DOCH BIN EBEN ANGEKOMMEN NACH EINEM WUNDERBAREN FLUG VON JAVA KUESSE JO CONTINENTAL

Das Telegramm stammt vom 21. September 1935 und richtet sich immer noch an das Claridge in London. Jo betrachtet die Sphinx, die Pyramiden und was sonst noch zu einer Bildungsreise im Land des Nils gehört, er läßt sich von den filmbegeisterten Ägyptern feiern. Aber am 17. Oktober halten ihn alle diese Attraktionen nicht länger. Die Botschaft lautet:

KOMMT EIN VOGEL GEFLOGEN.

Jo kehrt zu seiner Göttin zurück – und zu seiner alten Position in ihrem Hofstaat. Er muß sich damit zufriedengeben, daß er ihrem Herzen noch weniger nahe ist als früher. Und daß er zu ihrem Schlafzimmer wohl nur noch in Ausnahmefällen Zutritt hat.
Die Rolle des alten Botschafters aus *The Devil is a Woman* wird ihm jetzt auch im wirklichen Leben zugewiesen: Er sitzt daneben, wenn sie mit anderen flirtet, und sinnt darüber nach, wie wohl die Liebesnächte mit seinen Nachfolgern ausfallen mögen, die er nicht als Rivalen annehmen will. Wie immer die Herren, denen sie jetzt ihre Zärtlichkeiten schenkt, auch zu ihr stehen mögen, das Bild der Göttin, das sie alle anbeten, ist seine Schöpfung. Und deshalb erlaubt er sich die Gefühle nicht mehr, die er vor eineinhalb Jahren noch so ausführlich in langen Telegrammen beschrieb:

GELIEBTES ICH BIN FURCHTBAR EINSAM UND WEISS NICHT
WIE ICH DIESE LANGE ZEIT AUSHALTEN WERDE DU BIST
MEINE GANZE WELT UND NUR DEINE TELEGRAMME GE-
BEN MIR KRAFT ZUM ATMEN ICH ERLEBE DICH NEU JEDE
SEKUNDE UND MEINE SEHNSUCHT IST GRENZENLOS WEINE
NICHT UND BLEIB NICHT ZU LANGE WEG ICH BETE DICH
AN – JO

Dieses Telegramm hatte er ihr im Mai 1933 geschickt, als sie ihn
nach heftigen Auseinandersetzungen in Richtung Europa verlassen
hatte, um sich dort in Paris mit Maurice Chevalier und in Wien mit
dem Schnulzentenor Jaray zu treffen.
Jetzt, in London, ist sie hauptsächlich mit Brian Aherne, ihrem
Partner aus *Song of Songs* zusammen. Der sieht zweifellos besser aus
als Jo. Das Bild eines englischen Gentleman. Langweilig, aber in jeder Hinsicht tadelsfrei. Marlenes Tochter Maria, die Jo in früheren
Jahren als seine Tochter annehmen wollte, verstand sich schon
während der Dreharbeiten zu Mamoulians Film auf Anhieb mit
Aherne besser als mit ihm. Daran läßt sich nichts ändern. Der Traum
von der kleinen Familie ist längst begraben. Trotzdem schmerzt es,
daran erinnert zu werden.
Er erfährt eine längst fällige Ehrung, die ihm über die böse Beurtei-
lung seiner letzten Arbeiten durch die Paramount hinweghelfen
kann: Er wird nach Venedig zu den Filmfestspielen eingeladen und
dort als der große Künstler gefeiert, als den Hollywood ihn nicht
anerkennen will. Selbstverständlich ist Marlene da an seiner Seite,
um sich für ihren Anteil an seinen Filmen feiern zu lassen. Venedig,
welch ein Rahmen für sie und für ihn. Und Aherne ist nicht da. Für
ein paar Tage hat Jo Marlene für sich, auch wenn Rudi und Tami
und »Kater« zum Gefolge gehören.
Machte Jo sich in diesen Tagen seines Triumphes neue Hoffnungen?
An einem Kaffeehaustisch an der Piazza San Marco lernt Marlene
Erich Maria Remarque kennen, den gefeierten Bestsellerautoren von
»Im Westen nichts Neues«, den die Nazis, wie so viele, zum Emi-

granten gemacht haben. Jo muß zusehen, wie Remarque der erste ernstzunehmende Nachfolger in ihrer Gunst wird, der jahrelang ihre größte Aufmerksamkeit und Zuneigung auf sich zieht. Remarque wird sogar ein eigenes Bild Marlenes hinzufügen zu den sieben, die Jo von ihr gemacht hat: In seinem Roman »Arc de Triomphe« ist die weibliche Hauptfigur ihr nachgebildet.

Jo verabschiedet sich und kehrt nach Hollywood zurück.

Mit dem Film *The King Steps Out*, den er im Jahre 1936 – ohne Marlene – dreht, kann er nicht an seine früheren Erfolge in Hollywood anknüpfen. Aber er arbeitet – und, was noch besser ist, er knüpft Beziehungen zu Frauen an, ernsthafter als bei den früheren kleinen Racheakten, die Marlene auf die Palme bringen sollten. Er will ein Zuhause haben. Aber das erweist sich als gar nicht so einfach, trotz aller guten Absichten. Der Stachel sitzt zu tief. Jos Frauen müssen gegen einen gewaltigen Schatten kämpfen.

Allerdings steht auch Marlenes nächster Film *Der Garten Allahs* unter keinem guten Stern und enttäuscht – eine aufwendige Produktion mit Charles Boyer, gedreht bei unerträglicher Hitze in der kalifornischen Wüste. Diszipliniert wie immer trotzt sie dem glühenden Wüstensand als geheimnisvolle Schönheit in Schleierroben mit orientalischen Anklängen. Es ist ihr erster Farbfilm, und das starke Licht, das man für das neue Material einsetzt, macht Schattenwirkungen und Halbdämmer unmöglich, wie sie für Jos Filme so wichtig waren. Die Künstlichkeit ihrer Erscheinung, das Raffinierte und Dekadente wirkt unter der grellen Sonne und den Batterien von Scheinwerfern, die dabei zur Aufhellung gebraucht werden, wie eine übertriebene Maskerade. Neben dem flimmernden Helldunkel von *Morocco* erscheint der wesentlich teurere *Garten Allahs* wie eine billige und allzu bunte Kaufhausdekoration.

Im März 1937 schickt Jo ein Telegramm an Marlene, das wie ein expressionistisches Gedicht klingt. Oder wie die Äußerung eines geistig Verwirrten. Die ganze Qual, die er jahrelang ausgehalten hat, drückt sich darin aus. Ein Jahr noch wird er durchhalten, dann wird er tatsächlich in eine Nervenheilanstalt eingeliefert:

DIE FUCHSDECKE IST FAST ZERRISSEN UND MEINE HAENDE
SIND RASTLOS WIE MEIN HERZ WIE UNSERER BEIDER HER-
ZEN ICH GEHE DEN WOLKEN NACH DEN SONNENUN-
TERGAENGEN IN DENEN DIE FARBE DEINER AUGEN UND
DEINER HAARE VOM HIMMEL TROPFT STOP WENN ES VER-
GESSEN GAEBE EIN IRGENDWO SCHLAFEN BIS MAN ZU
NEUEM LEBEN ERWECKT BERUFEN WUERDE AUS DEM AL-
LESVERGESSENEN TODESSCHLAF SELBST DANN WUERDE
ICH DICH FUEHLEN DICH DIE DU VON MEINEM BLUT BIST
STOP WAS IST DORT WO SICH DIE REGENBOGEN IN DIE UN-
ENDLICHKEIT VERLIEREN –
UNSIGNED

1937 ist das Jahr, in dem Josef von Sternberg die *Scarlet Empress*
übertrumpfen wollte mit einem Werk, das noch gigantischer, noch
aufwendiger, noch schöner, noch gescheiter werden sollte – in dem
aber keine Frau, vor allem nicht Marlene, sondern ein Mann als
Herrscher im Zentrum stehen würde. Ein römischer Kaiser, eigen-
süchtig, morbid, hellsichtig, ein Opfer von Machenschaften und
selbst ein Fädenzieher. Das Drehbuch entstand nach dem Werk des
Historikers Ranke-Graves – »Ich, Claudius, Kaiser und Gott« –
I, Claudius. Keine Hollywood-Produktion, sondern ein europäischer Film, gedreht in den Studios von Alexander Kordas Rank
Corporation, London.
Marlene hatte inzwischen bei dem Ungarn Korda den Film *Without
Armour* gedreht. Ihre 100 000 Dollar Gage – nach damaligen Begriffen ein Vermögen – soll sie in ganzer Höhe Korda zur Verfügung
gestellt haben, damit er davon einen Film produzierte, der ganz Jos
Vorstellungen und Wünschen entsprach. Ohne sie selbst natürlich.
Die Rolle, die dabei ihre gewesen wäre, sollte Kordas Frau, die
schöne Französin Merle Oberon, spielen. Marlene hat – wenn das Ge-
rücht stimmt – nicht nur eine Riesensumme für Jo geopfert, sie hat
Korda auch mit diesem Rollenangebot geködert. Jeder Produzent
finanziert gern einen Film, in dem seine Frau groß herauskommt.

Die Titelrolle sollte Charles Laughton spielen, dessen internationaler Ruf als Schauspieler in diesen Jahren ungefähr so groß war wie der von Emil Jannings zur Zeit von Murnaus *Letztem Mann* und Jos *Last Command.* Wie Jannings war auch Laughton ein wuchtiger, schwerer Kerl mit einer kindlichen Seele – aber weitaus weniger bereit, sich von einem besessenen Regisseur schurigeln zu lassen. Er sah keinen Grund zur kritiklosen Bewunderung des großen Magiers, wie Marlene sie auch am letzten gemeinsamen Drehtag noch Jo entgegengebracht hatte.

Es kam zu heftigen Auseinandersetzungen, weil er sich Jos minutiösen Regieanweisungen nicht fügen wollte. Er regte sich über die Kostümierung des Herrn aus Hollywood auf, der in Reithosen und mit Peitschengeknall wie ein Dompteur auf dem Set erschien. Tagelang schwieg Laughton bockig, dann tobte er und wütete gegen seinen Regisseur. In der Rolle des Claudius sollte er hinken – vor Zorn oder Desinteresse hinkte er einmal auf dem rechten, dann wieder auf dem linken Bein. Von Sternberg erklärte ihn daraufhin vor versammelter Mannschaft zu einem schlechten Schauspieler – ihn, den meist bewunderten Mimen des British Empire! Sogar Bertolt Brecht hatte ihm Verehrung gezollt, als er seinen »Galileo Galilei« für ihn schrieb! Unvergeßlich ist Laughton bis heute in den Meisterwerken Hitchcocks und Billy Wilders, die er mit seinem bulligen Charme, seiner Ruppigkeit, seiner schläfrigen Vitalität erfüllte.

Offensichtlich konnten weder Regisseur noch Schauspieler andere Götter neben sich dulden und waren beide nicht bereit, für den Film, für die gemeinsame Arbeit zurückzustecken. Für die Studiobesatzung und die übrigen Schauspieler war das Unternehmen eine unerträgliche Qual.

So herrschte verrückterweise allgemeine Erleichterung, als Kordas Ehefrau, die Hauptdarstellerin Merle Oberon, einen Autounfall hatte, der eine Pause des Drehs nötig machte. Aus der Pause wurde ein endgültiger Abschluß.

Korda brach den Film, trotz der ungeheuren Kosten, die bereits entstanden waren, in der Mitte der Dreharbeiten ab. Laughton, die Techniker, Merle Oberon – alle waren erleichtert.

Im British Film Institute liegen die zwei fertig geschnittenen Rollen des Films, die gerettet werden konnten, und werden von den Cinephilen dieser Erde ehrfürchtig bestaunt. Sie beweisen, daß *I, Claudius* wirklich ein großes filmisches Werk geworden wäre, und wir können nur bedauern, daß Josef von Sternberg es nicht vollenden konnte.

Für Svengali Jo aber war dieses Debakel nicht wiedergutzumachen. Die zweite Karriere in Europa, auf die er gehofft hatte und die Marlene ihm mit ihrem großzügigen Beitrag zur Produktionssumme ermöglichen wollte, war zum Abbruch gekommen, ehe sie richtig angefangen hatte. Denn auch ein weiteres europäisches Projekt, *Germinal* – nach Zolas Roman –, kam nicht über das Stadium der Vorbereitung hinaus.

Sein Heimatland Österreich bot ihm eine neue Perspektive an, die verlockend war: Er sollte mit umfassenden Befugnissen für die Erneuerung des österreichischen Films beauftragt werden und so der jungen Republik neue kulturelle Identität geben. Nach Wien zurückzukehren, zumal in einer so entscheidenden kulturpolitischen Funktion, das schien die lang ersehnte Lösung aus der Misere der letzten Jahre. Er würde nicht nur selbst ohne die Einflußnahme anderer Filme machen können – er würde auch allen österreichischen Filmen, indem er deren Entstehung und Auswertung beeinflussen könnte, den Stempel seiner kreativen Energie aufdrücken. Dadurch ließen sich dem europäischen Film neue künstlerische Impulse geben. Langfristig könnte man die europäische Produktion den Hollywood-Werken überlegen machen. Das war auch das Ziel der Nazis in Berlin. Für sie allerdings war Film das wirksamste Mittel zur Massenbeeinflussung im Sinne ihrer Propaganda. Auch sie sprachen vom künstlerischen Film, den sie der Welt schenken wollten. Nur, daß unter ihrer verdummenden und brutalisierenden Diktatur keine wirkliche Kunst entstehen konnte, die die Freiheit des

Ausdrucks braucht. Allerdings war ja auch in Hollywood die Freiheit des Ausdrucks begrenzt durch den Anspruch, mit Film möglichst große finanzielle Gewinne zu erzielen. Die Republik Österreich wollte eine solche Freiheit des Ausdrucks stimulieren, indem sie durch finanzielle Zuwendungen jene Filme ermöglichte, von denen Jo immer geträumt hatte – die nicht ausschließlich durch die Ergebnisse der Kinokasse erweisen würden, ob sie etwas taugten, sondern an die der gleiche Maßstab wie an andere Kunstwerke gelegt werden könnte, an große Sinfonien zum Beispiel oder an Opern und Dramen des Sprechtheaters. Film würde so endlich den Rang erhalten, den er für Josef von Sternberg immer gehabt hatte – Kunst unter Künsten zu sein.

Alles schien perfekt. Aber im März 1938, noch ehe Josef von Sternberg sein neues Amt antreten konnte, marschierten Hitlers Truppen in Österreich ein. Der »Führer« wurde von der fanatisierten Bevölkerung mit nicht enden wollendem Jubel begrüßt. Mit überwältigender Mehrheit stimmten die Österreicher für den Anschluß ans Reich. Das war das Ende der Republik, der Josef von Sternberg hatte dienen wollen. Ihre politischen Köpfe verschwanden sofort von der Bildfläche.

Josef von Sternberg war als Jude akut gefährdet. Auch in Österreich wurden die Juden aus ihren Ämtern entfernt, ihr Eigentum wurde ihnen weggenommen, sie selbst verfemt und verfolgt. Zu denen, die nach der Reichskristallnacht zu Tausenden und Abertausenden Wege nach Übersee suchten, kamen nun auch die aus Österreich. Die Ströme der Emigranten gingen zumeist Richtung Frankreich und von dort in die USA. Josef von Sternberg reiste nobler als die Mehrzahl. Aber der plötzliche Zusammenbruch seiner Hoffnungen war ein Schlag, dem er nichts mehr entgegenzusetzen hatte. Seine Widerstandskraft war aufgezehrt. Hinzu kam der Anblick des Leids, der sich ihm auf allen Flughäfen und Bahnhöfen bot. Die Berge von Koffern, zwischen denen unzählige verzweifelte Familien und Einzelpersonen hockten, auf dem Weg in eine ungewisse Zukunft, waren eine ständige Erinnerung an das Herumirren zwischen Österreich und den USA in seiner Kindheit in einem unvorstellbar vergrößerten Maßstab.

Jo fuhr zunächst nach London, wo er das *Germinal*-Projekt vorantreiben wollte. Eine englisch-französische Koproduktion. Er hatte es für die österreichischen Pläne vernachlässigt – vorübergehend, so schien es jetzt.

An einem schönen Wintermorgen, als Schneeflocken den Rasen im St. James Park vor seinem Hotelzimmer bedeckten, fand er einen Augenblick lang, es wäre keine schlechte Idee, ein wenig spazierenzugehen. Aber er durfte keine Zeit verschwenden und kehrte zu seinem Schreibtisch zurück. Wenige Minuten später hörte die Zeit für ihn auf zu existieren. In ihm war etwas wie ein Gummiband gerissen, das zu sehr gespannt gewesen war. Während der nächsten Tage, in denen ein Arzt sich mit ihm beschäftigte, hatte er das Gefühl, inmitten sich drehender Windmühlen zu stehen. *Germinal* war verschwunden, Österreich besetzt.

Seine Welten waren gleich mehrfach zusammengebrochen. Nur mühsam kann er wieder zu dem zurückfinden, was er einmal gewesen war. Er wird in die USA zurückgebracht. Er verbringt mehrere Monate in einer Nervenheilanstalt.

Er erholt sich, dreht 1939 wieder einen Film, *Sergeant Madden*, als in Europa der Krieg ausbricht.

Jo ist noch nicht wieder im Vollbesitz seiner Kräfte. Da beginnt um ihn die Welt zu brennen. Noch sind die USA nicht in den Krieg mit Deutschland eingetreten. Die deutschen Truppen greifen das unmittelbar an das Nazireich angrenzende Polen an. Dann wird England bombardiert, deutsche Truppen marschieren in Frankreich ein, und als Josef von Sternberg *The Shanghai Gesture* mit Gene Tierney dreht, bereitet sich schon der Krieg gegen die Sowjetunion vor. Los Angeles füllt sich mit deutschen und österreichischen Emigranten.

Und Marlene, die »Soldatentochter«, wie er sie genannt hatte? Für die Emigranten aus Deutschland – das heißt die prominenteren unter ihnen – wird ihr Haus zu einer Zufluchtsstätte, und die berühmte Hühnerbrühe und das ebenso berühmte Rührei sowie Sauerkraut und Würstchen, von ihren Händen serviert, zu heimwehträchtigen Speisungen an immer neue Ankömmlinge. Selbst Bertolt Brecht ist so verköstigt worden, und eine kurze erotische Begegnung der Göttin mit dem Dichter der Arbeiterklasse wird von Eingeweihten nicht ausgeschlossen.

Die innigste Freundschaft Marlenes in den Kriegsjahren gilt jedoch einem Amerikaner, Ernest Hemingway. Und ihre Liebe einem Franzosen, Jean Gabin. Die Gefühle für Gabin sind so überwältigend, daß sie sich für ihn sogar von Rudi scheiden lassen will. Das bringt sie dann doch nicht übers Herz, weil Rudi sie nach einer Reihe von Fehlspekulationen ganz besonders braucht – das heißt ihr Geld, ihre Verbindungen, ihre Treue.

Sie ist tatsächlich auf ihre ganz besondere Weise treu, auch wenn sie den Mann, dem sie Herz und Körper schenkt, immer wieder auswechselt. Aber sie hilft auch dem, den sie vor Jahren gekannt und geliebt hatte, wenn er es braucht. Jo hält Distanz zu ihr und sie zu ihm. Es kommt kaum noch zu Begegnungen. Möglicherweise haben beide sie vermieden. Aber sie schreiben einander.

Josef von Sternberg heiratet 1948 seine Frau Meri und hat einen Sohn, Nikolaus, mit ihr. Spätestens von da an hat er eine Familie, durch die er langsam wieder an das Leben gewöhnt wird und die ihm Sicherheit gibt. Das Neutra-Haus und einen Teil der Bilder darin verkauft er, und die Wertsteigerung sowohl der expressionistischen Kunstwerke als auch die des architektonischen Meisterstücks von Neutra macht ihn erneut zum wohlhabenden Mann.

Es gibt aus den Kriegsjahren und um so mehr aus der Nachkriegszeit eine Reihe von Briefen, die Jo an Marlene in seiner schrägen, erstaunlich harmonischen Schrift geschrieben hat, mit Ratschlägen an sie, mit kurzen Analysen politischer Vorgänge, mit Hinweisen, mit Erklärungen zu beruflichen Fragen.

Das ist insofern erstaunlich, als er in seiner Autobiographie den Anschein erweckt, als sei die Beziehung zu ihr nach der Zusammenarbeit nicht mehr fortgesetzt worden, als habe es keine Berührung mehr zu ihr gegeben, nachdem die sieben Filme Geschichte geworden waren. Wenn er diese sieben Filme und seine Erfahrungen mit ihr beschreibt, kommt sie als Frau, die er bewundert und geliebt hat, nicht wirklich vor. Es ist, als wollte er ihr Bild gewaltsam in sich auslöschen, wenn er ihren Namen verschweigt und sie als »eine gewisse Dame« oder »diese erstaunliche Frau« oder »diese sehr schöne Schauspielerin« bezeichnet. Sie hingegen macht in ihrem Lebensbericht keinen Hehl daraus, daß er sie zu dem gemacht hat, was sie ist, und daß die sieben Filme mit ihm die wichtigste künstlerische Leistung ihres Lebens waren, nach der sich alles Spätere in ihrem Leben ausrichtete.

Sogar ihr Einsatz bei der Truppenbetreuung der US-Soldaten im zweiten Weltkrieg war ihr von Svengali Jo vorgezeichnet. Nachdem die USA in den Krieg eingetreten waren, ließ sich die Dietrich bis in die vorderen Kampfeslinien fliegen. Die schönen Beine für alle sichtbar hoch über den Rand des Fahrzeugs gestreckt, fuhr sie im Jeep durch die jubelnden Männer. Sie trat vor ihnen in einem ganz und gar goldenen Kleid auf und sang, sang gegen Gefechtslärm und Bombeneinschläge an, mit der gleichen Furchtlosigkeit, mit der sie als spanische Tänzerin in *The Devil is a Woman* die Schüsse auf die Luftballons vor ihrem Gesicht ausgehalten hatte.

Im Anschluß an diese Auftritte erwartete sie im Zelt – nach dem Muster der *Scarlet Empress* – jeweils einen von ihr ausgewählten jungen GI, dem sie eine Nacht mit der Königin der Leinwand schenkte, bevor er am nächsten Tage möglicherweise den Tod fand. Und selbst wenn er nach Kriegsende gesund oder verwundet heimkehrte – die Umarmung der Dietrich wird dem jungen Soldaten für immer im Gedächtnis geblieben sein. Sie muß so Tausende von kampfbereiten GIs beglückt haben. Und die Orden, mit denen sie dafür ausgezeichnet wurde, daß sie sich so an vorderster Front schlug, hatte sie sich wahrhaftig verdient. Wieviel die Hollywoodgöttin zum Schwung der Soldaten beigetragen hat, läßt sich kaum ermessen. In jedem Fall ist sie so im Leben der Kinofigur gerecht geworden, die Josef von Sternberg für sie entworfen hatte – jener Katharina, die ihre Soldaten durch ihre Liebesgunst anfeuert, bis sie sie zur Herrscherin machen.

Deutschlands Städte versanken in Schutt und Asche, bis endlich der Sieg über Nazideutschland und die Öffnung der Konzentrationslager gefeiert werden konnten. Wenige Monate später fielen auf Hiroshima und Nagasaki Atombomben und machten dem zweiten Weltkrieg auch auf pazifischer Seite ein Ende. Ausgerechnet die Japaner, die Josef von Sternberg in einem seiner Briefe an Marlene unter dem Eindruck des Krieges als »Japs« schmäht, haben Jo und seine Bilderkünste nicht vergessen. Sie ermöglichen ihm 1953 seinen letzten großen Film, den er auf ihre Kosten, aber ganz nach seinen Vorstellungen drehen kann, die *Saga of Anathan.*
Er selbst hielt dieses Werk für seinen besten Film, und nicht wenige Cinephile stimmen ihm da zu. Aber sosehr sich die flimmernden Lichtwirkungen, die tropische Atmosphäre einer kleinen Insel im Pazifik auch auf den Betrachter übertragen, sie haben nicht mehr die Sogwirkung seiner frühen Werke. Als Regisseur der Lolalola im *Blauen Engel,* der Amy Jolly in *Morocco,* der Lily im *Shanghai Express* und der *Scarlet Empress* hat er sich tiefer und intensiver in die Geschichte des Kinos eingeschrieben. Und auch Marlene hat keinen Film gemacht, der die Wirkungen seiner Meisterwerke mit ihr übertroffen hätte. Bis hin zur Entdeckung ihrer Gesangsstimme, auf die sie nach der Kinokarriere noch eine zweite als Entertainerin aufbaute, verdankte sie ihm, was sie war – und das vergaß sie nie, das erklärte sie jedem, der es hören wollte – wie denen, die das lieber nicht gehört hätten.
Marlenes Heimkehr nach Deutschland 1960, bei der sie von Willy Brandt und Hildegard Knef geehrt, von ihren Landsleuten gefeiert und geschmäht und mit faulen Tomaten beworfen wurde, war vor allem eine Tournee der Sängerin Marlene. Wie fast alle Emigranten,

die eine Heimkehr in das Nachkriegsdeutschland versuchten, nach dem sie sich so viele Jahre gesehnt hatten, erkannte sie die alte Heimat nicht mehr wieder. Das lag nicht nur an den verwüsteten Ruinenstädten, es lag vor allem an der Veränderung der Menschen, die unter der kurzen Herrschaft der Nazis ihre Seele verloren zu haben schienen. In den Köpfen war der Hitlerwahn nicht besiegt. Der Aufbau eines besseren Deutschland würde länger dauern, als die Emigranten sich das aus der Ferne vorgestellt hatten – auch sie, Marlene.

Sie mußte erkennen, daß ihre geliebte Schwester Elisabeth mit einem Konzentrationslager zu tun gehabt hatte. Mit ihr wie mit ihrer Mutter verstand sie sich nicht mehr. Sie sprachen verschiedene Sprachen.

Josef von Sternberg wurde in den Cineastenkreisen Europas und Asiens als der neben Orson Welles größte Autorenfilmer gefeiert, den Hollywood hervorgebracht hatte. Die Regisseure des japanischen Kinos, das plötzlich Weltgeltung erhielt, Kurosawa, Teshigahara, Mizoguchi, beriefen sich auf ihn – aber auch die der Nouvelle Vague in Frankreich wie die des Jungen Deutschen Films sahen in ihm ihren Vorläufer und ihr Vorbild. Er wurde mit Ehren und Anerkennungen überhäuft, man machte ihn zum Ehrenmitglied der Berliner Akademie der Künste. Die Filmkritikerin Frieda Graefe, die Leiterin des Mannheimer Filmfestivals Fee Vaillant, die ihn in dieser Zeit noch selbst erlebt haben, berichten von seiner leisen, sensiblen Umgangsweise mit Menschen, von seinem eleganten und vornehmen Auftreten, seinen vorzüglichen Fähigkeiten, junge Menschen für den Film zu begeistern und sie in den Spielregeln des Metiers zu unterweisen. Das würde diejenigen erstaunt haben, die ihn inszenierend in Hollywood und in den Londoner Studios erlebt haben, wo sein aufbrausendes, oft schroffes und immer herablassendes Benehmen legendär war. Seine Filme lassen erkennen, daß seine weiche wie seine harte Seite zu seinem unbedingten künstlerischen Willen gehörten. Seine Strenge wie seine Liebesfähigkeit waren beide stärker entwickelt als bei anderen Menschen, weil er tiefer als andere darauf vertraute, daß ein vollendetes Kunstwerk – in seinem Fall: ein Film – die Welt bewegen und positiv verändern kann. Filme waren für ihn Zeichen der Hoffnung auf einem Planeten, der sich anschickte, auseinanderzubrechen.

Als er gestorben war und beerdigt wurde, stand, so heißt es, tief verschleiert und so unter Kleidung verborgen, daß die Presse sie nicht ausfindig machen konnte, Marlene unerkannt an seinem Grab. Sie wollte ihm wie seiner Frau an diesem seinem letzten großen Tag nicht die Schau stehlen. Marlene hat diese Behauptung weder bestätigt noch bestritten. Sie liebte es, sich in solchen Angelegenheiten diskret zu verhalten, ebenso, wie sie es mit ihrer 100 000-Dollar-Spende für Jos *Claudius*-Film getan hatte.

Zumeist wird berichtet, sie sei bei seiner Beerdigung nicht dabeigewesen. Beide Behauptungen stehen im Raum, und warum sollten wir sie nicht beide gelten lassen?

Sicher ist, daß bis zu ihrem Tod die zwei Puppen bei ihr blieben, die er ihr geschenkt hatte, künstliche Kinder zweier Filme: Die Nachbildung eines kleinen Mohrenkindes gehörte Lolalola im *Blauen Engel*, die zweite, eine kleine Chinesenpuppe, bekam sie für *Shanghai Express*. Sicher ist auch, daß er bis zu seinem Tode die goldene Uhr trug, die sie ihm schenkte und die wie ein zweites Herz mit ihm durch sein Leben tickte. Shanghai Lilys Doc hat so eine Uhr, die ihn jedesmal, wenn er nach der vergehenden Zeit sieht, an seine Liebe erinnert.

Als sie in der Madeleine in Paris aufgebahrt lag – Maria Magdalene Dietrich, französisch: Madeleine, die heilige Sünderin, die sündige Heilige –, konnte Jo nicht mehr persönlich anwesend sein. Aber überall hing ihr Bild, wie er es von ihr gemacht hatte. Shanghai Lily.

Das Gesicht, das der Schöpfer seinem Geschöpf gab.

Das, durch das sie der Welt unvergeßlich bleiben wird.

Die Schönste dieses vergangenen Jahrhunderts.